rosenheimer raritäten

Irmgard Gierl

# Raritäten aus Schmeller's Bayrischem Wörterbuch

rosenheimer

# Inhalt

# Vorwort

Es mag Leute geben, die ihr Haupt verhüllen, denn in diesem Buch ist der ganze großartige wissenschaftliche Apparat Schmellers beiseite gelassen, nur wenige Quellen werden genannt, und auch seine eigenwillige Rechtschreibung ist der heutigen angeglichen worden. Und das alles, um das ungeheure, verehrungswürdige Werk, das »Bayrische Wörterbuch«, dahin zu bringen, wohin es gehört, in die Hand »des gemeinen Mannes«, wie Schmeller so oft sagt, zugänglich dem allgemeinen Gebrauch. Schmeller hat es sich und seinen Lesern ja nicht leicht gemacht, es gehört schon eine Portion Routine dazu, sich in seinem Bayrischen Wörterbuch zurechtzufinden. Ohne das anhängende Schlagwortverzeichnis müßte auch der Eingeweihte manchmal verzweifeln. Dabei war es bei der unglaublichen Fülle des Materials gar nicht möglich, alle Einzelheiten darin festzuhalten, und es bleibt oft dem Zufall überlassen, sie aufzufinden.

Aber wenn auch die Wissenschaft abfällig lächelt – ich habe gar nicht an sie gedacht, als ich mich an die Arbeit machte. Ich dachte an den alten Schmeller und was er zu diesem Unternehmen sagen würde. Und da ich ihn nun sehr gut kenne, wie das nicht anders sein kann, wenn man das Wörterbuch mit seinen rund 3000 Spalten Zeile für Zeile durchliest, glaube ich, daß er nichts dagegen hat, wenn man die Kostbarkeiten in seinem Werk unter die Leute bringt. Ich habe mich ja nicht unterstanden, ein gekürztes Wörterbuch, etwa einen Volksschmeller zu machen, sondern all die liebenswürdigen, unbekannten Raritäten gesammelt, die er hineinverstreut hat, verborgen zwischen alt- und mittelhochdeutschen Zitaten, und habe sie nach

Sachgebieten alphabetisch geordnet, um in der Tradition des Wörterbuches zu bleiben.
Neben den großartigen Schilderungen bayerischer Volksbräuche nahm ich ganz unscheinbare Begriffe auf, wie etwa Kinderspiele oder die Bezeichnung von Kleidungsstücken und Stoffen, die Erklärung von Ortsnamen, die Abkürzung von Taufnamen und Schmellers Bemerkungen über das alte München.
Spezialausdrücke, die sich auf Bauernhaus und Landwirtschaft beziehen, schienen mir ebenso wichtig, wie solche aus dem Alm- und Holzknechtsleben, aus Handel und Verkehr. Die Küchensprache gibt einen Überblick über die ehemalige bayerische Kost in ihrer Einseitigkeit und Abhängigkeit von den Landeserzeugnissen – von der Milch im Oberland und dem Getreide im Unterland – aber auch in den ungezählten Variationen über das Thema Mehlspeise im allgemeinen und Nudeln im besonderen.
Für meine wichtigste Aufgabe habe ich es angesehen, die Redensarten zu sammeln, die über das ganze Werk verstreut, seinen besonderen Schatz ausmachen. Ich verzichte auf das heute noch Gebräuchliche und beschränkte mich auf das Seltene und Besondere. Schmellers sprachgeschichtliche Erklärungen hellen oft den längst vergessenen Sinn und die Herkunft dieser Redensarten auf. Daneben gibt es aber auch hochinteressante Aufschlüsse über die früheren Praktiken in der Land- und Forstwirtschaft (vergl. Ehgarten, Dachsen, Dehel). Die bäuerliche Sparsamkeit wird ans Licht gebracht (vergl. Gutgnug), die Primitivbauweise (vergl. Küpfen, die Vorliebe für die Personifikation von Sachgütern (vergl. Hund, Gaul).
Es würde den Rahmen dieses Buches sprengen, wollte man jedes einzelne Zitat kommentieren, aber einzelne Proben haben gezeigt, daß sich viele Begriffe noch heute im Lande finden.
In manchen Absätzen kommen die geistigen Strömungen der Schmellerzeit zum Durchbruch: Pestalozzis Erziehungsgrundsätze (vergl. Namenbüchlein), die Aufklärungszeit mit der Zerstörung von Sakralbauten (vergl. Figur, Ölberg) und Schmellers Einstellung zur Kirche (vergl. Ostermärlein, freilich auch die bittere Armut der Bauern und ihre Abhängigkeit von den Grundherren (vergl. Grundgerechtigkeit). Soweit es das Verständnis erlaubt, habe ich mich an die Diktion Schmellers gehalten. Aber wie die volkskundlichen Darstellungen nicht der Hauptzweck des Wörterbuches waren und es in dieser Hinsicht nicht auf Vollständigkeit ankam, so will auch dieses Buch nirgends einen solchen Anspruch erheben. Es will das Wörterbuch nicht ersetzen, sondern das Gemälde bayerischen Volkslebens, wie es Schmeller gezeichnet hat, enthüllen und möglichst vielen Lesern den Zugang zum Bayerischen Wörterbuch eröffnen.
»Und so sei denn jedem bayerischen und deutschen Landsmanne eine bisher minder zugängliche Vorratskammer seiner reichen Sprache aufgetan, und ein Bildersaal des, in der Sprache abgedruckten, mannigfaltigsten Volkslebens jedem Menschenbeobachter, der, dieses auch in mancher seiner Nacktheiten zu schauen, Lust und Beruf haben kann.« Aus Schmellers Vorwort zum Wörterbuch.

## Abkürzungen

| | | | | | |
|---|---|---|---|---|---|
| O.L. | = | Oberland | ags. | = | angelsächsisch |
| U.L. | = | Unterland | ahd. | = | althochdeutsch |
| Opf. | = | Oberpfalz | frz. | = | französisch |
| R.A. | = | Redensart | hd. | = | hochdeutsch |
| Spw. | = | Sprichwort | it. | = | italienisch |
| L.O. | = | Bayerische Landes-Ordnungen | lat. | = | lateinisch |
| L.R. | = | Bayerische Landrechte | mhd. | = | mittelhochdeutsch |

## Quellenangabe

I und II bezeichnen die Bände des Bayrischen Wörterbuches, in denen die Stichwörter zu finden sind, die arabischen Ziffern die Spalten.

# Aberglaube

# Aberglaube

## Der Alraun

Die Wurzel der Atropa mandragora, oder auch wohl der gemeinen Zaunrübe (Bryonia L), welche die Gestalt eines weißen, zweibeinigen, behaarten Männchens hat, und, unter gewissen Ceremonien ausgegraben, von Abergläubischen, als heimlicher heil- und glückbringender Hausgeist, in hohen Ehren gehalten wird; spiritus familiaris überhaupt (I,56) »Eitza schaust grad aus wei d' Olraun«. (Opf.) Verhüllte Weibsperson, Hexe. II 107

## benedicieren

ließ man ehmals Kinder, welche trotz gehöriger Pflege nicht zunehmen und gedeihen wollten, auch krankes Vieh. Man schrieb nämlich das Übel den Künsten des Teufels und seiner Bräute, der Hexen zu. Geistliche, welche bei dem Aberglauben des gemeinen Mannes ihre Rechnung fanden, vorzüglich die Bettelmönche waren stark in dieser Art Kuren. I 245

## Die Bilse

Bilsenkraut. Zur Zauberei, um Regen zu bekommen. I 237

## blaschen

bleschen, schlagen, fallen, daß es schallt.
Die Hexen ausplaschen, am Walpurgisabend mit der Geißel knallen, um nach einem alten Wahn die Hexen zu vertreiben. Das Hexenaustreiben durch Knallen mit großen künstlichen Peitschen in der Nacht zum Pfingstsonntag. I 331

## Der Donnerstein

Schwefelkies, dessen Entstehung man den Gewitterwolken zuschreibt. I 516

## Der Dusel

Dampf, Qualm. Der Dusel, ein Nachtgeist, der nächtlicherweile die Häuser beschleicht und kleine Kinder daraus wegraubt. I 549

## Die Feige zeigen

Den Daumen bei geschlossener Faust zwischen Zeige- und Mittelfinger durchstecken. Eine solche Feigen unterm Tisch oder sonst heimlich gemacht, ja selbst das Tragen einer aus Korallen gebildeten derlei Figur an Rosenkränzen oder an dem Miedergeschnür des schönen Geschlechtes gilt hie und da als Talisman gegen das Behexen und andere Dinge.
Die Lettfeigen, feige Memme. I 697

## fest

Von Kugeln nicht verwundbar.
»Vor der Tortur wurden ehemals so Männern wie Weibern am ganzen Leibe, auch an den verborgensten Teilen die Haare abgeschoren, weil man glaubte, daß die sogenannte »Festigkeit« eben in den Haaren ihren Sitz habe«. I 774

## Frau Fasnacht

Wenn eine Magd vor dem Faschingstage ihren Rocken nicht ganz abgesponnen hat, so kommt die Fasenacht darüber und zaust ihn ganz auseinander. Daher die Redensart »a rechte Fasinacht« – Weibsperson mit zerrauften Haaren. I 765

## Die Frais

Die Fallsucht. Der Freisbeter, ein Paternoster aus allen vom Fleische gereinigten Wirbelknochen einer Natter gemacht, welche man im Frauendreißigst lebendig gefangen, in einem verschlossenen neuen Topf durch Hunger und Hitze getötet, und dann in einen Ameisenhaufen gelegt hat, damit durch diese Tierchen das Fleisch weggenagt würde. Ein solcher Better, unter den Kopf einer mit der Froas behafteten Person gelegt, hat nach dem Wahne einiger Gegenden heilsame und rettende Kraft. I 826

## garrezen

knarren. Heiratslustige Jungfräulein sollen das Knarren der Schuhe für eine gute Vorbedeutung haben, wenigstens macht man sich über Mädchen, deren Schuhe knarren, gerne lustig: »Aha, de hat am Schuster aa zwoa Kreuzer geben, daß er ihr an Garrezer in'd Schuah macht.« I 929

### gefroren
»Der Prinz Eugeni ist fest gewesen oder gefroren, hat ihm auch nichts zu können«.
R. A.: »Bist gefroren?« ironisch: Kannst du dich nicht rühren? I 825

### Der Gürtel
Der Monikagürtel, ein lederner Gürtel, der, an gewisse Heiltümer angerührt, die Kraft hatte, besonders schwangeren Weibern, die ihn gläubig um den bloßen Leib trugen, gegen allerlei Beschwerden hilfreich zu sein. Ein Monopol der ehemaligen Augustinermönche. Wenn ehemals die Privatgerichte des Adels oder der Klöster einen Menschen wegen Hauptverbrechen, über die sie nicht selber richten durften, an der Grenze dem landesherrlichen Gericht ausliefern mußten, so pflegten sie nach altem Recht vorher alles, bis auf die unentbehrlichsten Kleidungsstücke abzunehmen, und ihn nur so zu übergeben, »als er mit Gürtel umbfangen«. I 944

### Haselstaude
Der Haselstaude und ihren Zweigen legt der Volksglaube allerlei geheime Kräfte bei. Sie gibt auch einen wesentlichen Bestandteil zum Kräuterbüschel, der am Himmelfahrtstag in der Kirche geweiht wird, liefert die Wünschelrute, ist wirksam gegen den Blitz. I 1174

### Die Hexen
Das Hexenausblaschen, -austuschen (Böhmerwald).
Durch Peitschengeknall in der Nacht zum Pfingstsonntag aus Häusern und Ställen die Hexen austreiben. Man legt frischen Rasen vor Stall- und Haustür, besprengt ihn mit Weihwasser und sagt:
»Fluigts davo, Nachtgjaid und Hexna
Paschna tuschent enk aus
d' Engel taten enk zmecksna
in mein guat gweichten Haus«. I 1047

### Die Huraus
Maskierte Person in der Fasnachtzeit, etwa eine Hexe, die durch den Rauchfang ausfährt? I 1158

### Der Katzen-Veit
Ein Waldgeist am Fichtelberg mit dem man die Kinder zu schrecken pflegt. I 1315

### Das Kranl
Zwei gewisse Zähne im Unterkiefer des Hirsches. Sie werden von den Jägern an Weibsleute verschenkt oder verkauft, die sie statt Steinen in Fingerringe fassen lassen und ihnen Wunderkräfte zutrauen. Das Atternkrönlein, das Krönlein, das nach einer gewiß uralten Volkssage eine gewisse Otter oder Natter als Königin aller Nattern auf dem Kopfe trägt. Wer so glücklich ist, sich so ein Krönlein zu verschaffen, kann sich damit, wie Siegfried mit Alberichs Tarnkappe unsichtbar machen. I 1373

### Die Kugel
R. A.: ›Die Grenze geht auf dem Grat, oder der Anhöhe fort‹ ›wie Kugel walzt und Wasser läuft‹, d. h. auf der Scheidelinie, von welcher aus eine Kugel oder das Wasser nach der einen oder andern Seite abwärts laufen muß. Besonders in den bergigen Waldgründen wird so die Grenze oft nach dem Kugellauf bestimmt. Im 17. Jh. glaubte man an zauberische Kugeln, die von den beutesuchenden Soldaten fortgerollt, so artig waren, da, wo Geld vergraben lag, stille zu halten. I 1231

### lösseln
Abergläubische Handlungen vornehmen, um aus gewissen Erfolgen derselben auf die Zukunft zu schließen. Dies geschieht besonders in der Nacht zum Thomas-, zum Christ- und zum Dreikönigstag und überhaupt in den sog. Zwölf- oder Rauchnächten, z. B. durch Bleigießen, Zaunsteckenzählen, Holztragen, Brunnenschauen, Schuhwerfen, Bettstatteltreten, am Ofenloch horchen. I 1519

### Sich melden
Nach dem Glauben des großen Haufens Bekannten als abgeschiedener Geist seinen Tod kundtun, »anmelden« durch den unerklärlichen Fall eines Gegen-

standes, ein Geräusch, einen hellen Schein in der Nacht. I 1592

### Die »Passauer Kunst«
waren nach Sagen des 17. Jh. hieb- und schußfest machende Zettelchen mit allerlei Figuren, welche zuerst im Jahre 1610 ein Scharfrichter in Passau den Soldaten zum Verschlucken verkauft haben soll, die dort für Kaiser Rudolf II. ausgerüstet wurden. I 408

### Räbleindukaten
Alter ungarischer Dukaten aus der Zeit des Königs Mathias Corvinus, auf welchen ein Rabe geprägt ist, der nach P. Abraham weit lieblicher singt als eine Nachtigall. »Und das Christkindl legten sie ohne reiche Fatschen, ohne Amulet, ohne Rablerdukaten in das Krippelein.«
Pfarrer Tröstegott legiert in seinem Testament den an seinem Trinitarienscapulier angenähten Rablerducaten, welchen er, um sich vorm Rotlauf zu conservieren, immer am Halse trug, seiner Köchin Mariurschel mit dem Auftrag, den Leuten, welche das Rotlauf haben, brav mit diesem Dukaten zu helfen. II 4

### Der Schauer
Hagel, Regenschauer.
P. Abraham erzählt, wie der Schauer von Zauberern und bösen Menschen gemacht werde, indem sie eine Handvoll Erbsen aus einem schwarzen Hafen ausstreuen oder Steinl von einer gewissen Mauer in die Höhe werfen, und wie sie den Schaur »in Körben, in Zecker, in Säcken, im Wändl und andern Geschirren führen, ausstreuen« und wie Vögel vor den Schauerwettern herflögen. Mehrere solche Leute, welche verdientermaßen im Feuer aufgeopfert wurden, haben selbst bekannt, daß sie 1688 für das Herzogtum Steyr so erschrecklichen Schauer gemacht.
Bei so bewandten Umständen war das Wetter-Benedicieren der Herren Patres und das Wetter-Anschießen mit geweihtem Pulver allerdings an seinem Platz.
R. A. »A bös Weib is a Schauer im Haus«. II 449

### Der Schnitt
Getreideernte: der Bilwißschnitt, Bockschnitt, Durchschnitt. Ungefähr 8 Zoll breiter, gerade fortlaufender Strich, in welchem man zuweilen die Halme des auf dem Felde stehenden Getreides beiläufig in ihrer Mitte wie abgeschnitten findet. Es rührt diese Erscheinung wohl von den Rehen her, die auf ihrem Gang zu dem Platze, wo sie Junge setzen, die ihnen in die Augen stechenden Ähren abzubeißen pflegen. Der gemeine Mann aber hält sie hie und da für ein Werk des Bösen oder neidischer, mit dem Satan und seinen Künsten vertrauter Nachbarn.
»Ein gewisser Zauber, ausgeübt über ein Saatfeld, bewirkt in Gestalt eines liegenden Kreuzes zwei schmale Bahnen im Getreide, wo die Ähren zum Teil brandig, zum Teil afterig erscheinen. Man weiß dann voraus, daß beim Dreschen dieses Getreides je das dritte Korn in die Scheuer desjenigen fliegen muß, der den Zauber übte. Der schadende Geist, der dabei dient, heißt der Pilmasschnid.« Rank, 274. II 585

### Der Schidl
Ein Name für den Satan, bei Leuten, welche sich fürchten, das Wort Teufel auszusprechen. »Geh zum Schidl!« II 375

### Das Schrähelein
Schrah = mager, dürr, häßlich.
Ein zauberisches Wesen, Wichtlein, dem man z. B. die seltsame Verwirrung, die sich in den Mähnen eines Pferdes findet, zuschreibt (Oberpfalz). II 600

### Thomasabend
»Ein fürwitziges Mensch, welches kurzumb wissen wollt, was ihr für ein Mann beschaffen sei, hat am Thomasabend ihre Kammer ganz ohne Kleidung, doch zurückwerts ausgekehret, ist ihr der Teufel erschienen wie ein Schmied« P. Abraham. II 382

### Die Trud
Nach dem Wahne des großen Haufens eine von jener Art Hexen oder Unholdinnen, deren besondere Lieb-

haberei es ist, sich schlafenden Personen in allerlei furchtbaren Gestalten recht breit und schwer auf die Brust zu setzen und ihnen die ängstliche Empfindung zu verursachen, die man anderswo den Alp oder das Alpdrücken nennt. Dieser an sich gleichgültige Wahn hatte früher das Bedenkliche, daß der gemeine Mann nicht selten bestimmte, besonders ältere Weibspersonen aus seiner Umgebung für Truden zu halten und als solche anzufeinden beliebte. I 648

Wenn einen die Trud druckt, muß er rufen: »Kimm um eppas z' leiha!«, worauf sie sich des Morgens einfinden muß. I 1464

»Ist zu mir auch einmal eine gekommen, (sagt ein Pater Kapuziner) und hat gewagt und hat sich schon hinauf glegt ghabt auf mich nach aller Schwern. Ich merks aber, rumpl auf, und gleich I.N.R.I. und nach dem Weihbrunnkrügl tappt. Witsch, ist's draus gewesen; ich schrei ihr nach: Komm um ein Glehhet (das ist um was zu leihen), und mache mein Präceptum (die Beschwörung) dazu. Brav ist's kommen den andern Tag zu der Porten und hat nur um ein Wasserkrügel gebeten. Ich habe aber den Portner schon informiert, und der hat ihr hernach s'Wasserkrügel brav um den Kopf herum geben. Ist ihr recht geschehen, dem Fetzen. Was hat sie im Kloster z'tun und mich zu drukken? Ist unsere Körzlerin gewesen, tröstś Gott, wenns z'trösten ist.» Bucher, 139

*Das Trudenei*

Ungewöhnlich kleines Ei, das manchmal von einer Henne gelegt wird. Nach dem Volksglauben kommt es von einer Trud, die das größere dafür weggenommen. Man wirft ein solches Ei über das Hausdach, damit sich die Trud zerfalle.

*Der Trudenfuß,*

das Trudenkreuz. Figur von zwei ineinander verschränkten, gleichseitigen Dreiecken, welche am Fußgestelle der Bettstatt angebracht, die Truden verscheucht und allerlei andere geheime Tugenden an sich hat.

*Die Trudennacht*

Die Nacht vom 1. Mai, Walpurgisnacht, in welcher die Truden und Hexen auf den Kreuzwegen ihr Kränzchen halten. Das junge Volk auf dem Lande pflegt bei diesem Anlaß auf dem Kuhhorn tutend und mit Geißel schnalzend die Unholden auszuplaschen. I 648, 649

### Der Unhold

»Margareta N. ist bezüchtigt gewesen, daß sie sollt ein Unhold sein: derowegen sie gefäncklich angenommen, an Kötten geschmidt, mit Ruthen geschlagen, auch gebrennt worden«. Inchenhofer Mirakelbuch von 1605. I 1090

### vermeinen

Einen bezaubern durch Anhauchen, heimliches Bestreichen.

Der gemeine Mann, der schon den bloßen neidischen oder boshaften Wünschen gewisser, mit dem Teufel im Bunde stehender Personen wirkliche Erfolge zutraut, sucht sich gegen die Wirkungen des Vermeinens, z. B. gegen die neidischen Wünsche, die bei dem Lobe eines Kindes, eines Stücks Vieh mit unterschleichen könnten, durch die fromme Klausel: Unser Herr Gott behüts! sicher zu stellen. I 1612

### Der Viehschelm

ist am oberen Lech ein Gespenst, halb Stier. Schelmenei, Schelmenpfifferling, Gichtmorchel, ein Pilz. Man glaubt, er wachse aus Samen, die dem Hirsch entfallen, und gibt ihn den Kühen ein, damit sie brünstig werden. II 412

### Der Wannenwäher

Wannenwächel, »falco tinnunculus«.

Ein kleiner, für heilig geltender Raubvogel, dem Wannen an die Häuser ausgehängt werden, daß er in ihnen niste: das Haus, an welchem er sein Nest baue, soll vor einschlagendem Blitz sicher sein. II 921

### Das Wechselgeld,

das aus böser Leute Händen eingewechselt oder eingenommen, einem wieder aus der Tasche wegkommt, ohne daß man weiß wie. Wer solcherlei Unstern befürchtet, nimmt zwar gerne, aber nicht von jedermann gleich gerne, Geld ein, noch viel weniger gerne wechselt er, besonders vor durchlöcherten Münzstükken ist er auf seiner Hut. II 840

### weizen

Als Arme Seele umgehen, als Gespenst erscheinen. Weiz = Spuk

Z'nachst hat's in der Kuchel geweizt,
an d' Köchin si mit Gwalt eingspreizt.
Aber de hat Schneid!
Ja wohl, daß 's Luada schreit!
Sie packt an Geist glei selber an. Lied II 1061

### Das Wiesel

Der gemeine Mann hält das Tierchen für giftig und traut ihm auch sonst allerlei geheimnisvolle Kräfte zu, weswegen er es, statt beim rechten Namen gerne mit einem hypokoristischen nennt. Als solcher ist im Oberland gewöhnlich das »Schöntierlein«, um Nürnberg das »Schöndinglein«.

»Hat di eppa r' Wiesel anblasen?« sagt man zu einer ledigen Schwangeren.

Das Wiesel soll nach der Fabel, jungfräulich genug, durch das Ohr empfangen und durch den Mund gebären. II 1032

### Der Wifft

mhd. wift, Faden, Zwirn feinster Art. Hemden, genäht von Faden oder Wifft von solcher Gespunst, die von Kindern unter 7 Jahren herrührt, wurden von Abergläubischen zu besonderen Zwecken getragen. II 865

### wild

Das »Wildfeuer«, Wetterstrahl.

»'s wild Gjäg«, die wilde Jagd.

»Der wilde Mann, das wilde Weib«, Wesen früherer Sage, in der Größe den Bergmännlein, Bergweiblein, Holzmännlein, Zwergen, Elben entgegengesetzt. II 899

### Die Zauberei

Die gottlob letzte in Deutschland 1749 zu Würzburg hingerichtete und dann verbrannte Zauberin war eine Münchnerin, Maria Renata von Senger, Nonne zu Zell, 60 Jahre alt. Noch kurz vorher, 1746 war von München selbst ein erneuertes Landgebot »wider die Aberglauben, Zauberei, Hexerei und andere strafliche Teufelskunsten« ausgegangen, worin sich, was damals noch von solchen Artikeln gang und gäbe war, gewissenhaft aufgezählt findet. Wenn es unserm Görres, Ringseis etc. nachgeht, so wird die fromme Übung abermals Mode werden. (1844 geschrieben) II 1074

# Almerin
# und
# Holzknecht

## Almerin und Holzknecht

### albelen
Nach Art der Alpenhirten die Tonleiter durchjauchzen, albezen. Verschieden von den Schnaderhüpfeln sind die Almer und Jodler. Die erstern sind Alpenmelodien ohne Text, welche meist zweistimmig gesungen werden. Sie kommen in der Regel nur in Steiermark und in jenen Gegenden des Landes ob der Enns vor, die im 12. Jahrhundert zur Steiermark gehörten, und sind die wortlose Sprache in welcher die Sennerinnen oder Almerinnen in der erhabenen Einsamkeit ihrer Schwaighütten ihre Lust, ihre Hoffnung, ihr Herzeleid dem Echo des Gebirges gestehen und einer fernen, gefühlsverwandten, nach gleicher Mitteilung sich sehnenden Seele zurufen!
»Da Hansensepp juchazt,
der Seppenhans singt,
daß da zweidigst dahin
von seim G'almerad klingt.«
»Lusti was alberisch is, alberisch bin i,
z'Alm obn han frische Leut, daßn sag i.« I 64

### Alprausch
Die Alpenrose. »Wiltu swarz ferben, nim zu ainem aimer wasser Rausch VI Pfund und las in darin sieden. So du nit Rausch hast, so nim Kranwitstauden«. (Cgm 821, f. 115, 116) II 155

### Das Bergmahd
Steile Bergwiese. Die Bergmahder werden gewöhnlich um Bartholomäi gemäht, oft mit Hilfe nicht bloß von Steigeisen, sondern auch von Stricken, an die man sich festbindet. I 1567

### Die Bograd, Bodengred
der Holzknechte in den Salinenwaldungen besteht aus zwei, als Kopf und Fußenden am Boden liegenden Baumstämmen und einer Lage Moos oder Heu zwischen denselben, worauf so ein Waldmann seine ohnehin nur kurze Nacht süßer verschlummert, als mancher Zärtling die seinige auf Eiderdaunen.
Im kärntnerischen Deutsch heißt das hölzerne Bettgestell ob dem Ofen »die Pograden«. I 986

### Die Deub
Was die Almerin von der Butter, die sie ihrem Bauern bringen muß, für ihren eigenen Gebrauch verwendet, nennt sie ›Doib‹. I 479

### enterisch
Befremdlich, ungewöhnlich, nicht geheuer.
»Alloa is ma entrisch, alloa is ma bang«, sagt die Schwoagrin auf der Alm. I 103

### gallen
»Schau wie das Schlegal duscht
schau wie das Schlegal gallt (schallt)
am Beargan und an'Wald.«
Reichenhaller Zuschlägellied I 889

### Das Gatter
Das Gätterlein der Hirten und Melker im Gebirg ist ein längliches Viereck von hölzernen Leisten, welches sie zur Erleichterung um sich nehmen, wenn sie in beiden Händen Milchgeschirre zu tragen haben.
I 957

### Die Gaum
Der Ort, wo Aufsicht gehalten wird, im Chiemgau die Hütte für die Hirten des Viehs auf einer Alpe, Austragshäuschen. I 911

### Der Gespan
Gefährte, Geselle. Die Holzknechte in den Alpen zwischen Isar und Inn bilden sich in Gespanschaften von 15–20 Mann, die das Hauen und Triften des Holzes im Gedinge übernehmen, und denen ein sog. Bachmeister vorsteht. II 671

### Die Glockenkuh
Um das viele Vieh, das auf einer Alpe zusammen kommt, unter Zucht und Regiment zu halten, läßt man beim Aufzug auf die Alpen die Kühe untereinander kämpfen, man stellt das Glockenkuhgefecht an. Diejenige nun, die den Sieg davon trägt, wird mit einer Glocke behangen, und alle übrigen begegnen ihr

die Alpenzeit hindurch mit besonderer Reverenz: Wo die Glockenkuh hingeht, dahin ziehen alle andern wie im Gefolge nach, und auf sie ist die ganze Alpenordnung gegründet. Im Scherz heißt man im Oberland »Glockenkuh« jenes Mädchen, das bei Hochzeiten und andern Lustbarkeiten voran und die erste ist, und gleichsam den Reigen führt. I 972

Die Glücksmilch

Milch, die am Tage, vor man auf die Alpe zieht, gemolken und verschenkt wird. I 971

Der Golter

Bettdecke, besonders eine abgenähte Decke der Holzknechte.

»I hätt a guats Bett für di,
derfst a's scho glaubn
und wennst ma mein Goltern zrüttst
back i dir Straubn.« I 908

Die Halbscheid, Hälfte.

*Die Schäfleinscheid,* Ausscheidung der Schafe bei Heimkunft von der Alpweide nach den Eigentümern in abgezäunte Raumfächer, zugleich ein Fest.
*Die Wegscheid,* wo 2 oder mehr Wege auseinander laufen, sich kreuzen. II 370

Die Heimdirn

Magd, die zuhause bleibt, im Gegensatz zu derjenigen, die mit dem Vieh auf die Bergweide, Alpe gesendet wird, der Alpendirn, Sendin.

»A lebfrischer Bua geht am Almdeandl zua
a langweiliger Knecht is für's Hoamdeandl grecht.«
I 1107

Die Herdstatt

Der Herd, die Stelle des Herdes, worauf das Feuer zu brennen pflegt; fig. die Familie, die eigenen Rauch hat, d. h. für sich selbst kocht. Von jeder Herdstatt des Landes mußten zu einer gewissen Epoche unter dem Namen der Herdstätt-Anlage jährlich 25 kr. entrichtet werden. I 1160

Die Hos

Der Platz unter dem Dach der Alpenhütte, die Lagerstätte der Sennerin. I 1181

Der Käs

Sowohl der bloße Quark als der in Formen, Laibe, gebrachte.
*Der Klänkäs* – Streichkäse
Der *Standlkas* (Opf.) – Quark, der in einem hölzernen Gefäß (Ständlein) zu fester Form erhärtet ist.
*Die Käsbor – Käsekorb.*
*Kasdrucken* heißt der derbe, nicht selten sogar in Kirchenstühlen unter jungen Burschen vorkommende Spaß, wenn sie in ganzen Reihen einander vom Platz zu drücken suchen.
Schnöd abweisende R.A.: Magst koan Kas und Schuahnägl drein? I 1298–99

Der Knäufel

Die Knäufel werden im Pinzgau von den Sennerinnen beim Heimziehen von der Alpe an die Zuschauer ausgeteilt, sie sind vermutlich eine Art Käschen. I 1349

Der Lätschbock

Gemsbock, der sich gern im Latschach aufhält. Die Jäger sagen, ein solcher Gemsbock sei von seiner Herde, die er einmal schlecht geführt habe, ausgestoßen, und lebe fortan als Einsiedler und Mönch. Er nehme daher an Fleisch sehr zu und gebe einen guten Bissen. I 1543

Der Leger

Weideplatz auf den Alpen, gewöhnlich mit einem oder mehreren Ställen und Hütten versehen. Manche Alpen haben nur einen Leger, auf welchem sich das Vieh durch alle offenen Jahreszeiten behelfen muß. Viele aber haben zwei, drei verschiedene Leger, welche mit dem Fortschreiten der Jahreszeit abwechselnd bezogen werden. Die Niederleger, die sich auf den niederen Gebirgshängen befinden, werden gewöhnlich im Juni beweidet. Im Juli wird das Vieh von denselben auf die Hochleger, die in den höhern

Regionen liegen, getrieben und kehrt davon im September wieder zurück auf die mittleren oder auf die Niederleger. I 1458

## Die Maierkuh

Hagmaierkuh, große schwere Kuh bei einer Herde, die dem Vieh andrer Herden auf der Alpe im Kampfe überlegen ist, und sich und ihrer Herde gewöhnlich die bessere und fettere Weide erobert. Sie wird beim feierlichen Fahren auf die Alpe besonders geputzt und trägt die größte Glocke (den Hafen). Zweifelsohne liegt diesem Ausdruck Maier das latein. major zu Grunde. I 1552

## Die Meisterschaft

in den Salinenwaldungen, eine Gesellschaft von ungefähr 24 Holzhauern oder Holzknechten, die ein ganz eigentümliches Waldleben führen. Sie waren ehmals militärfrei, würden aber jetzt gewiß zweckmäßiger in einem eigenen Gebirgs-Corps als unter den Linientruppen verwendet. Das Haupt so einer Meisterschaft ist der Meisterknecht, dessen Posten ehedem sogar erblich war. I 1683

## Die Milch

Am Jakobitag begeben sich die Eigentümer von Alpenvieh aus ihren Dörfern auf die Alpen, um nachzusehen, welchen Alpennutzen, d. h. Ertrag an Milch, Butter etc. sie sich von jedem Stück, das den Sommer auf der Alpe zubringt, versprechen dürfen. Es wird zu diesem Behufe die Milch gemessen, welche jede Kuh an diesem Abend und dem folgenden Morgen gibt. Nach dieser wird der Anschlag auf die ganze Sömmerungszeit gemacht. Daß dieses Milchmessen, vom Tag auch Jakobsen genannt, bei dem heitern Mut der Oberländer zu einer Art von Fest geworden sein müsse, ist begreiflich. Nicht bloß der Hausvater, sondern auch die männlichen und weiblichen Hausgenossen besuchen bei der Gelegenheit ihre Gespielinnen, die sich als Sendinnen auf der grünen Höhe befinden. I 1591

## Mulzen

Stallung auf Alpen bei äußerst stürmischem Wetter. I 1597

## Das Mus

Das Melkermus, gewöhnlichste Speise auf den Alpen.

Der Melker läßt Butter in einer Pfanne über dem Feuer schmelzen, gießt gute Milch zu, streut Gersten-, auch wohl Weizenmehl darein und bereitet daraus eine Art sehr fetten Muses, das die Gestalt eines Kuchens erhält. Während des Kochens wirft er es öfter mehrere Spannen hoch in die Luft und fängt es wieder mit der Pfanne auf. Es ist ein Sprichwort der Alpler: »Ein rechter Melker muß das Mus über den Herd schutzen und wieder auffangen.«

R.A. »Muß ist a harte Speis«. Äquivocum zwischen müssen und Mus. I 1675

## Der Ranzen

Kostranzen der Holzknechte: lederner Sack für Lebensmittel. Das Ränzlein: angehende Trunkenheit. II 127

## Der Säurling

Teig aus Mehl und Käse, rund oder zitzenförmig in Schmalz gebacken oder in Rahm gedünstet. Diese Säuerlinge verteilt bei der Abfahrt die Sennerin an die Begegnenden. II 321

## Die Schlemm

Schlenn, zu schlemm – schräg? Die Liegestätte des Senners oder Melkers in der Alpenhütte.

»Und lustig is oanaweg z'Alm,
wenn d'Läus in der Schlemm umawalgn.« II 522

## seihen

D'Kuah de waar gmolcha, d'Milch de waar gsign
und da is des schö Reserl ins Bett einigstiegn.

beseihen – vertrocknen, versiegen.

»Z'Alm hats a Schneewal gschnibn, bseihhat die Küah,
dahoam hat der Schauer geschlagn, guat gehts ma nia.«

Das Beseichkraut (Mondraute, osmunda lunaria) macht das Melkvieh, wenn es die oberen Teile vom Stengel dieser Pflanze abweidet, beseihen (Die Kuh gibt keine Milch mehr).
Der Seih-Hadern, Seih Ridel; Lumpen oder Büschel Haare, wodurch Ärmere die Milch seihen. II 248

Der Senner
Derjenige Knecht einer Bauernwirtschaft, der auf einer Alpenweide den Sommer hindurch das Geschäft der Butter- und Käsebereitung versieht, welches indessen in Gegenden, besonders zwischen Isar und Salzach, obschon es bei der Abgeschiedenheit von der untern Welt und ihren Hilfen viele Selbständigkeit erfordert, lieber einer Dirne übertragen wird, die dann Sennin, Sendin, Sennerin heißt. Es ist klar, daß in den Liedern und Romanzen der Gegend neben den Holzknechten, Wildschützen und Jägern die schönen Sennerinnen (es werden deren aus Grundsatz genug häßliche auf die Alpen gesendet) eine Hauptrolle spielen müssen. II 288

Die Sennalpe,
wo Butter und Käse erzeugt wird.
Die Brotalpe, die auf dem Rücken oder Abhang eines Berges liegt.
Die Grundalpe, die in einem sog. Grund, d. h. in einem hohen, von Bergen eingeschlossenen Nebental liegt. Auf Brotalpen milchen die Kühe weniger als auf Grundalpen, doch gibt auf erstern die Milch mehr Butter, auf letzern mehr Käs und Schotten. I 64

taschen,
tätscheln, treffen, tasten, berühren.

»Beim Mondschein schleich i umma
schaug ob's koa Gamserl gibt
und dua i oans derhaschen,
so tua i's zsammataschen,«
sagt der Wildschütz in einem Volksliede.
Die Taschen, klatschender Schlag, die Maultaschen. I 627

Das Tret
Platz um die Viehhütte einer Alpe, wo gewöhnlich das Vieh zur Melkzeit versammelt wird. I 679

Der Tretmist
Dünger, der auf der Alp in Formen gebracht und, wenn gefroren, auf die Güter herabgebracht wird. I 679

Das Wappen
Die geistlichen Erlaubnisscheine, die für die Weibspersonen, die man als Senninen auf die Alpen schikken wollte, im Salzburgischen ehedem nötig waren, und die Untersuchung, die man vor deren Erteilung anstellte, wurde im Scherz Senninen-Wäpplung genannt. II 964

wässern
Alpenwaldungen und Schläge »wassern«, Wasser in sie leiten, um den Holznachwuchs zu vertilgen und den Graswuchs zu befördern. II 1020

Der Wochensack
Vorratssack der Holzarbeiter in den Salinenwaldungen, welcher gewöhnlich 7 Pfund Mehl und 3 Pfund Schmalz enthält, wovon sich der Mann eine ganze Woche lang sein Holzmus bereitet. II 836

# Schiffleut und Fischer

Das Anmaul
Fisch des Ammersees, perca lucioperca. I 1586

Der Appeis
Anpaß, Anbeiß, der Barsch. Die Appeissägen, Netze zum Fangen der Barsche. I 118

Die Arch
Befestigung des Ufers gegen das Reißen eines Stromes.
Fischerärch, Vorrichtung zum Fischfang.
Vorachen, mit eisernen Haken versehene Stangen, welche bei Hochwasser zum Auffangen des Wasser- und Unholzes und zur Rettung einer gefährdeten Brücke oder eines Rechens gebraucht werden. I 138

Der Asch
Schiff, das auf der Salzach, dem Inn und der Donau besonders zum Salztransport gebraucht wird. »Zu einem Asch gehören 9 Mann und der Ausferg«. I 165

Der Äsch
Die Äsche, forellenähnlicher Flußfisch. Er heißt nach den Graden seiner Größe und seines Alters: Spräzling, Mailing, Aschling und erst wenn er völlig ausgewachsen ist: Asch. I 165

Der Äsling
Der Näsling, die Nase. Cyprinus nasus, Fisch. (bayr. Wald) I 156

Der Bachmeister
Vorsteher einer Gespannschaft von Holzarbeitern, die das Holz hauen und auf den Gebirgsbächen herausflößen. I 193

Der Ber
Bern. Sack- oder haubenförmiges kleineres Netz, welches an einem Stiel oder an einer Stange befestigt, gebraucht wird, um Fische aus dem Behälter zu heben, oder auch überhaupt zu fangen. Derjenige Teil eines größeren Netzes, in welchen sich beim Herausziehen die Fische zu sammeln pflegen, wird auch Berhauben genannt. I 261

Der Berschling
Birschling, Birschting, Bars, perca L, ein Flußfisch. Im ersten Jahre nennen ihn die Fischer Heuerling, im zweiten, wenn seine Rückenflossen anfangen zu stechen, Stichling, im dritten Rögling. I 280

Die Bißgurre
Ein kleiner Fisch, cobitis fossilis, Wetterfisch, auch Beißger, Steinbeißger genannt. Figürl.: eine zänkische Person. I 292

Der Bodenkarpfen
Bodenförchen, Bodenrenken sind große Fische ihrer Art, die sich meist am Grund des Wassers aufhalten. I 211

Die Bogweiler
und Tretbretter zum Fischfangen sind nach der würzb. Fischordng. von 1766 von Ostern bis Bartholomä verboten. I 216

Das Büblein
Junger Karpfen, ehe er zum Setzling wird. I 192

Die Buche
Kleines Schiff. Die Rennbuche trug 12—14 Personen oder ein Pferd, die große Urfahrbuche 30—40 Menschen oder fünf Pferde. I 196

Der Buckel
Kotbuckel
Geringe Art Fische schlammiger Gewässer, die sich durch einen besonders hoch aufgeworfenen Buckel von den übrigen Species des Cyprinus unterscheidet. I 206

Die Docken
in der Altmühl zu fangen, ist durch die Fischordng. von 1735 verboten. I 489

## Flößer und Fischer

### Der Dol
Dolm, Dolp, Breitkopf. Fisch, der sich besonders in hellem Quellwasser unter den Steinen aufhält. I 505

### Die Doppelaich
auf dem Chiemsee. Ein größeres, aus zwei Eichstämmen verfertigtes Fahrzeug, während der Einbaum aus nur einem gehauen ist. I 23

### Der Ducker
Fischgarn, das man untertaucht und nach einiger Zeit wieder herauszieht. I 489

### Der Dünsel
Bei der Floßfahrt auf der Isar und Loisach eine dünne Stange, gewöhnlich ein Buchenschößling, mit einem aus Wieden geflochtenen Ring (Dünselhals) an jedem Ende, welche gleichsam als starres Seil zum Fassen des Lendsteckens (Pfahles am Ufer) und Befestigen des Floßes an denselben dient. (ahd. dinsan – ziehen) I 526

### Die Fälfluder
Schleuse. Fluder sind Bäume, die zu einem langen Floß verbunden sind. Die 36 Fluderherren in Kötzting hatten das ausschließliche Recht, solches Holz auf dem Regen nach Regensburg zu bringen. I 788

### Der Feind
»Da hat's an Feind!«, eine gefährliche Stelle für Flößer im Fahrwasser der Isar. I 724

### Der Fisch
»Her mein Fisch!« Mit diesem Ausruf pflegt man eine Sache als die Seinige zu erklären und danach zu langen."
*Fischenz,* das Recht zu fischen.
*Der Fischervogel,* das Fischermännlein, eine Art Wasserschwalbe. »Wird nicht mehr kalt, sind die Fischervögel schon da«, so hört man in München wohl sagen, wenn sich zu Ende des Winters diese Vögel zu Tausenden am Kanal des Englischen Gartens unter dem Wasserfall versammeln.
*Fischwaid,* Fischfang. I 771, 772
*Fischbrod,* (bayr. Wald) die Fischlaich. I 348

### Das Fischperl
Die Perle. Im bayerischen Wald gibt es mehrere Bäche, aus denen Perlen gefischt werden, Perlbäche. Der Perlbesuch (die Perlenfischerei) ist ein landesfürstliches Regal. »Heimbliche Berlklauber sind exemplarisch zu strafen«. I 404

### Das Floß
Nach einer alten Forstordnung soll ein Tragfloß über 20 Tragbäume (jeden wenigstens von 38 Schuh Länge) und eine Breite von 17 Schuh haben. Ein Schnittfloß (von Sägbäumen und Brettern) soll höchstens 12 Schnittbäume (von wenigstens 30 Schuh Länge) und obige Breite nach dem, unterm Isartor in München eingehauenem Stangenmaß haben. Andere Arten von Flößen sind das Gestrick und der Waldschragen. I 796

### Der Frauenfisch
Schiel oder Schiet wird nur um Mariae Verkündigung und nur wenige Wochen auf den Markt gebracht. (München) I 802

### Die Gacka
Schneppgacka (Aschaffenburg), ein Netz, in welches ein Stück süßen Käses als Köder gebunden wird. I 883

### Der Gangfisch
Unter diesem Namen wird in München ein kleiner, schlechter Fisch geräuchert in Körben zum Markt gebracht. (gang – gängig) I 921

### Der Gaul
Der Gaul der Floßfahrer auf der Isar ist ein kleiner, kurzer Floß, bei dem das hintere und vordere Ruder so weit zusammenreichen, daß sie von einem einzigen Mann regiert werden können, der im Scherze wohl auch Galreider genannt wird.
Nachtgal, Nachtschwärmer. I 891

Die Geduld

Eine Art zu fischen (Würzb. Fischordng. v. 1556). I 504

Das Geschär

Gschar. Hölzerne Einfassung, die in eine Tür oder ein Fenster gesetzt wird. Die Geschäre, in welchen das aus dem Gebirge kommende Triftholz, wohl an die tausend Klafter auf einmal, durch den Ammersee gefludert wird, um auf der Ammer vollends bis Dachau geflößt zu werden, bestehen aus zwei oder vier in einigem Abstand von einander parallel gehenden Baumunterlagen, auf welche das Holz geschlichtet wird und an deren Ende Flöße mit Masten und Segeln befestigt sind. Das Ganz schließt ein langes Wasserviereck ein und treibt bei gehörigem Winde wie ein ungeheures Linienschiff dahin. II 445

Die Gleider

ahd. clida-crates. »Die Gleiderkörb sollen allweg verboten sein, aber Gleider oder Schweiber mag man zu St. Bartholomätag einlegen und bis auf St. Georgentag liegen lassen und nit länger, danach soll man sie an das Gestad, auch ein Fischer zu jeder Zeit über sechs nit legen.« 1616. I 971

Der Grans

Der Grensel. Schnabel des Schiffes, Vorderteil desselben. Das Kranzl, das Hinterteil der Laufener Salzschiffe, der im Aufwärtsfahren der vordere Teil wird.

Gränsli, ein Nachen mit einem Fischbehälter im Vorderteil. I 1005

Der Gropp

Gobio, ein Fisch. »Aus einem Zwergen einen Riesen, aus einem Groppen einen Stockfisch machen.« I 1006

Die Grundel

Der Gründling. Die Schmerle, der Schlammbeißer (cobitis coenosa). Er wird als Wetterprophet im Zimmer gehalten. I 1004

Der Hakenpfeil

Bei der Isarfloßfahrt ein Pfahl mit eisernem Schuh, dienlich, durch schräges Einsenken desselben in den Boden, das um ihn geschlungene Seil und den am letztern hängenden Floß, welcher landen will, am Ufer fest zu halten. I 1071

Der Hamen

ahd. hamo, Fangnetz, Fangstrick, Fanggarn.

hämen, ein Schiff messen, wie weit es ins Wasser gehe. I 1105

Der Hecht

Bretzenhechtlein, kleiner Hecht, welcher unzerteilt und zusammengebogen wie eine Brezel in die Schüssel gelegt wird. I 376

Der Hund

Bei den Floßleuten auf der Isar: Die verbundenen Bretter oder Bäume, welche sie unter einem gegen den Strom mehr oder minder offenen Winkel an ein auf dem Sand festsitzenden Floß bringen und mittels Seilen festhalten, um durch diesen Auffang den Andrang des Wassers wirksamer zu machen und wieder flott zu werden. I 1127

Der Kipfen

Schiffsknie, Spangen oder Rippen des Schiffes, wodurch es von innen zusammengehalten wird.

Gipfstall, Raum zwischen diesen Spangen, der zum Ausschöpfen des eingedrungenen Wassers benutzt wird.

Die Küpfen

Eine Art Schiffsbauholz, gewöhnlich eine junge Fichte samt derjenigen Wurzel ausgegraben, welche mit dem Stamm einen gewissen Winkel (Knie) bildet. An dem Wurzelteil wird der Boden, an dem Stammteil die Seitenwand des Schiffes befestigt. Umgekehrt bei den Schoppern in der Ilzstadt. I 1275

Die Molzen

Fang am unteren Ende einer Holzrise im Gebirg, der

die herabschießenden Holzblöcke auffängt, und, wo es nötig ist, durch eine Öffnung einer weiteren Rise zusendet. I 1597

### Die Mur

Sand und losgebrochenes Gestein, welches von den Höhen in die Talebenen niedergerollt, oder auch von Wetterbächen herabgeschwemmt worden ist. So ist der Flecken Partenkirch binnen elf Monaten zweimal durch das Geschiebe des Faulenbachs halb verschüttet worden. Noch stehen in einigen Häusern die unteren Stockwerke mit Sand angefüllt. I 1642

### Die Rise

Natürliche, von aller Vegetation entblößte Rinne an einem Berge, in welcher Wasser, Gestein, Sand etc. niederreiset oder geschlagenes Holz herabgeschossen wird. Künstliche, aus glatten Baumstämmen zu diesem Zweck erbaute Rinne. II 147

### Die Sappi

ital. zappa, Haue. Spitzhacke an einem langen Stiel, mit welcher der Trift- oder Flößholzarbeiter in die Blöcke eingreift, die er im Wasser fortschaffen will. II 317

### scherren

Schaben, scharren, kratzen. Das Flußbett der Isar scherren, die allzuseichten Stellen zum Behuf der Floßfahrt mittels einer von Pferden gezogenen Vorrichtung, der Kiesscherren, durch welche der Kies beiseite geschafft wird, vertiefen. II 452

### Tölzer Prügel

Isar westwärts: rundes Drittel-Viertelstück eines entasteten, wohl auch abgeschälten Baumstammes, das auf Flüssen fortgeschwemmt (getriftet) wird. I 468

### Die Trift

Eine Holztrift findet statt auf der Saalach bis Reichenhall und auf der Traun bis Traunstein, auf der Isar bis München, auf der Amper bis Dachau. Die Isartrift geht jedes Jahr im Frühling vor sich, und während der letzten Zeit ihrer Dauer ist das Fahren mit Flößen eingestellt. Die daherschwimmenden Blöcke (Prügel) werden in München mittels des sogenannten Holzrechens oder Abrechens aus dem Hauptstrom in einen Nebenkanal und so in den sogenannten Holzgarten geleitet. Über dieses Geschäft ist ein eigenes königliches Triftamt gesetzt. Zum Triften (Fortschwemmen und Fortstoßen) der Blöcke werden unter Aufsicht des Triftmeisters oder Triftcommisärs von Station zu Station besondere Triftarbeiter, Trifter angestellt, die bei den Salinentriften förmlich in Scharen eingeteilt sind.
Das *»Holztriften«* ist auch eine Unterhaltung der Gebirgsburschen, bei welcher einige die Klötze vorstellen und durch eine lange Reihe fest ineinander geschlungener Hände von Paar zu Paar fortgeschwungen werden. I 652

### Der Waldschragen

Bretterfloß, das aus 3–5 Bäumen besteht, zwischen welchen die zu verführenden Bretter dachziegelförmig übereinander geladen sind. II 600

# Bier und Wein

## Der Apostelwein

R.A. »Der Apostelreiter«, schlechter Reiter.
»Apostelwein«, schlechter Wein.
»Apostelbier« nannte unser Lohnkutscher F. X. Schmid das Bier zu Holzhausen bei Waging, nämlich »wo ihrer zwölf an einem Seidlein zu trinken haben.« I 118

## Aufschlag

der Obrigkeit auf den natürlichen Preis.
Der Bieraufschlag, heutzutage da er vom Malz erhoben wird, auch Malzaufschlag genannt, Wein-, Branntwein- und Metaufschlag existieren in Bayern seit 1543, wo auf dem Landtag ein »gemainer Aufschlag« auf alles Getränk – unter anderm auf den Eimer Bier 2 Kreuzer – bewilligt wurde, und zwar bis eine drückende Landschuld von 600 000 fl. rhein. abbezahlt sein würde. Da aber die Schulden nie abnahmen, sondern sich immer lieber vermehrten, so hörte auch der Aufschlag nicht auf, sondern stieg immerdar, so daß heutzutage z. B. vom Bier jede Maß 1 Kreuzer bezahlt. II 517

## Das Bier

Weißes Weizenbier zu brauen, war im Herzogtum Bayern dem Landesfürsten allein vorbehalten, weißes Gerstenbier zu sieden, gewissen Familien und Corporationen gegönnt. Im Jahr 1293 geschah, was heutzutage wohl sehr bedenklich sein würde: Die Herzoge Ludewig und Ott geboten, daß ein ganzes Jahr hindurch im Lande kein Bier gebraut werden sollte. Da muß es notwendig noch weit mehr Wein oder weit mehr Liebhaber des Wassers gegeben haben. Auf dem Landtag von 1512 wurde das Märzenbier von Jörgi bis Michaeli die Maß auf 2 Pfennig und das Winterbier von Michaeli bis wieder Jörgi auf 3 Heller gesetzt. Es wurde dabei bemerkt, es wäre öffentlich, daß vor kurzen Jahren nicht der zehnte Teil Bierbrauer im Land gewesen, deren doch jetzt ob 1000 darinnen gefunden, die all reich und zu Herrn wurden. Das folge allein aus der großen Gewinnung und daß sie kein guts gerechts noch gesundes Bier mehr sötten.

R. A. »Beim sauern Bier zamkema«, auf eine unvermutete, oft auch unbeliebige Weise zusammenkommen.
»S' Grieß ham wia's saure Bier«, nicht gesucht oder beliebt sein. »Einer a Bier zahln, eine zum Bier führn«, ihr erklärter Liebhaber sein. I 265

## Der Bock

Aimbock. Besonders starkes Bier, das nur in den Staatsbrauereien zu höherem Preise als dem des gewöhnlichen Märzenbieres verschleißt werden darf, insoferne also der Gegenstand eines Monopols ist. Die kurze, aber rauschende Epoche, die dieses Getränk, besonders bei den mittlern Volksklassen Münchens jährlich macht, tritt gewöhnlich um die Zeit des Fronleichnamsfestes ein. Bock mit Bockwürsten ist an diesen Tagen ein beliebtes altmünchnerisches Frühstück. Der Bockkeller, eine für die Beobachtung des Münchner niedern Volkslebens nicht ununterrichtende Spelunke. »Einbeckisch Bier, so die Nürnberger dem gnädigen Herrn geliefert«, kommt auch in einer Münchner Hofrechnung von 1574 vor. Wie aus Einbecker oder Embecker Bier dem gemeinen Mann, der in jeden ihm fremden Ausdruck gern einen handgreiflichen Sinn legt, Ainbock und endlich gar Bock werden konnte, ist begreiflich. Diese volksmäßige Umformung ist indessen schon ein paar Jahrhunderte alt, denn in der Land- und Policeyordnung von 1616, f. 532 ist auch von einem Bockmet die Rede« welcher nicht anders, als zur Notdurft der Kranken gesotten werden solle«. Als Gegenstück zu diesem stärker stoßenden Bock ging, besonders aus den Bräuhäusern der Jesuiten, die etwas sanftmütiger »Geiß« hervor. I 204

## Es einem bringen

Einem zutrinken »Bring da's«, schallt es im Wirtshause dem Neueintretenden aus dem Munde der Bekannten entgegen, die schon bei ihrem Kruge sitzen und denselben freundschaftlich darbieten. Den Gegentrunk ausschlagen darf man bei den bayrischen Bauern so wenig, als beim aragonischen das Rauchen aus dem Cigaro, den er aus seinem Munde treuherzig darreicht, wenn man nicht will, daß er sich beleidigt finde. I 361

drehen
»Jetzt hab i no sechs Kreuzer
die ghörn mei und dei
drah di Weiberl drah di,
versuffa miassens sei!«. Tanzreim. I 559

Der Flinder
Flitter, grünes Waldbüschlein, welches in Landstädtchen, wo jeder Bürger Bier zu brauen pflegt, vor dem Hause desjenigen herausgehängt wird, den die Reihe trifft, die Woche durch Biergäste zu setzen. Von diesem sagt man: »Er hat den Flinder«, »man gaht zu ihm in den Flinder«. Dieses Waldbüschlein ist wohl nur ein wohlfeileres Surrogat des Zeichens von Silberflittern, das man in altbayerischen Städten an Bierhäusern bemerkt. I 792

Der Gerben
Diese Hefe dient als Gärungsmittel bei Bereitung von Mehlspeisen und Brot von Weizenmehl. Da es wichtig ist, sie das ganze Jahr hindurch frisch haben zu können, so gibt es eigene Gerbnsieder, die von den Bierbrauern Malz kaufen, um dieses zur Gewinnung des Germs zu verbrauen. Die dabei erzeugte Flüssigkeit wird teils als sogenanntes Germbier um geringeren Preis (1/5 des andern, gewöhnlichen Braunbiers) gelegenheitlich verkauft, teils auch zu Essig verwendet. I 934

Der Glanz
Räuschchen.
»Er ist nie besoffen, hat aber alle Tag seinen Glanz«. I 975

Das Glattwasser
Art Nachbier. I 978

Der Gräußing
Weizenbier. I 1011

Das Leben
R. A. »Drei und danebn, geht a ganz Lebn«, Sprüchlein wenn beim Einschenken etwas daneben kommt. I 1409

Das Leit
Das geistige Getränk. Wenn die österreichischen Weinbauern ihren Wein geerntet haben, und derselbe trinkbar geworden ist, so wird vom Amte jedem in der Reihe das Recht erteilt, Wein auszuschenken, und dieses nennt man »laidgeben« der Leitgeb, der Wirt. I 1534

Das Loß, Märzenlos
Die durch das Los bestimmte Reihe, in welcher die bierbrauenden Bürger oberpfälzischer und die Bräuer bayrischer Städte und Märkte ihr Sommer- oder Märzenbier bis jeder seinen Vorrat an den Mann gebracht hat und so, daß immer nur einer oder einige wenige ihren Keller offen haben, auszuschenken pflegen. In München und wohl auch anderwärts darf indessen dieser dem Publikum so lästigen Convenienz der Biermacher nicht mehr stattgegeben werden. I 1518

Die Maß
Landübliches Schenkmaß für Flüssigkeiten, namentlich für Bier, der 60. Teil eines Eimers. »Schaffens a Maß?« frägt die Kellnerin den eintretenden Gast nach dem bekannten Grundsatz: »Wer seinen Durst mit Seideln labt, fang lieber gar nicht an.« Auf einem Sitz zwei, drei Maß zu trinken ist etwas Gewöhnliches, vier, fünf, sechs, nichts Außerordentliches. Es gibt Leute, die tagtäglich ihre 10, ja 20 Maßln (das Diminutivum hat hier auf die Quantität keine Beziehung) zu Leibe nehmen.
Der Maßkrug, Krug der eine solche Maß enthält, und nach Landessitte gewöhnlich von Steingut und oben mit einem zinnenen Deckel (Luck) versehen ist. Es hält sich in diesen Krügen das Bier überaus frisch, sie sind dauerhafter, wenn auch kostbarer als Bouteillen und vielleicht gesünder als die ehemals und an einigen Orten noch jetzt üblichen Kannen von Zinn. Der gemeine Mann pflegt, ohne die vornehm-ekle Dazwischenkunft eines Glases aus dem Krug zu trinken, und

auch seinem Nachbarn daraus Bescheid zu tun. Die halbe Maß oder kurzweg die Halbe wird gewöhnlich in Gläsern, die wie die Maßkrüge einen Deckel haben, aufgesetzt. Man hält es für vornehmer aus einem Halbekrügel, denn aus einem Maßkrug zu trinken. Ekle oder auch sparsame Trinker können sich durch das Glas besser als durch den Stein überzeugen, von was Farbe oder Reinheit ihr Trank sei und ob er wirklich bis an das Luck reiche. I 1659

### Die Meisterwurz

Meister- und Enzianwurzen zum Branntweinbrennen werden auf den höchsten Gebirgen von Weibern gesucht, die sich deswegen den ganzen Sommer über in den höhern Regionen aufhalten. I 1683

### »Aufs Nagerl«

Aufs Haar, ganz genau, vielleicht beziehbar auf die Sitte, die Kannen und Becher inwendig, zum Messen des Getränks nach seiner Höhe mit hervorstehenden Nägeln zu bezeichnen.
*Die Nagelprobe* der Trink-Virtuosen besteht darin, daß sie das auf einen Zug ausgestürzte Gefäß mit dem Rande auf den Fingernagel setzen, um noch den letzten Tropfen davon abzulecken. I 1732

### Der Notwirt

Wirt der nach dem ehemaligen Systeme gerade nur bei einem bestimmten brauenden Kloster oder Hofmarksherrn das Bier, es mochte gut oder schlecht sein, zu nehmen gezwungen war. Ein Verhältnis, das, obschon in der Brauinstruktion von 1723 in seiner ganzen Verderblichkeit erkannt, dennoch im Jahr 1726 durch einen Machtspruch gesetzlichen Bestand erhielt, bis Max Josephs Regierung auch in diesem Stücke Gerechtigkeit übte. I 1773

### rebeln,

zupfen. Der Greblde. Wein, aus Beeren gewonnen, welche früher vom Kamm abgeriffelt (abgerebelt) wurden, damit diese nicht, wenn sie mitgepreßt werden, dem Most einen herben Beigeschmack geben. II 7

### Schmolles!

sagt man beim Zubringen des Branntweinglases, worauf der Empfänger antwortet: Fiduzit!
II 549

### schnappen

Den Deckel am Bierkrug auf und zu schnappen lassen:
»Schnapp auf und schnapp nieder,
sauf aus und klopf wieder,
schnapp auf!« II 576

### Die Tafern

Schenke, Trinkstube, lat. taberna.
Es übten in älteren Zeiten die Herren des Landes, Fürsten, Klöster, Edelleute und Städte allein das Recht, an ihre Untertanen Wein oder Bier auszuschenken, d. h. Tafernen zu halten, die sie entweder durch eigne Diener (Taferner) betrieben, oder andern in Pacht gaben. Die berüchtigten spanischen Wirtshäuser sind noch jetzt fast lauter bloß gepachtete Tafernen, Entschuldigung genug für sie. Doch gibt es, und selbst in der Nähe der Hauptstadt, noch bloß freistiftische, ja bloß gepachtete, in welchen man sich die spanischen ziemlich wohl vergegenwärtigen kann.
I 587

### Tölzer Prügel

Beim Bürgerbräu in Tölz als Wahrzeichen ein zum Trinkgeschirr ausgehöhlter Tölzer Prügel (jetzt im Museum Anm. d. Verf.). I 468

### trinken

Nacheinander trinken, aus einem Geschirr trinken.
Über das Verderbnis der jetzigen Zeit klagend, sagte ein eisgrauer Dorfwirt unter anderm: »Wia i gheirat hab, han i, wenn i alle Tisch voll Leut ghabt hab, koa dutzend Krüg braucht. Hat alles nacheinander trunken, was an oam Tisch gsessen is, es müaßt na a Fremder dabeigsessen sein, aus am fremden Ort, den s' net kennt hiatn. Jetzt fircht't si scho a jeda, er kimmt um a Trünkerl z'kurz.« I 668

# Haus
# und
# Hauswesen

## Der Altar
Ein Altärlein mit einem Kruzifix, einem Muttergottesbild oder andern Lieblingsheiligen, darf in keinem bayerischen Bürger- oder Bauernhause, wo vor und nach Tische, beim Ave etc. gemeinschaftlich gebetet wird, fehlen. Es nimmt gewöhnlich eine Stubenecke gegen Aufgang ein. I 72

## Die Asen
Fach für die Getreidgarben in der Scheune von der Erde an bis unters Dach – verschieden von den »Griedern«, die sich überm Stall befinden. Allgemein heißt in Altbayern das hölzerne, in der Küche oder in der Stube über dem Ofen angebrachte Gestell, Holzscheitchen oder Lichtspäne zu trocknen »Spanasn«, »Asslstang«. I 155

## Der Aufüber
In Oberländer Bauernhäusern das Stockwerk über dem Erdgeschoß. I 43

## Der Backen
Ansatz oben an jedem der Seitenbretter einer Bettstelle. So heißt wohl jedes als Stütze oder Ansatz an einer Wand oder einem Brett befestigte Holz »a Backl«. I 201

## backen
Bachen. Die Bachstatt, die Bäckerei.
Das Bach-Sumper, Schüssel von Stroh geflochten, in welcher der Brotlaib zum Ofen gebracht wird.
R. A. Es ist nit alle Tag Bachtag.
Scherzhafte, zunächst auf Kinder angewendete R. A.: Nicht ausgebachen sein, nicht recht ausgeschlafen haben und daher übler Laune sein.
einander abbachen, sich quälen, vexieren.
halbbachen, halb ausgebacken, fig. von Menschen und Tieren: nicht recht frisch und munter, von schwächlichem Körper sein. I 194

## Der Bader
Einer, der ein öffentliches Bad besorgte, nebenbei auch wohl barbierte, schröpfte und zur Ader ließ. Ehmals pflegte bei vielen Handwerkern den Gesellen, bei Bauten den Arbeitern, am Samstag früher als sonst, Feierabend und Geld gegeben zu werden, damit sie ins Bad gehen konnten. Die Landes-Ordnung von 1553 will den guten blauen Montag und das Badgeld abgeschafft haben. Der Badehut, unsere Badehose.
Das Bädlein, in Bauernhäusern des Landgerichts Dachau ein Schwitzbadkasten im Ofenwinkel, in Passau der Winkel hinterm Ofen ohne jede Badanstalt. In der Instruktion für bürgerliche Obrigkeit von 1748 wird verboten »in den Stuben gefährliche Badel zu halten.«
Im Landrecht von 1616 »soll in einem jeden Dorf nur eine Badstuben und wo keine gewesen, kein neue aufgesetzt werden. Auch die sondern Badstuben der Bauern bei ihren Hauswohnungen oder solche Bädlen, die man hin und wider tragen mag und mit Glut heizt, außer bei den Einöden an den Gebirgen, wo man weit in das ehafte Bad hat, ohne Erkandtnuß der Obrigkeit nit zugelassen, desgleichen in Städt und Märkten, den geringen Burgern und Handwerksleuten keine Badstübel, so man hin und wider trägt, sondern allein die ordentlich gemauerte Badstübel in den Häusern gestattet sein.«
Heutzutage ist die Badstuben im Oberlande ein zu einem Hofe gehöriges Nebenhäuschen, worin sich der Backofen, die Anstalt zum Flachsdörren und -brechen befindet, oder welches nicht selten von dem Taglöhner bewohnt wird, der dem Hof um einen festgesetzten Taglohn zu arbeiten hat. I 207, 209

## Der Balken
Für Fenstergesims und Fensterladen. Fenster, aus der Zeit, wo man noch kein Glas brauchte. I 237

## Die Brenten
Der Bottich, die Kufe, das Schaff. Färb-, Kraut-, Wasserbrenten. I 362

## Die Bruck
Eine breite Liegestatt von Brettern am Ofen und an einer Seitenwand der ländlichen Wohnstube. Sie wird

benutzt für fremde Gäste oder wenn zur Winterzeit jemand im Haus krank wird. Der Raum unter ihr ist gewöhnlich dem Hühnervolk zugewiesen (Henabruck). I 347

Die Bühn

Wie: auf der Dielen, auf dem Boden. Der Oberboden in ländlichen Häusern oder Scheunen. I 246

Die Butschen, Bitschen

Kleines, mit einer Handhabe und einem Deckel versehenes Gefäß in Form eines abgestutzten Kegels, das bei zahlreichem Hausgesinde als ein wohlfeiles, haltbares und ergiebiges Trinkgeschirr gebraucht wird. I 312

Das Butterglas

Paternosterförmiges Glas von besonderer Form, auf den Tafeln üblich, um die in den Salat zu gießende Portion Essig und Öl darin zu rütteln und untereinanderzumengen.
Butterwinzig, sehr klein.
»Hinter mei'm Nachbar sein Stadei
sitzt a kloas budawinzis Madei
spinnt mit an budawinzign Radai
a buda-budawinzis Fadei.« I 311

Die Diele

Die Bretterdecke über einem Gemach, welche für einen darüber befindlichen Raum den Boden bildet; der Raum unterm Dach eines Hauses, Dachboden, Diln.
Die Katzendiln, Altänchen zunächst am Giebel eines oberländischen Bauernhauses. I 500

Der Dübel

Pflock oder Zapfen, der irgendwo eingefügt wird, Düpel. Klotz von Ton, den man bei Öfen in die Rauchröhre stellt, um die Wärme nicht unbenutzt weggehen zu lassen (Ofendübel). I 529

Die Dunk

Der Keller, das unterirdische Gemach, worin die Weber ihre Werkstätte haben. Augsburg
Dung, Dünger womit der Wärme wegen zur Winterszeit die unterirdischen, weiland nicht bloß Webern dienlichen Räume bedeckt worden. I 525

Die Ehstube

Aus der alten, hölzernen, durch Anbauten fort und fort vergrößerten Straubinger Hütte zu Bad Gastein hat, bei deren Umwandlung in einen stattlichen Gasthof, der kindlich gesinnte Sohn die Ehestube der Eltern herausnehmen und als sprechendstes Denkmal besonders aufstellen lassen. I 4

Die Einöd

Einsam und ganz abgesondert liegender Bauernhof.
»Vor an Oanöd soll ma an Huad abtoa.« I 89

Der Estrich

Jetzt versteht der gemeine Mann unter Estrich zunächst die Lehmdecke auf dem Boden über einer Stube und figürlich den ganzen Raum zwischen diesem Boden und dem Dach. I 169

Die Festlgrube

Grube oder Vertiefung im Herde, wo die Glut von einer Kochzeit zur andern eingetrechtet wird. »Den Aschen in die Festlgruabn einfestln.« Ober-Inn.
»Bal Sonn und Mond arschling geht
s' Roß auf'n Festln (Fesseln) steht
und der Schneck Baumwoll spinnt,
aft liab i di gschwind.« I 777

Das Fletz

Der gepflasterte oder aus festgestampftem Lehm bestehende Boden der Gänge im Hause, der Hausflur, die Haustenne. I 800

Die Fürlauben

Äußerer Gang um ein oberes Stockwerk. I 745

Die Fußtruhe

Kleine Truhe, die den Landleuten des Oberlandes als

Schemel dient, um in ihre sehr hohen Betten hinaufzusteigen. I 769

Das (der) Gaden

Ursprünglich jedes Haus, insoferne es nur aus einem Raum, einer Stube, einem Zimmer oder nur einem Stockwerk bestand. An diese Bedeutung schließen sich die verschiednen auf Gaden endenden Ortsnamen: Berchtesgaden, Ernstgaden, Grafengaden, Schmidgaden, Steingaden, Steingädelein.

Vor einem Jahrtausend bestunden in unserm Deutschland wohl selbst die Burgen oder Höfe der Fürsten noch aus einer Verbindung von lauter einzelnen, einstöckigen, nur einen Raum enthaltenden Gebäuden, wovon jedes für sich nach seiner Form oder Bestimmung Gadem, Kemenate, Saal, Palas, Stube oder Zimmer heißen konnte.

In Bauernhäusern am Lech wird unter Gaden vorzugsweise die Schlafkammer des Bauern und der Bäuerin verstanden.

Gaden bezeichnet aber auch ein Gemach oder Gewölbe, das als Vorratskammer, Kaufladen oder Werkstätte dient. Der Apfelgaden (Apfelkammer), Brenngaden (Werkstätte zum Silberbrennen), Fleischgaden, Geschirrgaden (Aufbewahrungsschuppen für das Schiffsgeschirr), Leingaden (Leinwandkammer), Schergaden (Barbierstube), Schlafgaden.

Höhe einer Kammer, Stockwerk.

»In der Archen Noe waren drei Gaden, der erste und obere für die Vögel, der mittlere für die Menschen, der untere für die andere Bestien.« P. Abraham a Santa Clara. I 871

Die Gatzen

Ein Geschirr, gewöhnlich von Kupfer, zum Schöpfen von Flüssigkeiten aus einem größeren Gefäß und zum Messen.

Milchgatzen und Maßgatzen. I 967

Der Gehwagen

In Bauernstuben des Unterlandes eine Vorrichtung für kleine Kinder, welche anfangen sollen zu gehen. Sie besteht aus einer Stange, die sich am Balken der Stubendecke in einem eisernen Ringe, und am Stubenboden in einer Vertiefung herumbewegt, und etwa anderthalb Schuh von der Erde einen hölzernen Reif hat, in dessen Kreis der Lehrling gestellt wird.

R. A.: »Des ist a rechter Gewagn«, er hat kein Sitzleder. I 861

Das Geltsgott-Häfelein

Topf, in welchem arme Leute das Almosen aus flüssigen Speisen nach Hause tragen. I 904

Das Gerems

Gitter. »Unsere Hausflur hatte neben der Tür ein großes hölzernes Gitterwerk, wodurch man unmittelbar mit der Straße und der freien Luft in Verbindung kam. Einen solchen Vogelbauer, mit dem viele Häuser versehen waren, nannte man ein Geräms. Die Frauen saßen darin, um zu nähen und zu stricken; die Köchin las ihren Salat; die Nachbarinnen besprachen sich von daher miteinander, und die Straßen gewannen dadurch in der guten Jahreszeit ein südliches Ansehen (Goethe, Aus meinem Leben).

Das Krembs der P. Franciscaner zu München wird wohl etwas Ähnliches, obschon minder Freundliches gewesen sein. II 102

Der Ghalter

Kalter, der Behälter, Aufbewahrungsort, namentlich ein Wandkasten; Gwandkalter, Kuchlkalter, Fischkalter. I 1101

Der Gucker

In den im Gebirg noch hie und da vorkommenden Rauchkucheln ohne Kamin: Ein im Dach befindliches Schließbrett, das man mittels eines Strickes zu- und aufziehen kann, um den Rauch hinauszulassen; Rauchklappe. I 886

Die Gutsche

In einem Bauernhaus am Schliersee habe ich, wie im Allgäu, das, was sonst in Bayern Lotterbank heißt, die

Gutschen nennen hören. Also betiteln auch die Gemüseverkäuferinnen auf dem Münchner Marktplatz ihre kutschenähnlichen Sitze. I 966

## Der Hafen

Der Hafen oder Duschhafen (Glocke) wird gewöhnlich der Hauptkuh oder Mayrkuh angehängt.
*Der Hellhafen,* Kessel von Ton oder von Eisen, gewöhnlicher von Kupfer, am Stubenofen eingemauert.
*Der Hafenbinder,* Hausierer, der zersprungene Töpfe mit Draht bindet.
*Der Haferlgucker,* Mannsperson, die nach dem Begriff der Köchin in der Küche zuviel nachsieht.
*Die Häfleinsuppe,* Suppenbrühe, samt dem Brote im Topf gekocht, zum Unterschied von der gewöhnlichen Wassersuppe, zu welcher die Brühe aus dem Topf auf das aufgeschnittene Brot gegossen wird.
»Lachen wie ein Hafner, der umwirft«, da man lieber weinen möchte. »Der muß ein Hafner werden« ironisch von einem, der sich in eine Sache mischt, von der er nicht genugsam Kenntnis zu besitzen scheint. I 1055

## Das Hauserlein

Kleines Blech, auf welchem Reste von Kerzen vollends ausgebrannt werden. I 1178

## Die Hölle

Enger Raum zwischen Ofen und Wand.
»O Sommer, o Sommer, du arger Laur
du machst den Weibern die Milch so saur –
o Winter, o Winter du arger Gsell,
du jagst die Weiber wohl hinter die Höll.«
Lied vom Sommer und Winter. I 1080

## Die Holzberen

Gestell über dem Ofen, auf welches man die Holzscheitchen (Kendel) legt, die man für die Leuchte dörren will. (Oberer Lech) I 261

## Die Hüller

Der oberste Raum unter dem Hausdach, der Dachboden. I 1085

## Die Hur

In ältern Bauernhäusern des Oberlandes: ein weiter, über dem Feuerherd eine Wölbung bildender Rauchfang, dessen Ausmündung im Dache (das Hurloch) durch eine hölzerne, mittels eines Strickes von unten regierbare Klappe (das Hurluck) geöffnet und verschlossen werden kann. I 1157

## Das Kar

Das Gefäß, Geschirr. Das Milchkärlein, hölzerne oder irdene Milchschüssel.
Das Nudelkärlein, hölzerne Koch- oder Teigschüssel. I 1276

## Das Kastelbier, Kastelbrot

Besonders gutes Bier und Brot, vermutlich insoferne ein solches für gewisse privilegierte Mitglieder einer Wirtschaft absonderlich verwahrt wird. Im Wandkastl wurde das weißere Brot aufbewahrt. I 1306

## Der Kasten

In einer Alpenhütte das Gemach, welches zum Behältnis für Mehl, Käse, Butter, Schotten und Milch dient; auch wohl eine abgesondert stehende Hütte mit dieser Bestimmung.
Der Raum unterm Dach des Hauses, sonst auch der Boden genannt. Bei manchem größern Bauernhof ein abgesondertes Nebengebäude, dessen oberer Raum zur Aufbewahrung des gereinigten Getreides, der untere aber zur Verwahrung der Ackergeräte bestimmt ist. (Speicher)
Herzog-Kasten
Gebäude zur Aufbewahrung des Gült- und Zehentgetreides, das von den unmittelbaren Grund- und Zehentholden des Landesfürsten (des Staates) in Natur entrichtet wird. I 1305

## Der Katzenbaum

Ein gewisser Balken im oberländischen Bauernhaus. I1314

## Der Katzenherd

Hals oder Teil des Ofens, der an die Mauer reicht, durch welche das Ofenloch geht. I 1314

### Das Kendlein
Kentl, kleiner Wandherd oder Kamin in Bauernstuben, worauf zur Beleuchtung kleingespaltenes Kienholz (Kentlholz) gebrannt wird. I 1260

### Der Klengler
Einzelner Zug an der Glocke.
Dienstbotenetikette: »Für die Kammerjungfer wird zwoamal glitten, für's Stubenmadl oanmal, für d' Köchin wird grad a Klenkla gmacht«. I 1334

### Die Kömichkammer
Kammer über der Küche an den Schornstein gebaut, der den Rauch durch eine Öffnung zur Räucherung des aufgehängten Fleisches in die Kammer läßt. I 1245

### Das Kor
Erker an einem Haus. Das Korfenster, Dachfenster. (Nürnberg) I 1284

### Die Lauben
Äußerer Gang, Altane, Galerie um ein oberes Stockwerk eines Bauernhauses, auch Fürlabn genannt. Lange waren solche Lauben selbst in der Stadt München häufig, wenigstens scheinen die zum Wegbrechen verurteilten »Laubn« der Bauordnung von 1370 von den »Altanen« jener vom Jahre 1489 nicht verschieden. In der Bedeutung in welcher »Lauben« z. B. in Bern, in Straßburg üblich ist, braucht man es in München nicht, man sagt da »Bögen«, unter den lichten oder den finstern Bögen um den Schrannenplatz. Die kunstreichen Lauben um den Hofgarten werden Arkaden betitelt.
R. A. »Auf d' Labn steigen«, ein Mädchen nachts am Fenster ihrer Schlafkammer besuchen, welche sich im Oberland gewöhnlich nicht, wie in den gewöhnlich aus einem bloßen Erdgeschoß bestehenden Häusern des Unterlandes, zu ebener Erde, sondern im oberen Stockwerk (Aufüber) befindet. I 1405

### Das Leerhäuslein
Haus auf dem Lande, dessen Eigentümer (Leerhäusler oder Häusler) außer etwa einem Garten keine oder nur wenige Grundstücke besitzt; 32 solcher Häuslein gingen nach ehemaliger Rechnung auf einen Hof. I 1178

### Der Löser
Ein zugespitzter Zacken vom Hirschgeweih, um Knoten in Stricken damit aufzulösen, Besen zu binden etc. – ein notwendiges Stück in einer ländlichen Wirtschaft. I 1517

### Die Lotterbank
Die Lotter. Bank zum Liegen, die in Bauernstuben oberhalb der sogenannten Ofenbruck gewöhnlich schief, d. h. mit etwas mehr erhobenem Kopfende angebracht ist. I 1541

### Der, die Mauken
Kleiner Vorrat an Obst, den Kinder oder Dienstboten mehr oder minder heimlich für sich bei Seite legen. In weiterer Bedeutung wird der Ausdruck auch auf heimliche Vorräte von Geld und andern Kleinigkeiten angewendet. I 1565

### Das Ofen-Geschäl
Stangenwerk um den ländlichen Ofen. II 394

### Die Pfetten
Querbalken, der einen oberen Boden oder den Dachstuhl eines Gebäudes trägt. I 445

### Die Plan
Legeplatz in der Scheune oberhalb des Viertels oder der Banse, oberer Boden, auf den das eingebrachte Heu, Getreide gelegt wird. I 457

### Die Rem
Rahme. Gestell von Leisten und Brettern für Geschirr, Werkzeuge etc. Schüssel-Kochlöffelrem. II 92

### sich rigeln
In Bewegung setzen, rütteln.

»Hausmagd steh auf und rigl di,
sunst kommt die Frau und prügelt di.« II 74

### Der Ruasbaum
Rußbaum, Balken, auf welchem die Decke der Stube ruht, an dem sich der Ruß vom Licht oder Feuer anlegt. Opf. II 154

### Die Schafan
Stellbrett, zur Aufbewahrung von Werkzeugen, auch wohl von Büchern in der Höhe von 5–6 Schuhen an einer Wand der ländlichen Stube angebracht. (holl.: schaprak, Küchenschrank). II 383

### Das Schardach
Dach, auf dem die Schindeln, welche Scharschindeln sein müssen, mit Nägeln befestigt sind. Unterschieden von dem im Oberland gewöhnlichern Legdach, dessen gröbere Schindeln bloß durch darüber gelegte Stangen, Bretter und Steine befestigt sind, und welches darum minder abschüssig sein kann.
Der Scharnagel, mit dem die Schindeln befestigt werden, soll 2 Zoll lang sein. Die Scharschindel ist 18–20 Zoll lang, 3–4 Zoll breit, die Rohrschindel 30–34 Zoll lang und über 4 Zoll breit. II 445

### Der Scherm
Schirm. Eine Art Laube für die Schützen auf Treibjagden, die aus Reiserwerk besteht.
Der Scherm oder Schirm oberländischer Legdächer besteht aus den Brettern, welche zum Schutz der Schindeln vor dem Winde den Rand der beiden schiefen Ebenen bilden, und oben, wo sie zusammenstoßen, als Drachenköpfe etc. gestaltet emporragen. II 468

### Die Schiebtruhe
Schubkarren (Unterinntal). II 357

### Die Schindeln
werden auf den Span, das ist nach der Fläche des Scheites, die Taufeln aufs Brett, das ist nach den Jahrringen gemacht. II 669

### Das, der Schlier
Lehm, Schlamm. schlieren = mit Lehm, worunter Stroh gemengt, ein Dach, eine Wand belegen, oder ein Fach-, ein Pfahlwerk damit ausfüllen. II 533

### sechteln
Die Wäsche laugen, sechtnen, heiße Lauge über sie gießen und absitzen lassen. Wenn auch wohl noch heute und früher meist, Urin (Saich) zur Lauge gebraucht wurde, könnte nicht eine Ableitung von saichen statthaben? Zu obiger Arbeit benötigt man einen Sechtelzuber (der am Boden eine Öffnung hat, die durch einen bis über den oberen Rand reichenden Stab oder Zapfen verschlossen und geöffnet werden kann), eine Sechtelbank, worauf er steht, einen Sechtelkessel, unter dem das Sechtelfeuer brennt und ein Sechteltuch, durch welches das heiße Wasser über die Asche abgeseiht wird. II 218

### Die Selden
Sölln, für die Arbeiter in Gebirgswaldungen ist nicht mehr, als eine Hütte aus Baumstämmen. Namentlich gilt die Selden als Wohnhaus eines ärmeren Landmannes, der dazu keinen oder nur wenig Grund und Boden besitzt und sich in größeren Bauernwirtschaften als Taglöhner brauchen läßt. Ursprünglich waren diese Selden wohl bloße Herbergen, die der Besitzer eines größern Gutes auf seinem Grund und Boden seinen Arbeitsleuten, die er sich darauf verheiraten lassen wollte, zur Wohnung anwies. II 268

### Die, das Sidel
ahd. sedal, Sitz. Bank, die zugleich Sitz und Behältnis für Wäsche, Kleider, Flachs ist und, wenn sie mehr in letzterer Beziehung gemeint ist, Sideltruhen genannt wird. II 226

### Der Soler
Söller, offener Gang oder Altane um das obere Stockwerk eines Bauernhauses; Vorplatz oder Flur im obern Stockwerk, besonders der ländlichen Wirtshäuser, wo sie gewöhnlich zum Tanzplatze dient, und

daher ziemlich geräumig ist.
»Mei Schatz is a Jaga, hat auf an grean Huat
und er tanzt übern Sola, daß s' Geld scheppern tuat.«
II 261

### Das Spalier

Tapete an der Wand, eigentlich bestimmt, den Rükken der daran Sitzenden vor dem Abfärben zu schützen. Bei manchen feierlichen Zügen machen Hartschiere und Soldaten Spalier, halten mit ihrem Rükken von beiden Seiten das Volk ab. (spalla, Schulter, Rücken) Eine Wand ausspalieren: tapezieren. II 661

### Das Spannbett

Ein tragbarer, freistehender Sitz, dessen Kissen in einem nach Art unserer Jagd- und Feldstühle gespannten Gestelle liegen. II 672

### spünden

Eine Stubendecke zusammenfügen, auch wohl sie mit Lehm unterfüllen. II 678

### Der Steigbaum

Leiter in Form einer Stange, aus welcher zu beiden Seiten die Sprossen hervorstehen. II 742

### Die Stiefmuada

Bei den Holzknechten in Salinenwaldungen das Brett am Feuerherd, worauf sie sitzen, ihre Kleider trocknen usw. II 737

### Der Stiegbaum

Balken mit eingehauenen Stufen. II 744

### Die Stube

In den Häusern auf dem Lande hat man gewöhnlich nur eine einzige Stube zu ebener Erde, neben welcher sich das sogenannte »Stübl« für Kranke oder Austrags- oder Mietleute befindet. Nur in bessern Häusern, besonders des Oberlandes, gibt es außer der unteren auch eine obere oder gute Stuben, die immer für etwas vornehmer gehalten wird. Die »Ebmaufstubn« (bayr. Wald), Stube über eine Stiege.
In Pfarrhäusern, Schlössern und dgl. ist die Baustuben diejenige, wo sich tagsüber das Gesinde aufhält.
Was es mit dem Bräustübel in großen Brauereien von Schlössern und Klöstern für eine Bewandtnis habe, wissen die Liebhaber eines auserlesenen Trunkes (Deutsche Sprüche in der stuba hospitorum des Klosters Benediktbeuern an den Wänden (15. Jh) und des Klosters Christgarten.
Wesentlich verbindet man mit der Stube den Begriff der Heizbarkeit und unterscheidet sie dadurch von der Kammer.
Die ursprünglichste Bedeutung hat sich erhalten in Badstuben. II 721

### Das Tropfhäuslein

Das Tropf- oder Träpfhäuslein (um Nürnberg), Haus zu welchem nur soviel Grund und Boden gehört, wie weit die Dachtraufe geht. I 673

### Die Tür

R. A.: »Hinter der Tür Urlaub nehmen«, ohne Urlaub, Abschied weggehen, von Dienstboten, die so ihre Meister und Frauen »an ein Bloßen setzen«. I 619

### Die Vierung

Die vier Hauptwände eines Gebäudes, (auch eines Wohnhauses). I 846

### Die Vorbank

In Bauernhäusern: Bank, welche vor den Tisch und wieder weg gestellt werden kann, zum Unterschied von den an den Wänden befestigten. I 250

### Die Bankrat

Bongrad. Der hintere Teil in einer Holzknechtsölde oder Kopper, an der Fläche, wo die Holzknechte mit den Köpfen anliegen. I 251

### Die Wanne

*Das Kehrwännlein*
Flaches, birnförmiges Körbchen (»Kräzen«) in welches man den Unrat des Stubenbodens kehrt.

In der Küchensprache ist das *Wandl* ein wannenförmiger Backmodel von Kupfer oder Blech, davon heißt sogar manche Speise, die in einem solchen Model gebacken oder bereitet wird, a Wandl, z. B. Butter-, Hirn-, Gehäck-, Schinken-, Ragout-, Kablskopf-, Rahm-, Erdäpfel-, Brätwandl

Das *Schinwannl*, eine hölzerne, aus Brettchen gebildete Schaufel, das Kehricht darauf zu schieben, oder sich beim Aufwaschen des Bodens darauf zu knien. II 921

Der Wärmer

Eisen, das man glühend in die Sahne hält, ehe sie gebuttert wird.
I 1000

Die Weich

Gefäß, worin etwas eingeweicht wird, besonders die Weichbottiche der Brauer. Im Salzburgischen ist die Weick oder Weickfrenten ein Gefäß, worin Urin als Lauge zum Waschen gesammelt wird. II 834

Der Weitling

Der Asch, Milchasch, kleinere Schüssel, deren oberer Umfang viel weiter ist, als der Boden. In solche Weitlinge wird gewöhnlich die Milch gegossen, auf daß sich darin der Rahm absondere und oben ansetze.
II 1053

Der Zuger

Zuber, Böttchergefäß, tiefes Schaff mit einem Zapfen zum Ablassen des Wassers. II 1099

# Küche und Kost

Der Auflauf
Eine breiförmig abgerührte, gebackene Speise. So ist z. B. der Reisauflauf, Reis in Milch gekocht, dann in Butter, mit Eiern und Semmelbrosamen gebacken: Kindsmusauflauf, Apfel-, Gries-, Erdäpfel-, Brot-, Fleisch-, Semmelauflauf. Von einer neuen Speise, dem Bierauflauf sprechen Münchner Spaßvögel doppelsinnig von dem Tumult der ersten Maitage 1844. I 1449

Die Bamnudeln
Eine Art Schnittnudeln in Schmalz gekocht.
Baumwollnudeln (um Rosenheim)
Dampfnudeln, die daselbst größer als anderwärts und sehr locker zu sein pflegen. I 240

Die Bauchstecherln
Gedrehte Nudeln, welche zuerst gesotten und abgeseiht, dann mit heißem Schmalz begossen oder auch in der Raine geröstet werden. II 724

Die Baun
Ban, Bohne, besonders die Saubohne, die in Salzwasser gekocht samt den Hülsen (Hosen) auf den Tisch gebracht wird, weswegen sie ebenso oft »Hosbau« heißt. I 242

Der Bauzen
Knollige Teigform als Mehlspeise. Das Apfelbäuzlein, zerschnittene Äpfel mit Schmalz in Teig geröstet. Verächtlich: jede mißratene aus Teig geformte Speise. I 315

Der Biest
Die erste dicke, unreine Milch von der Kuh nach dem Kälbern. Der Biestkäs, Backwerk, welches aus dem Biest bereitet wird, und wozu man sich an einigen Orten, als zu einem Leckerbissen gegenseitig einlädt. I 300

Die Bießen
Bießten, weißer Mangold, eine Art Rübe, von welcher bloß die Blätter in der Küche verbraucht werden, und die man an einigen Orten grünes Kraut, Bießkohl nennt. I 292

Die Blassen
Weißer Fleck oder Streif an der Stirne der Pferde, Ochsen etc. Das *Bläßlein,* Wasserhuhn, mit einer weißen Haut über dem Schnabel. Sein Blut ist kalt und das Fleisch, welches fischartig schmeckt, bei den Katholiken Fastenspeise. Von der Blassljagd am Ausfluß des zugefrorenen Starnberger Sees schreibt Westenrieder, sie sei eine fürstliche Ergötzung, nach einer alten Schrift im Schloß Starnberg habe Churfürst Max Emanuel einmal von Morgen bis Mittag 224 derselben erlegt. I 330

Der Brandteig
Teig aus feinem Mehl, mit Eiern angemacht, um verschiedene Mehlspeisen, z. B. Brandnudeln, Brandschmarren, Apfelküchel mit oder ohne Schmalz daraus zu backen. »Mürb wiar a Brandtoag«. I 360

Der Brater
Der Topfen, welcher sich von abgerahmter, saurer Milch nach und nach selbst zusammensetzt, wenn sie lange genug in einem mäßigen Wärmegrad neben dem Feuer oder am Ofen erhalten wird. I 368

Der Brein
mhd. brî. Die Körner der Hirse, des Buchweizens, zuweilen auch die des Hafers, die auf der Mühle enthülset und zu Brei gekocht, eine beliebte Speise sind, Grütze. Eine Schüssel Brein darf bei keinem ordentlich bestellten Kirchweihmahl fehlen.
R. A. »Wia der Vogel im Brein«, lustig und guter Dinge. I 353

Das Brod
Die Brühe von gekochten Würsten, von gesottnen Kirschen, Zwetschgen und dgl., besonders abgesottenes Viehfutter. ital. brodo.
I 348

### Das Brot
Das Morgenbrot oder Neunebrot, das Abendbrot oder Dreibrot, ein kleines Zwischenmahl der Arbeiter auf dem Lande, zu diesen Stunden genossen.
Die Brotzeit, etwa eine halbe Stunde Zeit, zu diesem Mahl bestimmt. I 348

### Die Dampfnudel
In städtischen Küchen aus Weizenmehl mit Hefe bereitet und auswärts als bayerische Nationalleibspeise berufen heißt im Lande selbst gewöhnlich aufgegangene Nudel. Die gemeinere eigentliche Dampfnudel wird aus Roggenmehl mit Sauerteig gemacht. I 511

### Der Dämpf
Speise von gedämpftem Obst.
Die Dämpfnudel, Nudel in Form eines Laibleins, mit Sauerteig angemacht und in Milch gekocht, entgegengesetzt der mit Hefen angemachten Gerbennudel. I 511

### Der Datsch
Datschi, Brei aus Obst, auch Backwerk von Mehl mit Obst gefüllt, besonders wenn es etwas teigig und zusammengedrückt ausfällt. I 555

### Die Eiergerste
Zu Graupen geriebene Semmel, in der Pfanne gebakken.
Gersten: Teig, auf dem Reibeisen gerieben und in der Fleischbrühe abgekocht. I 938

### Die Eierpfitz
Eier im Schmalz, vermutlich von pfitzen, dem Geräusch des heißen Schmalzes beim Daraufschütten der zerklopften Eier. (Ausdruck, der die mit einem solchen Laut vorgehende Bewegung bezeichnet). I 446

### Der Einbund
Masse von Speisingredienzien, die in eine mit Butter beschmierte Serviette eingebunden, gesotten wird, ein Pudding. I 250

### Der Einzügel
Küchel aus Weizenmehl in Form eines Reifes, der eine dünne, haubenförmige Wölbung umgibt.
Bessere Mahlzeit, welche 8 Tage nach der Kirchweih hie und da üblich ist... Schmaus nach vollendeter Ernte. II 1099

### Die Farfelsuppe
Suppe in welche das stark zerquirlte Weiß von Eiern geträufelt worden ist. I 753

### Die Farsch
frz.: la farce, das Füllsel, z. B. gehacktes Kalbs-, Hühner- oder Taubenfleisch, womit eine Pastete gefüllt wird. I 757

### Die Faselrübe
Die Steckrübe, nach den vielen Wurzelfasern. Nach einer gewissen Bauernregel wird der Winter um so strenger, je mehr Fäserchen im vorhergehenden Herbste diese Rüben haben. I 763

### Das Fizl
München, rundes, mürbes Eierbrot. I 781

### Der Fleck
Kuttelflecke, zerschnittene Kaldaunen (Eingeweide).
Eierfleck, Osterfleck, Brote, einem großen Teller gleich, nicht über 1½ Zoll dick und mit Lebzelten, Mandeln und Weinbeeren bedeckt, zur Kirchweih gebacken.
Die Fleckleinsuppen, enthält zerschnittenen Teigkuchen.
Die Fluckennudel, kleine Nudel aus zuerst gesottenem und hernach in Schmalz gebackenem Teige. I 786, 787

### Die Franziskanerln
Zarte, in Milch gekochte und in Butter geröstete Mehlspeise. I 824

Der Frauenfisch
(Schiel oder Schiet)
wird nur um Mariae Verkündigung und nur wenige Wochen auf den Markt gebracht. I 802

Die Fritata
Dicker Pfannkuchen, Omelette, ›Amulett‹. I 831

Die Fürwitzeln
Die kleinste Form von Lebzelten (wie anderswo »Schiffln«) II 1062

Gackel
Geronnene Milch auf Dampfnudeln, welche in Milch gesotten worden sind, vermutlich von ihrer Ähnlichkeit mit dem Weißen eines gesottenen Eies. I 882

Der Gainken
Gaunkn, weißes Bäckerbrot in Gestalt eines Hufeisens. I 923

Die Gans
Die »gschorne oder gscherte Gans«, eine oder mehrere eingekerbte ganze Semmeln, Semmelhälften oder Viertel in einer Wassersuppe mit kleingeschnittenen, in Schmalz gerösteten Zwiebeln übergossen.
I 924
*Die Lichtgans*, gebratene Gans, durch welche bei verschiedenen Handwerkern die Jahreszeit, in der beim Licht gearbeitet werden muß, feierlich angetreten wird. I 924

Der Gatz
Gätz, Mus oder Brei. I 180

Der Gibacht
In ländlichen Hauswesen scherzhaft der letzte Laib eines Gebäckes, der zum Verzehren herumgegeben wird. »Des is da Gibacht, sparts fei, mir könna erst übermorgen bacha!« »Am Gibacht« heißen in Neukirchen z. hl. Blut die letzten Häuser gegen die Kirche zu.
*»Der Gibachtl«*, Mensch, der auf alles acht gibt. I 868

Der Goff
ital. il goffo, der Dummkopf.
Ehemalige Art süßen Backwerks. Im Programm der Studentenschlittenfahrt von 1774 stellt der 42ste Schlitten »Schnee und Gofen«, der 44ste »die Biskotten«, der 45ste die »Mandelbögen« vor. I 875

Gogelhopf, Gugelhupf
Auf dem Lande: Backwerk aus sogenanntem Nudelmehl mit Sauerteig gegoren.
In Städten und Märkten: Backwerk von weißem, mit Hefe gegorenem Mehlteig, welcher in einer mit Butter, Schmalz oder dgl. bestrichenen Form von Ton oder Blech gebacken wird; Aschkuchen. Vielleicht rührt der Name von dieser haubenähnlichen Gestalt her, denn noch Selhamer nennt eine Art »hocherbauten« Kopfputzes der Frauen seiner Zeit Gogelhopf. »Ein wunderhohen Gogelhopf, mit Bändtlein überzogen, trägt sie auf ihrem stolzen Kopf, krumm hin und wider bogen.« (Die Deutsch-Französin, Innsbruck 1637). Doch sagt schon P. Abraham: »Da soll die Frau alleweil hinter dem Ofen hocken wie ein bayrischer Gogelhopf.«
Die »Gugl« ist ein Tuch, welches die Bäuerinnen um den Kopf gebunden haben, davon mag wohl auch die Mehlspeise, der Guglhupf seinen Namen haben, weil er einer Gugl ähnlich sieht. I 880

Der Günter
mit Wurstfüllsel gefüllter Schweinsmagen. I 926

Halber Abend
Um $3^{00}$ Nachmittag Halber Abend essen, das um diese Zeit übliche Nachmittagsbrot einnehmen. I 1087

Hareisel
Ein Gericht von Gartenfrüchten, welches das erste Mal im Jahr auf den Tisch gebracht wird. I 1146

### Das Hasenöhrlein
Spitzer, dünner Kuchen. I 1172

### Der Hollerküchel
Blütendolde des Hollunders, mit dünnem Teige überzogen und in Schmalz gebacken. Ein beliebtes Gericht der Landleute, besonders am Tag Johannis des Täufers.
Der Hollerrezel, Brei aus gekochten Hollunderbeeren.
Die Hollersalzen, dick eingesottener Saft von Hollunderbeeren.
»Mein lieber Hollerstock«, der Ehemann. I 1084

### ›Nackete Hündlein‹
Obere Isar, Mehlspeise, welche sonst geröstete Spitzlein genannt wird. I 1128

### Die Kalatschen
tschech. Kolaî.
Die Goladschn, runde Kuchen, Collatschen. I 1233

### Der Kalbskopf
Auf dem Lande: Eine im Ofenrohr gebackene Mehlspeise, sonst auch Rohrnudel, in Städten Gogelhopf genannt. Sollte Kalbskopf eine ironische Benennung dieses als Fastenspeise einen wahren Kalbskopf ersetzenden Hausgebäckes sein, sowie man auch die Kartoffeln Feldhühnlein oder Rebhühnlein nennt? Am Lätare – oder letzten Sonntag in der Fasten, an welchem es noch erlaubt war, Fleischspeisen zu essen, mußte in wohlhabenden Familien des alten Schlages der Lätarekalbskopf auf die Tafel kommen. I 1239

### Das Karmonadl
franz. la carbonade, Rippenstückchen, Kotelette, auf dem Rost über Kohlen gebraten. I 1292

### Das Katzengeschrei
In kleine Würfel geschnittene Braten- und andere Überbleibsel, in einer gelben Sauce aufgekocht. I 1315

### Der Knödel
Der Mehlkloß, d. h. Mehlteig, mit verschiedenen Ingredienzien, als z. B. Brot- oder Semmelschnittchen, Bröckchen von Fleisch, Speck, Leber, oder mit Grütze, Kartoffeln in einen runden Klumpen zusammengeknetet und gekocht. Die gemeinsten sind wohl die Mehlknödel schlechthin, von denen es heißt:
»Nachtn hamma Mehlknödl g'habt, henka ma no im Gaum,
bal ma wieder Mehlknödl habm, geh'n i nimmer hoam.«
Neben den Nudeln machen die Knödel Jahr aus Jahr ein das Hauptgericht des bäuerlichen Tisches aus, und zwar so, daß an gewissen Tagen der Woche Nudeln und an andern Knödel rechtens sind. Der gelahrte Jurist Baron Schmid meinte sogar, bayrische Landeskinder seien besonders deswegen mit der Relegation oder Landesverweisung zu verschonen, weil sie ihnen »Nudel und Knödelhalber« unverschmerzlich falle. In der Oberpfalz ist das Knödel auch eine Art Mehlspeise (Semmel-Schnittchen in Teig geknetet), die mit Milch und Butter in der Ofenröhre gebacken wird. Im Rottal ist a Knedl, was anderwärts a Küachel.
*»Der Knödelhenker«*, fetter Wanst.
*»Der Knödelzähler«*, geiziger Hauswirt.
*»Das Knödelblümlein«*, die Zeitlose.
I 1348–1349

### Das Koch
»Daniel in der Löwengruben hat durch den Propheten Habakuk ein Koch bekommen, ich kann mir's leicht einbilden, daß es kein Ayrkoch seye gewest, kein Milchkoch, kein Weinkoch, kein Mandelkoch, wohl aber ein gemeines Koch, etwan ein harter sperer Haberbrey«, Pater Abraham. I 1220

### kollatzen
ein kleines, frugales Abendmahl einnehmen, besonders ein solches, das ganz aus kalter Küche besteht. »Z' Mittag net gnua z'essen, auf d' Nacht kalatzn«. Kapuzinerlied. I 1237

## Der Krapfen

Büchsenkrapfen, Butterkrapfen, Spritzkrapfen, Germkrapfen, Straubenkrapfen, Fasnachtkrapfen.
Stockschläge nennt der soldatische Mutterwitz Arschkrapfen. I 1379

## Das Kraut

Die eßbaren Blätter der verschiedenen Kohlarten: Köhlkraut, Weißkraut, Blaukraut, Rotkraut, Gabiskraut, deren unnützer Abfall in Franken das Abkraut heißt, saures Kraut, Zettelkraut oder langes Kraut, Flackenkraut, Sauerkraut. Auch kleingehackte weiße Rüben, die wie Sauerkraut bereitet und genossen werden, nennt man Kraut und zwar »a rüabis, a kurz oder a kloans Kraut«. R.A. »Vorn Veitstag (gesetzt gibt es) a Kraut (Kohlkopf), nach'n Veitstag a Kräutl«. I 1385

## Der Kreuzkäs

Käse aus den Schwaigen des Klosters zum hl. Kreuz in Donauwörth, mit einem Kreuze bezeichnet und in besonderem Rufe stehend. I 1389

## Die Kübelsuppe

Bayerischer Wald, saure Suppe aus Milch, welche die erste Gärung erlitten hat, mit Mehl angezwirnt. I 1218

## Der Küchel

Von Kuchen darin verschieden, daß dieses Wort mehr einen flachen, dichten Kuchen, der im Ofen gebacken wird, jenes aber eine in Schmalz gebackene erhobene und lockere Masse von feinerem Teig bedeutet. Die Küchel haben von den verschiedenen Formen, Ingredienzien und Gelegenheiten, mit und in denen sie gebacken werden, verschiedene Namen. Fensterküchel, haubete oder Haubenküchel, Löffelküchel, Apfelküchel, Hollerküchel (oder St. Johannesküchel), Semmelküchel, Umbauküchel (müssen gleichsam von rechts wegen aufgetischt werden nach der Getreidesaat), Abschnittküchel (wenn die Ernte beendigt oder abgeschnitten), Abdreschküchel (wann abgedrochen), Einheuküchel (wenn das Heu eingebracht), Abfahrtküchel (wann das Vieh von der Alpe gefahren, heimgekehrt ist), Hellküchlein (ein Geschenk, wodurch ein Richter, Advokat und dergleichen zu Gunsten der im Unrecht befindlichen Partei bestochen wird).
Der Küchelspitz, Eisen, an dessen Spitze die gebackenen Küchel aus dem siedenden Schmalz geholt werden. I 1221

## Das Kuchelleben haben

Von Speisen, noch in warmem Zustand sein. Frage: »Is d' Suppen warm gnua?« Antwort: »Grad daß halt no s' Kuchellebn hat«. I 1409

## Der Kuchelmichl

leichtes aufgelaufenes Gebäck aus Mehl und Eiern, auch Mensch, der sich aus Naschhaftigkeit gerne in der Küche umsieht. I 1221

## Der Lendbraten

Gedünstete und gesäuerte Nierenschnittchen, Lendenbraten. I 1487

## Der Lungenbraten

Rindfleisch, das neben den Hüften aus der Mitte bis zum Rückgrat gehauen wird. I 1493

## Der Magschaden

Zillertal.
Semmelschnitten in Milch, mit Honig und Mohnsamen überzogen. Früher, wo überhaupt mehr mit Öl gekocht worden sein mag, scheint in Bayern mehr Mohn gebaut worden zu sein. I 1575

## Der arme Mann

Eine Speise.
Der blinde Mann (Nürnberg), Gebackenes von Eiern, Brot und Milch.
Der Bettelmann, Semmelmus.
Der Ofenmann, eine in der Ofenröhre gebackene Mehlspeise.
Das Äpfelmandel, Apfelbrei.
Das Brotmandl, Brotsuppe, zu Brei eingekocht.
Das Hollermandl, Hollunderbrei. I 1608

## Gebratne Maulaffen

Um Abensberg, Pfeffenhausen etc. verkaufen die Bäkker unter diesem Namen eine Art viereckigen mit Salz bestreuten Gebäckes. In dieser Gegend heißt ein Schlag aufs Maul eine ungesalzene Maultaschen. I 1586

## Das Maulein

Opf. Mürbes Brötchen von Butter und Eiern. I 1554

## Der Mollbraten

Schweinskeule, Bradl. I 1589

## molzet

teigig, klebrig, weich.
Mollete Dampfnudeln sind der Köchin gut, molzate aber schlecht geraten. I 1597

## Das Mugel

Brötchen von runder Form, das Hellermugl, ehemals einen Heller kostend. I 1578

## Das Mundmehl

Die Mundsemmel, feinste Art Mehl, Semmel für die fürstliche Tafel. I 1622

## Der Nock

Nocken, Kloß oder Knödel kleinerer und feinerer Art, ital. gnocco, Butternocken, Millinocken, Wassernokken (auf den Alpen). I 1723

## Das Nonnenfürzlein

Feines Gebäck, in Nonnenklöstern üblich, kleine Kügelchen von Pfefferkuchenteig. I 762

## Die Nudel

Auf dem platten Lande von Bayern, wo der Getreidebau den Futterbau und die Viehzucht weit hinter sich läßt, und der erstere meistens durch Pferde betrieben wird, wo demnach die Bevölkerung fast ausschließlich auf Mehlspeisen verwiesen ist, spielt die Nudel, und zwar unter mannigfaltigen Gestalten, eine vorzügliche Rolle. Obenan steht die (im Unterland laibförmige, im Oberland zylindrische, mit Sauerteig oder Hefe gegorene, in Schmalz mit Wasser gesottene) Schmalznudel, im Oberland auch lange oder gehefelte Nudel genannt. In einer ordentlichen Bauernwirtschaft z. B. des Landgerichts Dachau müssen an jedem Samstag jahraus, jahrein solche Schmalznudeln nicht nur auf den Tisch gebracht, sondern nach dem Essen noch besonders an das Gesinde verteilt werden. Der Oberknecht hat 5, der Mittelknecht 4, der Drittler 3, der Stallbub 2, der Taglöhner 2, die Oberdirn 7–9, die Mitteldirn 5–7, die Drittlerin 2–3 Stück zu bekommen. Ebenso wird es an hohen Festtagen, an den sogenannten drei Rauchnächten und an noch manchem andern Tag gehalten. Zur Erntezeit nimmt jede Person täglich ihre besondern zwei Schmalznudeln nach dem Essen in Anspruch. In schmalzärmern Gegenden des Unterlandes ist die Bäuerin nur von Georgi bis Michaelis schuldig, an den Samstagen mit Schmalznudeln aufzuwarten. Unter den Schmalznudeln selbst ist die Königin die in lauter Schmalz gebackene Kirchtagnudel (Kirtanudel), die aber nur einmal des Jahres erscheint und auch auf andern als Bauerntischen figurieren dürfte. Der Form nach ist aber die unterländische, kugelförmige von der oberländischen Kirchtagnudel sehr verschieden, denn diese ist das, was im Unterland sonst ein ausgezogener Küchel heißt. Laib- oder kloßförmig und nach der Gärung in Milch gekocht sind: die aufgegangenen oder Dampf-, die Milch-, Stock-, die Rührmilch-, die Dempf-, die Kesselnudeln. In sogenannter Krautsolzen, Zwetschgenbrüh etc. gekocht sind die Krautnudeln, Zwetschgennudeln. Aus ungegornem, in kleine Zylinder zerteiltem Teige bestehen: Die Finger, die gestutzten, geschutzten, gedrehten Nudeln. Die Topfen-, Erdäpfelnudeln sind Nudeln dieser Art, mit Topfen, Kartoffeln versetzt.

Geschnittene Nudeln bestehen aus ungegorenem, zu Riemchen oder Fäden geschnittenem, in Milch oder Fleischbrühe gekochtem Teig. Die Rohrnudeln, Röhrennudeln, Rainnudeln werden aus feinem gegorenem Teig in einer Raine im Ofenrohr mit Schmalz gebakken. Die Laibelnudel ist ein kleiner Laib von weißem

Teig, wie Brot gebacken. Unter Nürnberger Nudeln versteht man im Werdenfelsischen Maccaroni. Im Scherz werden dicke runde Würste von Schweinsblut Saunudeln genannt. I 1728

Der Ölkater

Untere Donau. Schuchsen, statt in Schmalz in Leinöl gekocht, welches man vorher dadurch gereinigt hat, daß man Schnitte von Brot und weißen Rüben darin aufkochen ließ. I 62

Die Pafesen

lat.: pavesare, schirmen

Große Schilde, die z. T. noch nach der Einführung der Feuergewehre üblich waren. Dieses kriegerische Wort lebt noch in der friedlichen Sprache der Küche, wo es ein Paar schildförmige mit dazwischen liegendem Kalbshirn, oder auch Zwetschgen und anderen Dingen gebackene Semmelschnitten bedeutet.

*»Das Bavesenkammerl«,* der Hirnschädel.

»Pavesen im Kopf haben«, d. h. das, womit meistens die Pavesen gefüllt werden, nämlich Gehirn, folglich: Verstand haben. I 383

Das Paunkerl

Fingerförmige, gewöhnlich mit Topfen vermengte und in Schmalz geröstete Teigmasse, als eine beliebte Mehlspeise bekannt. I 394

Der Pfannschaben

Ein Kuchen von Brotteig, welcher in der Pfanne statt im Backofen gebacken wird.

Der Pfannzelten, Pfannkuchen.

Der Pfännling, Kuchen von Mehl, Topfen und Wasser.

Das Pfanzl, dickerer Kuchen, oft aus kleingehackten Überbleibseln von Fleisch und andern Ingredienzien, der bald in der Pfanne, bald im Tiegel oder in der Röhre gekocht wird. I 427

pfludern

Die Dampfnudeln pfludern (pludern), wenn sie in der zugedeckten Pfanne sieden. I 447

Der Platz

poln. placek, ein flacher Kuchen, Fladen, Eierplatz.

Das Plätzlein, eine Art Semmel, welche oben gesalzen und platt ist. I 464

Der Plenten

Mus aus Buchweizenmehl (ital. polenta). I 459

Die Pummnudel

Weilhelm. Kugelförmige, mit Hefe gegorene Mehlspeise, anderwärts »Dampf- oder Hepfanudeln«. I 391

Der Retzel

Brei aus zerkochtem Obste mit Brotschnitten bereitet, Apfel-, Holler-, Kerschenretzel.

Mehlspeise, die sonst Schmarren heißt. Semmel-Retzel, gestochener Retzel, Träufretzel, Zwurretzel (gequirlter Retzel)

Das Retzelschmalz, Bodensatz, der bleibt, wenn Butter zu Schmalz zerlassen wird und welcher zur Bereitung des Zwurretzels dient. »Als offt die Pawfrau smaltz auslaßt, gibt sy den diernen das erst abgeschöpff, daraus die diernen ein essen machen mit Brot, genannt Armen Man oder Rezel«. (Scheyrer Dienstordn. von 1500)

II 194

Die Ried

Benennung eines Teiles des Fleisches vom Ochsen, welcher durch die Spaltung des Rückgrates gewonnen wird: »dö bradi Riad«, wovon der »Riadeckel« genommen wird, »dö schmale Riad« oder »Beiriad«, welcher im innern Teile das »Lungabradl« enthält, »dö Schlem- und Zwerchriadn«, der fettere Teil. II 60

Das Röcklein (Roggen)

Brötchen aus Weizenmehl, das eine Beimischung von Roggenmehl hat und etwas schwärzer als die Semmel ist. II 78

Der Rötel

Salmo salvelinus, Fisch von rötlicher Farbe. Die Schwarzrötelen kommen besonders im Königs- oder Bartholomäsee unter dem Namen »Schwarzreuterl« vor und gehören, geräuchert und in Seewasser gekocht, für manche sentimentalen Reisenden unter die größten Naturschönheiten unseres Oberlandes. II 185

Der Rütscher

Gericht aus Erbsen und Gerste, oder aus Erbsen und Linsen gekocht. Röttscher, Kartoffelkuchen. II 191 bayr. Wald: Rütschi. II 157

Die Salmi

Brühe oder Sauce aus Geflügel, besonders wildem, das im Saft gebraten und dann im Mörser zerstoßen und in Wein ausgekocht wird. II 271

Die Salzen

ital. salsa, Saft von verschiedenen Früchten, zu Syrup eingesotten. Rüben- oder Krautsalzen, vom Saft, der beim Kleinhacken der Weißen Rüben abfließt. Hagebutten, Kranber-Zwetschgen-Attichsalzen. II 274

Der Schaben

Kuchen von Brotteig, der mit Topfen, zerbröckelten Kartoffeln und dgl. bestreut, auf dem Lande mit dem Brote im Backofen oder als Pfannschaben in der Pfanne gebacken wird. II 352

Die Scheitenblättlein

Blatt ungesäuerten Teiges, nach dem Abbacken des Brotes gebacken, um, zerdrückt, in der Suppe gegessen zu werden. II 483

Der Scheiterhaufen

Eierspeise mit aufeinandergeschichteten Semmelschnitten. II 484

Der Schlefer

Opf. Entstellung von Schlärfer – schlürfen. Gericht von weißen Rüben, die gekocht und mit dem Kochlöffel zerrührt wurden. II 509

Das Schmalzbrot

Brotschnitten in Butter gesotten. I 348

Das Schmänkelein

Was vom Brei oder Mus ans Geschirr anbrät, Kruste.

Das Schmänkeleinkoch, eine Art Gebäck, das aus lauter Krusten besteht. II 552

Der Schmarren

Trockene Mehlspeise aus zerbröckelten Brot- oder Semmelkrumen, zerstoßenem Pfannkuchen, auch aus Mehl, Gries etc. unter verschiedenen sonstigen Zutaten mit Butter oder Schmalz geschmort oder geröstet. Brot- oder Semmelschmarren, Mehl-, Griesschmarren, Topfenschmarren, Kapaunen-, Lungen-, Nierenschmarren.

Mandelschmarren, ein auf Oblaten gestrichenes Zukkergebäck, worunter gestoßene Mandeln genommen sind; fig.: Von Natur kurzes oder durch zu große Trockenheit abgebrochenes Heu. II 553

Schneckennudeln,

schneckenförmiges gewickeltes Backwerk.

Ja Schnecken! oder Schnecken in der Butterbrüh! schnöde Zurückweisungsformel. II 567

Guldene Schnidln

Breite Semmelschnitten, die in abgeklopften, etwas gesalzenen Eiern getränkt und in Schmalz gebacken werden. Wen man sehr ehren will, pflegt man mit guldenen Schnidln und Branntwein zu bewirten.

R.A. »Durch das 99. Suppenschnidl befreundet sein.« II 586

Der Schober

Haufen. Küchensprache: Ein Gebäck von Mehl oder Semmeln, Butter und Eiern. Österr. R.A.: »Heb dich, Schöberl, pack dich, Schmarrn! Hebe dich von dannen!« II 361

### Schotten

Topfen, ital. scotta, Molken.
Schottensuppe, Suppe davon.
Im Zillertal ist der auffer (obere) Schotten jener, der beim Absieden des Käsewassers aufwärts steigt und süß ist, Bodenschotten aber der dabei zu Boden fallende, sauere. Aus beiden zusammen wird der sog. Schottenziger oder eigentliche Sauerschotten bereitet. II 486

### Das Schöttelein

Quarkähnliche Masse, die aus zerschnittnem Braten, zerstoßnen Krebsen mit beigesetzten Eiern gekocht wird. Braten-, Hennen-, Krebs-, Leber-, Spinatschöttelein. II 487

### Der Schuchsen

Länglicher, zungenförmiger, in Schmalz gebackener, hohl aufgetriebener Kuchen aus Roggen- oder Weizenteig. »An dem Samstag vor Herrenfastnacht, den man nennt den schmalzigen Samstag, backt man den Ehalten eingezogene, große Küchel, genannt Schuchsen und gibt jedem Ehalten 21. Davon essen sie die Fastnacht und werden gebacken aus Schweineschmalz, die sollen sie am Samstag nicht essen, aber am Sonntag, Montag, Erchtag (Scheyrer Dienstordnung von 1500). II 364

### Die Schupfnudel

Wozu der Teig mit den Händen länglich rund gewälzt wird, was in Altbayern geschutzte Nudeln heißt. Die Bauchstechlein sind eine dünnere und spitzigere Art davon. II 442

### schutzen

Werfen, schleudern, schießen.
Nudeln schutzen: Vom Teige, den man zu einer fingerdicken Rolle gewalkt, mit der flachen Hand kleine Stückchen drehend abschutzen, welche dann geschutzte oder Schutznudeln, auch gedrehte Nudeln heißen. II 494

### selchen

Fleisch, Fische, Würste und dergl. im Rauch trocken, dürr machen. Um Mühldorf links des Inn werden viele Gänse in der Luft geselcht – bemerkte Medizinalrat Weißbrot am 19. Januar 1839, dem Geburtstag des einjährigen Karl Martius, als ein vom alten Bankier Pappenheimer regalierte derlei Pommersche aufgetischt wurde. Fleischselcher sind in Wien, was in München die Köche, sie verkaufen Würste und geräuchertes Fleisch. II 267

### Die Semete (Aschaff)

Einfaches Gericht aus Mehl oder geriebenen Kartoffeln, die mit etwas Wasser oder Milch und mit etwas Butter zur Form von Kügelchen geröstet werden: Mehlsemete, Kartoffelsemete. II 280

### Die Spatzen

Klümpchen von Mehl nebst verschiedenen Ingredienzien, von den größern, den Knödeln verschieden und meist minder verdaulich. R.A. »A Spazlsuppen machen«, »Spazln werfen«, ein flaches Steinchen so auf eine Wasserfläche werfen, daß es darauf forthüpft. II 692

### Das Speisbrot

»A speisads Brot«, schwarzes Hausbrot, Gegensatz des guten oder weißen Brotes. Solche Speisbrote wurden seit 1659 von der Hofpfisterei in München an das Seminar und später an arme Schüler überhaupt gespendet.
Speiskäs, schlechteste Sorte des Käsehändlers. II 686

### strauben

Starren, rauh hervorstehen.
Die Strauben, eine krause Mehlspeise, wozu der Teig durch einen Trichter in das heiße Schmalz gelassen wird. II 803

### Die Struckel

schwäbisch, eine Schüssel voll gerollter Mehlspeise (Struckli), mit Butter übergossen, Endtracht eines krainischen Hochzeitsmahles. II 810

Der Strudel

Mehlspeise aus dünn gewalztem Teig, der über ein Füllsel von Rosinen, Rahm etc. zusammengerollt und in dieser Wulstform in Butter gesotten worden.
Auf die Knedl und Nudl
kumt a guada Strudl. Hochzeitslied. II 810

Die Sulzen

Gallert. »Ihr Geistlichen seid ein Salz der Erden, spricht der Herr, ein Salz, keine Sulz, keine schweinerne gar nit.« P. Abraham. »Zittert das Herz im Leibe wie ein Fastnachtsulzen« P. Gansler. II 274

Die sauere Suppe

Gewöhnlich Morgensuppe des Landvolks, welche aus sauerer Milch, Mehl und Essig zubereitet wird und woran man sich so wenig als andere bei dem Rindfleisch abzuessen pflegt. Um Wien wird sie Stoßsuppe genannt. II 321

Das Tellerfleisch

Fleisch, das als Gabelfrühstück genossen wird, ehe es in seiner Brühe ganz ausgekocht ist. I 798

Der Topfen

Quark. Topfenkäs, Topfennudeln, Topfenküchel, -strudel, -striezel, -rezel, -schmarren. Topfenstänken, zylinderförmige, in Schmalz gesottene Kuchen von Topfen. I 615, II 771

Der Türken

Türkischer Weizen, Mais. I 621

Das Vaterunser

als Zeitmaß: ein, zwei, drei Vaterunser lang etwas sieden. I 850

Das Voressen

Ein Gericht, das nach der Suppe und vor dem Rindfleisch aufgetragen wird. Gewöhnlich besteht es aus zerschnittenen Eingeweiden. Im Scherz nennt man zuweilen auch die Eingeweide des Menschen Voressen. »Des is a schens Voressen!« eine schlechte Vorbedeutung. I 161

Die Vögel

Kälberne Vögelchen, gespicktes Kalbfleisch in Sauce. I 834

Der Wacken

Eine fette Mehlspeise aus Semmelschnitten, Eiern, Milch, Käse, Gewürz. II 845

Der Wickel

Füllsel von gehacktem Fleisch, in einen dünnen Überzug von Mehlteig gewickelt und gesotten. II 847

Der Windküchel

In Schmalz gebackene leichte Mehlspeise. II 950

Der Zelten

Plattes Backwerk, Fladen, Kuchen.
Unter der Hand der ungeschickten Köchin wird manches Backwerk, was es nicht sollte, zu »an Zelten«.
Brotzelten, Feuer- oder Ofenzelten, an der Mündung des Backofens bei noch brennendem Feuer gebacken. Wird der Brotteig mit Ingredienzien mehr oder minder versetzt, so ergibt sich der Äpfel-Birn-Hutzel-Zwetschgenzelten. Ihre Krone ist am Gebirg der Weihnachtszelten, welcher mit gedörrten Birnschnitzen, Mandeln, Nüssen, Cibeben und dgl. gefüllt vom Bauern zu Weihnachten herkömmlich den weiblichen Dienstboten zu reichen ist. Weiß sich eine einen Liebhaber, so ladet sie ihn ein, diesen vorher durch dreimaliges Rauchen geweihten Zelten anzuschneiden, wofür er seinerseits ein kleines Gegengeschenk, besonders ein Fläschchen Gebranntes mitzubringen pflegt. II 1118 –
»O du lebzeltener!« Du verzärtelter, schwächlicher, süßlicher Mensch. Wie es allerhand Zeltlein, wie Anis-, Brust-, Husten-, Mandel-, Manna-, Purgier-, Wurmzeltlein aus leiblichen Apotheken gibt, so kamen weiland aus geistlichen: die Agatha-, Erhard-, Lukas-Zeltlein.

»Item über alle Kraftzeltln geht«, wie Abraham a Santa Clara sagt, »der Name IHC auf der Zunge«. II 1119

Der Zichori
Die Cichorie, der Löwenzahn, oder eigentlich dessen Wurzelblätter, welche, solange sie zart und gelb sind, als Cigorisalat gegessen werden, sowie man die Wurzeln getrocknet zu Cigorikaffee benützt.
II 1079

Der Zubiß
Was zum Trunke an festen Speisen genossen wird: Lebzelten zu Honig, Kuchen zu Branntewein, Käse zu Butter oder zu Rahm. I 292

zwureln
Mehlteig unter den Händen, Gerste in der Mühle zu Graupen reiben. Die Zwurlsupp, Traufsuppe, das Zwurlach, Gerstengraupen.
Der Zwurezel, Speise aus Mehl und Topfen, Schmarrn. II 1181

# Manndl
# und
# Weibl

Almosen geben
Von Männern, der physischen Liebe pflegen. I 68

beschaffen
Vom Schicksal vorausbestimmt.
R.A. »Beschaffen Glück ist unversäumt.«
»Zwoa schneeweiße Täuberl fliagn über mei Haus,
der Schatz, der mir bschaffa is, bleibt ma net aus.« II 382

Der Bettwärmer
Im Scherz: der Schlafgeselle, Ehemann. »Sich um einen Bettwärmer schauen«, heiraten. II 1000

Der Blahenwascher
So wird an der oberen Isar im Scherz ein Ehemann genannt, dem man die Unfruchtbarkeit des Weibes zur Last legt. I 326

Die Bosheit
»Sie Bosheit! Sie Bosheit! Sie porzellanene!«
Ausdruck, womit minder geistreiche Personen des Mittelstandes scherzhafte Galanterien von Personen anderen Geschlechts zu erwidern pflegen. I 294

Der Bua, Bub
»In'n Wald schreit mei Deandl: sag mag mi mei Bui?
Der Wald ka französisch und antwurt ihr: wui.« –
»Lusti is's Bua sei, i tausch mit koan Mo,
wenn mi's Dirndal nimma gfreut, geh i wieder davo.«
I 191

Die Buben
Brüste. Brustwarzen. I 192

Das Bubenträtzerlein
Tratzen – necken. Ehemals die bei Mädchen an den Schläfen zum Gesicht herein gekämmten kurzen Haare. I 682

Die Büchsleinfrau
Im Munde von Frauen und Mädchen aus der bürgerlichen Klasse, die bei ihren Gewerben das Geld gewöhnlich in einer reichlich versehenen Hängetasche führen; scherzweise: eine Frau, die von dem, was ihr Mann ihr von Zeit zu Zeit vorgibt, ihre kleinsten Ausgaben zu bestreiten hat, ein Fall, in welchem sich gewöhnlich die Ehehälften der Angestellten und Beamten befinden. I 198

Die Bursch
Verein von noch unverheirateten Leuten, die zusammen aus einer gemeinschaftlichen Börse zehren. »Eine Bursch Studenten«. I 281

Das Dampfl
Der Sauerteig.
»Andämpfeln«, mit Sauerteig anmachen, schwängern. I 511

Das Degenkind
»Es sein Degenkind oder Dirn«, (Knaben oder Mädchen).
Ein Degenkind ward für rechtmäßig gehalten, wenn es nicht über 42 Wochen nach des Vaters Tode, ein Maidkind, wenn es nicht über 41 Wochen danach zur Welt gekommen (1453). I 492

eh'
»S'Verliebtsein is's Beste, gehts schimpfts ma net drauf
und ehwenn i Brettlrutsch gib i's net auf.« I 4
»Gmahla verliert si die Schneid,
gmahla verstreicht oan die Zeit,
ehwenn ma si umschaut, ehwenn ma sie bsinnt,
vertrenzt ma sei Lebn als vertragats der Wind.« I 4

Das Eine
»Heut han i des oa kriagt«. (Menstruation) I 88

Das Fleigerlein
Fleigertüchlein, von der Geliebten mit Blut getränkt, das der Liebende als Heiligtum bei sich trägt in einer Lade. I 789

## Manndl und Weibl

### Der Fotzring

»A Büchserl zum Schiaßn,
an Fotzring zum Schlangn
und a Deandl zum Liabn
muaß a frischer Bua ham.« I 783

### Die gemeine, die offene Frau

Öffentliche, sich für Lohn hingebende Weibsperson.
Solche Opfer der Gesellschaft wohnten im Jahr 1433 zu München unter einem obrigkeitlich gesetzten Frauenmeister in einem sogenannten Frauenhaus beisammen. Dieses stand anno 1461 am Roßmarkt, dem Eckhaus bei dem Heuturm gegenüber. In Regensburg kommt anno 1345 ein solches Frauenhaus vor. Von anno 1403 an bis in die Mitte des 16. Jh. waren deren mehrere vorhanden. I 802

### Der Geibitz

Der Kiebitz. »Sie muaß aufs Geiwitzen Moos«, sie bekommt keinen Mann, muß als alte Jungfer sterben. Im Kanton Bern kommen die abgestorbenen alten Jungfern aufs Gywitzenmoos. In Frankfurt müssen die alten Jungfern den Pfarrturm putzen, wie in Wien den Stephansturm. »Aber i glaub alleweil, daß'd wohl üba wirst bleibn, kannst auf Wean einigehn und kannst 'n Stephansturm reibn.« I 868

### Das Gesott

Zum Abbrühen bestimmter Abfall von ausgedroschenem und gereinigtem Getreide.
»Gsodwasser tragn«, ein verblümter Ausdruck des weiblichen Geschlechtes im Chiemgau für das, was nach Sterne die Engländerinnen etwas zarter »to pluck your rose« nennen. II 339

### Das Gscherret

Das Zusammengescharrte. Was von einem Apfel, aus einer Rübe, oder aus einem Geschirr, an welchem sich beim Kochen etwas von der Speise angesetzt hat, geschabt oder gescharrt wird.
Im Scherz wird das letzte Kind eines, kein weiteres hoffenden Ehepaares »Zsammgescherret« genannt. II 453

### s'Gschosl

Die weibliche Scham (von franz. chose). II 479

### heben

»Und wennst ma koan Wein net zahlst
ums Bier is ma aa net viel,
und wennst mi nacha halsn willst,
heb i dir aa net still.« I 1036

### herumschlagen

Herumziehen, der Liederlichkeit nachgehen.
Die Schlagerin, Priesterin der vulgivaga. II 513

### Das Kammerfenster

ist auf dem Lande vorzüglich das Fenster an der Kammer, worin ein unverheiratetes, mannbares Mädchen schläft, sie sei nun die Dirne oder die Tochter vom Hause. An diesem Fenster seufzen die noch unerhörten ländlichen Liebhaber, freuen sich ihres Glükkes die erhörten, jammern und verzweifeln oder trotzen und schelten die verschmähten. »In einem gewissen Hertzogthumb ist bey den gemeinen Baurengesellen das Buelen, welches sie das Fensterln tauffen, also gemein, daß sie mehrmahlen bey nächtlicher Weil auch im rauchisten Winter über etliche Stund gehen, ein halbe Nacht den Kopf zum Fenster hineinhalten und offt ganze Eiszöpff unter der Nasen ziglen; ein teuflisch Peristasis, wo Hitz und Kälten in einem Losament!« P. Abraham I 733
»Wenn enk der Schörg beim Fensterln findt,
So schreibt er auf d'Verhör euer Sündt,
Da könnt ihr dann brav zahlen müssen
Oder im Stock und Geigen büßen.«
R.A.: »Das Kuhfenster treffen«, (vermutlich in ironischem Gegensatz des Kammerfensters) fehlschießen, irren, den Zweck verfehlen. I 734

### Der Kegel

Unehelicher Sohn. R.A. Kind und Kegel.

s' Nestkegele (schwäb.), letztes Kind einer Ehe. I 1231

### Der Lapp

Blödsinnige, taubstumme Person.
Unter den gemeinen Leuten wird so ein Blödsinniger bestens gepflegt, weil er, als keiner Sünde fähig, von Mund auf gen Himmel fahre und für sie bitten könne. Vergl. das »Lappenspital« in Reichenhall.
R.A. »Lieben macht Lappen, von diesem Tuch tragt mancher ein Kappen«. I 1496

### Die Liebe

»Sitzen zwoa Liabe unterm Bam,
wenn no grad heut koa Weda kam!«
R.A. »De Stund ham zwoa Liabe gmacht«, dieses ist eine lange Wegstunde.
»D' Liab is süaß, bis ihr wachsen Händ und Füaß«. I 1415

### maudern

Schmollen
»Herztausiga Schatz und wennst maudast mit mir,
i führ di am Sunntag halt aa net zum Bier.« I 1570

### Der Merl, Summermerl

Die Sommersprosse im Gesicht.
»Moanst allweil du bist schön, is aber net wahr,
bist tüpfelt und gmerlt und hast rote Haar.« I 1652

### Das Messer

Ob durch das in den ältern Landsordnungen so sehr verpönte »Messerzucken« das Ziehen des heutzutage bei den Mannspersonen auf dem Lande üblichen Hosensackmessers gemeint war? Dieses hat wirklich, obgleich es sich meistens in der sehr friedlichen Gesellschaft einer Gabel, eines Wetzstahls und eines prunkend hervorstehenden silbernen Löffels befindet, gar vieles mit dem italienischen Dolch gemein. Indessen lebt in unseren frischen Buben kein italienischer Meuchelsinn und sie schlichten ihre Differenzen lieber mit der Faust und dem Fotzring als mit dem Eisen. I 1671

### munter

»Drei Federn am Huat und a blawe drunter,
geh net so laut eina, werd d' Muada munta!« I 1631

### Die Natur

Auf dem Land auch die Geschlechtsteile.
»Dazu ist dir die Natur zu kurz«, dem bist du nicht gewachsen. I 1769

### obächteln gehn

»Obächteln gehn«, heißt an der Altmühl bei jungen Burschen, wenn sie ihr Mädchen bei einer Arbeit außerhalb der Ortschaft, z. B. beim Bleichen, Hanfbrechen u. dgl. besuchen. I 28

### Der Ofen

»Der Ofen fällt ein«, die Schwangere ist am Gebären. I 44

### Das Ohrwäschlein

R.A. Einer ein paar Ohrwäschlein einsäumen«, sie schwängern. I 132

### »Peter und Pauli«

im Scherz: die weiblichen Brüste. I 414

### räupfen

Raufen, rupfen. »Hintri gropft und fürhi tanzt«, (von einem ledigen oder verehelichten Paare) jeden Augenblick zanken und wieder Frieden machen. II 131

### reren

Schreien wie das Rind, laut weinen, röhren.
»S' Dirndl hat ma d'Liab aufgsagt; hat ma nix gmacht,
und z'letscht hat d' Lappin selber grearscht, i hab brav glacht.«
Der Rerer, Schreihals, weinerlicher Mensch.
Die Reren, das Geschrei, die Kraft zu schreien.
»Der hat a Stimm, der hat a Rörn, man kann ihn schon viel Meil weit hörn«. M. Sturm. II 132

rogel
Locker, beweglich.
»Und da Guggu im Wald is a schlaua Vogl,
s'Deandl paßt aufn Buam, drum schlaft's so rogl.«
II 76

scheiteln
Einen mit Buchenscheitchen bewerfen, heimscheiteln, O.L. Wer einem Amanten ins Gehege geht, wird beim Rückkehren nächtlicher Weile von diesem und dessen lauernden Gehilfen manchmal furchtbar gescheitelt. II 485

schlungezen
Beben, zappeln.
»Mei Herzerl im Leib fangt ma z'schlungezen an,
bal i drauf denka tua, was i für an Schatz han.«
II 528

schöpfen
Schapfen, »einschepfen«, geschwängert werden, wird im Scherz auch von weiblichen Personen gebraucht. II 438

schmutzen
Schmunzeln, lächeln, innere Freude oder Behaglichkeit im Gesicht merkbar werden lassen.
»In der Fruah steh'n i auf und tuas Rösserl putzen,
schaut mei Deanderl zua, tuat gar freundli schmutzen«.
»Bald schmutz i, bald lach i, bald schaug i di o
bald ziag i di zuawa, gern hab i di scho.« II 562

schnackeln
Mit den Fingern, der Zunge schnalzen.
»Und 's Deanderl hat schwarzbraune Äugele
und wiara Täuberl schaut's her
und wenn i vorm Fenster an Schnackla tua,
wuzlt's im Hemal daher.« II 566

sehen
»Schwarzkopfat, braunaugat, schön röslat im Gsicht
und mein Schatz kann i net lassen, weil er gar so schön siecht. II 244

Der Selbstler
Lediger Bursche, der keine Geliebte hat. (Lengries)
»Die Selbsterer, ledige Burschen, welche auf ihre eigne Faust in Herbergen lebten und arbeiteten, wurden Anno 1714 in Berchtesgaden auf immer abgeschafft«. II 266

Der Siedel
der da wohnt, ansässig ist. Der Einsiedler.
»An Oasiedl, an Oasiedl, des geht ma net ei,
will lieber, schöns Schatzerl a Zwoasiedel sei.«
II 226

Das Siemandl
Scherzhafte Benennung sowohl eines Ehemannes, der unter dem Pantoffel steht, als auch seiner Ehehälfte. Beide zusammen stellen St. Simon und Erwei (Sie-Mann und Er-Weib) vor. An St. Simonstag soll ja kein Mann seinem Weiblein widersprechen. II 204

Der Spielhahn
»Vom Spielhahn die Feder, vom Hirscherl des Gweih,
vom Gamserl die Hörner, vom Deanal de Treu.«
II 666

Die Stanz
Die Cour, der Hof, den man einer Person macht, Ständchen, nächtlicher Besuch am Kammerfenster. Daher das Wort Gstanzel. »Er singt a paar Gstanzel, a Weis die eahm gfallt.« Das Gstanz, Lärm, Ständchen, Gespräch, überhaupt etwas Auffallendes, was einen stehen bleiben macht. II 772

Die Taferne
Offene Taferne halten, das Haus wird nicht gehörig geschlossen und unter Aufsicht gehalten.
»De hat an offene Tafern«, sagt der gemeine Mann von einer Städterin, die ihm zu viel von ihrem Busen sehen zu lassen scheint. I 588

Treu

Trui, Sorgfalt und Rücksicht. Als man in der Leutasch eine alte, ehrenwerte Person auf ihrem Todbett glücklich pries, daß sie als Jungfrau sterbe, erwiderte sie: »Ischt wohl wahr, aber die Trui hatt mir halt decht aa wol dan«. I 638

Das Tun, Toa

»Bist a hübsch Deanl, bist a feins Deanl,
aber mein Deanl bist net,
hast a hübsch Toa, hast a feins Toa
aber mei Toa hast net.« I 577

Das Weib

»s Wei«, im Munde des gemeinen Bürgers und Bauers, seine Ehehälfte. Auf dem Lande, die Hebamme.
Das Seelweib, die Leichenwächterin.
Das Holzweiblein, Nachtweiblein, ein gewisses Wald- oder Nachtgespenst.
»Der Weiberzorn«, Branntwein, insoferne der Mann ihn trinkt. II 831
Ein rechtes Weib muß lauter und haben: erstlich ein roten Mund, hübsch gesund, gehorsamb zu aller Stund, Gold und Geld nach dem Pfund, die nit bellt wie ein Hund, die einem Mann alles guts vergunnt, die nit wird ungedultig, so mans auch schund, die fein hurtig und rund, daß man kein bessere fund.« P. Abraham II 118

Das Werkel

»Drum san ma aa d' Madln und d' Weiber verhaßt:
a jeds hat wia d' Uhrn seine Untugenden fast.
S' Herz is de Unruah, da Wecka de Zung,
d' Füaß san d' Springfedern, sans alt oder jung
und erst 's Repetiern – und am End gar no's Schlagn,
na na, so a Werkl kunnt i net vertragn!« II 985

wetzen

»Hab i net an guaten Wetzstoa?
De Leut sagn, i solln wegtoa
und's Mensch sagt, i soll'n g'halten
den Wetzstoa den alten.« II 1059

Das Ziefer

Geziefer, Federvieh. Ein stehender Witz ist Frauenziefer statt Frauenzimmer. »Das Frauenziefer ist aufgschwanzt wie's Rößl am Palmtag.« II 1087

# Schule und Schulmeister

## Der Bentz

Roher Mensch. »Wann zu Ingolstadt in Bayern die Studenten aus unartigem Mutwillen einige Ungelegenheit verursachen und etwan auf der Gassen die Stein also wetzen, daß ihnen das Feuer zum Augen ausgehet, werden sie auf der Universität in die Keichen gesetzt, beklagen sich aber dazumalen nichts mehrers, als wegen eines Nachtgespensts, so sie insgemein den »Penzen« nennen, welches ganz ohne Kopf ist, also soll wahrhaftig manches Ort, Stadt, Gemein, nichts mehrers schrecken, als wann sie ein Obrigkeit ohne Kopf haben.« P. Abraham I 252

## Die offenen Buben

waren (vor der bayerischen Invasion) arme Schüler, die das Essen bekamen, was die Alumni und nach ihnen die Expectantes im früheren Franziskanerkloster zu Amberg übrig ließen. I 45

## Der Fetzel

»Mancher zieht der hohen Schul zu als ein züchtiger, goldfrommer Engel, und kommt wieder nach Haus als ein lästerlicher Fetzl.« (böser, nichtswürdiger Mensch). I 780

## Der Kallier

Auch Kallawatsch, Anhängtasche, worin entferntere Schulkinder ihre Bücher und Schriften, Landmetzger ihr Werkzeug zu tragen pflegen. Tasche oben in der inwendigen Seite des Rockes oder Jankers. I 1233

## Ochsenfiesel

Ochsenziemer, das Membrum des Ochsen. Gedörrt galt es ehemals als ein vorzüglich probates Erziehungsmittel und gilt als ein solches wohl noch jetzt bei gemächlichen Erziehern und Lehrmeistern. I 768

## Das Pacem

Der Friedenskuß bei der Messe.

In der Schulmeisterordnung von 1563 heißt es: »Desgleichen als ein Zeither ein böser Brauch bei den Schulmeistern eingerissen, daß man den Kindern gegen Geld und andere Liebung Zeichen gegeben, (die man pacem genannt) um das man einem Kind oder Schüler nichts getan, welches ein pacem vorzuzeigen und herzugeben gehabt, ob es gleich eine Correction oder Straf verdient hat. Diese Pacem sollen hinfüran gänzlich abgeschafft sein und welcher hinfüran dieselben wieder ausgibt, den will ein Ehrsamer Rat ungestraft nit lassen.« I 378

## stapeln

Von ärmeren lateinischen Schülern. Bei Vakanzreisen um ein Viaticum zusprechen, – zunächst bei Geistlichen und anderen Studierten, mitunter aber auch bei Bürger- und Bauersleuten. Die Pfarrhöfe, die Klöster, ein Dorf, eine Stadt abstapeln. »Alle Kirchen abstapeln«, in alle Kirchen gehen. Dieses Stapeln wird wohl ursprünglich aus der Sprache der Handels- und Fuhrleute entlehnt und auf die heutigen, im Lande zerstreuten Klöster, als soviele Ablagerungs- und Etappenplätze wandernder Söhne Minervas bezogen worden sein. II 773

## streichen

Schlagen, hauen. Noch vor nicht gar langem war es in Landschulen üblich, daß die Kinder entweder alle Quatember, oder doch an der Fastnacht oder zu Ende des Schuljahres ›ausgestrichen wurden‹, indem sie nämlich eins nach dem anderen, dem Lehrer zwischen den Beinen durchkriechen, einen Streich ad posteriora in Empfang nehmen und zur Recognition dafür den sog. Ausstreichkreuzer entrichten mußten, der eine Hauptrubrik in der kümmerlichen Bestallung der Volkserzieher ausmachte. II 806

## Die Studi

Das Studieren auf einer lateinischen Schule.

»Auf Simon und Judi
gengan d'Studenten in d'Studi.«

»studieren lassen« ein Stück Kleidung oder Hausrat ins Leihhaus geben. Das Leihhaus liegt in München in der Nähe des Gymnasiums.

»studieren wie ein Karpf im Vogelhäusel«, stier vor

sich hin blicken.
Ein wirfliges Pferd, das den Koller hat, wird von manchen Bauern »ein Student« geheißen. II 734

## Die Tatze

Taschen – treffen. Schlag mit einem Stock oder Brettchen auf die flache Hand, mit dem ›Tatzenbrettl‹. I 634

## Der Tregel

Kollekte, zu welcher die Schullehrer und Geistlichen zu gewissen Zeiten durch ein altes Herkommen berechtigt sind. I 657

## Virgatum

ist der Eigenname eines Festes geblieben, zu welchem die Schulkinder am Ende ihrer Prüfung oder ehemals am Gregorientag jährlich versammelt zu werden pflegten, und das entweder in einem Umzug, wobei sie verkleidet die verschiedenen Stände vorstellten, oder in allerlei Spielen, wie zum Beispiel dem Hahnenschlag, Tellerlaufen oder auch wohl in Tanzen bestand.
Die Virgatum. Ein Fest der Schulkinder in Augsburg, Kaufbeuern, Ravensburg »vielleicht weil dabei die Ruten (virgae) von den Kindern selbst zum Schulgebrauch geschnitten wurden.«
»In die Virgatum gehen«, mit Anfang der schönen Jahreszeit unter Anführung des Lehrers mit weißen Stäben ins Freie ausziehen, um sich da mit allerlei Spielen zu ergötzen. I 848

## Der Zügel

»Verheiratet am ersten unsern Schulmeister mit zwölf fruchtbaren Weibern; wir brauchen einen guten Zügel (Aufzucht) von Schullehrern und Zuchtmeistern im Lande. Schulmeister, Schulmeister mangeln!« (Nagels Bürgeraufruhr von Landshut). II 1098

# Landwirtschaft

### Die Milch abführen

Den Rahm von derselben abnehmen, was gewöhnlich mit einem eigenen hölzernen Messer, dem »Firschtl« geschieht. I 749

### Die Achen

Der dritte Teil eines sog. Tagbaues, also eine Fläche von ungefähr 18 000 Quadr.-Schuh. »Das ganze Jahr hindurch eine große, gefräßige Kuh gut zu füttern, hat man 5 Achen, d. h. ⅓ Tagbau zu 55–56 Quadr.-Schuh nötig«. Eigentlich bedeutet es jede der Zeitabteilungen eines Tagbaues, d. h. eines dem Pflügen gewidmeten Tages, welche durch Innehalten und Ausspannen zum Füttern und Essen und Ausruhen entstehen; so von
5–9 Uhr = 4 Stunden, erste oder Morgen-Ache,
11–2 Uhr = 3 Stunden, 2. Achen,
3 oder 4 bis 7 Uhr, 4 oder 3 Stunden, 3. Achen.
I 22

### Der Alben

(sagt mein zu früh und unglücklich abgeschiedener Freund und Waffengefährte I. S. Gruner in einem Aufsatz über den Kalkmörtel) ist eine, der Kreide sehr nahestehende, milde, d. h. kohlensaure Kalkerde, welche als ein Nationalschatz zu betrachten ist, der in der Verbindung mit Torferde, wie sich diese in den bayerischen Torfmooren findet, den Lehmböden, die sich über die benachbarten Landhöhen erstrecken, von unermeßlichem Nutzen sein wird. Einen weit größeren Nationalschatz für Oberbayern findet Freund Stölzl (25. Dez. 1841) in den Braunkohlen und an dem von ihm beim politechnischen Verein angeregten, aber noch immer verachteten Bau auf diese, die vom Chiemsee bis Lindau streichen. Bei diesem Brennmaterial von überschwenglicher Ergiebigkeit, bei überreichen Wasserkräften wird dereinst jedes Bergtälchen seine Fabrik haben. Die jetzt so dünne Bevölkerung wird eine dichte, Ammer, Loisach, Isar, Mangfall werden eingedämmt sein und Dampfer tragen ab- und aufwärts. I 63

### Der Anduft

Duften – nässeln. Gefrorener Dunst, der sich im Winter an die Bäume und andere Körper hängt. I 491

### Der Aronskolben

Der Blüten- oder Fruchtkolben des Arum maculatum.
Aus dem Ansehen desselben pflegt der gemeine Haufen im Frühling die Beschaffenheit der künftigen Ernte zu prophezeien. Namentlich bedeutet der Kolben das Getreide, der zaserige Teil an demselben, das Heu, der braunpunktierte das Obst und endlich der traubenförmige, wie billig den Wein. I 121

### Die Ausspann

Feldmaß. Halbes Tagwerk, soviel an Ackerland, als man mit 2 Pferden vom Morgen bis zum Ausspannen am Mittag, oder vom Mittag bis zum Ausspannen am Abend bearbeiten kann. Im flachen Land ⅔ eines Tagwerks. II 672

### az, azi

Volkstümliche Umbildung der lat. Endungen atio, atius.
»Vor den drei Azi« – Pankrazi, Servazi, Bonifazi sind wir vor Frost nicht sicher. I 179

### Das Balket

schwed. balk, Staketwerk von querliegenden Holzstücken. Zaun von Brettern oder Stangen. Obere Isar. I 237

### Die Bennen

Korb. Der Bennleinschlitten hat einen bequemen Sitzkasten oder Korb, während man auf dem Rennschlitten rittlings sitzen muß. I 245

### beißen

Gebissen heißt ein Rind, von dem ohne sichtliche Ursache eine Gliedmaße, nach und nach der ganze Körper in Brand übergeht, oder eine Kuh, an deren Euter man bemerkt, daß es auf einmal gewaltig aufschwillt, sich dabei entzündet, ganz rot wird und hart anzufühlen ist. Man hält den Biß von gemeinen, von Spitz- oder von Schermäusen, selbst von Eidechsen, Zaunkönigen und Wieseln für die Ursache dieses Übels. Man nennt Beißwürm die Vipern, von welchen die Kühe nicht selten in die Euter gebissen werden. I 290

### Die Birutsch

Ehemals übliches, halbgedecktes, vierrädriges Fuhrwerk, dessen Dachteil sich zurücklegen läßt. I 264

### Der Boschenzaun

Zaun von jungen Fichten, lebendiger Zaun. Um die Einöden im Eigelwald (zwischen dem Inn und der Alz) sieht man lauter solche Zäune, die der Gegend einen eigenen, freundlichen Charakter geben, obschon sie in den Augen des Landwirts manches Nachteilige haben. I 298

### brachen

Einen Acker nach der letzten Ernte das erstemal wieder pflügen. Dieses Pflügen, auch Brachackern genannt, geschieht gewöhnlich um Johannis, das Zwiebrachen oder zweite Pflügen um Bartholomä, das Driebrachen oder Bauen (zubauen) um Mariä Geburt. Wo viermal gepflügt wird, wie an der Donau, fängt das Brachen schon an Johanni an. I 337

### Die Brezen

Ringe zu einem Zaun, aus Weiden geflochten. Scherzhaft: »Bretzen backen«, Zaunringe am Feuer drehen und flechten. I 376

### Das Bürstwerch

Das feinere Werg, das beim zweiten Hecheln abfällt. I 282

### Die Dachsen

Äste und Zweige, besonders von Fichten und Tannen, auch wohl von Föhren, Lärchen, Eiben und Wacholdersträuchern, also von allem Nadelholz. Diese Zweige werden in manchen Gegenden von den gefällten sowohl, als auch von den noch stehenden Bäumen gewonnen, und als künftiges Düngmittel zu Streu für das Vieh (mit dem Schnaiter oder dem Kräuel oder der Heben oder dem Dachsmesser) kleingehackt oder geschnitten (Landrecht von 1616, f. 470). I 482

### Der Dehel

Die Mast oder Fütterung namentlich der Schweine durch die Früchte der Eiche und Buche, besonders insofern sie sie selbst aufsuchen. »Gibt es im Forst Dürenbuch ein an Eicheln und Bücheln fruchtbares Jahr, so wird um Galli in der benachbarten Gegend der Techel ausgeschrieben, sodann an einem bestimmten Tag die angetriebenen Schweine nach ihren Kennzeichen ins Protokoll eingetragen und mit einem Zeichen gebranntmarkt; sie bleiben dann im Forste, solange es etwas aufzuzehren gibt, haben 3 bis 4 Tagwerker als Hüter, und man zahlt, eingeschlossen 5 Kreuzer Hütlohn, wöchentlich für das größte Schwein 12 Kreuzer, für das mittlere 10, für das kleinste 8 Kreuzer.« (Baumgartner's Beschreibung von Neustadt an der Donau, p. 80) I 495

### Die Dirn

In einer Bauernwirtschaft gibt es gewöhnlich mehrere Dirnen. Die vornehmste ist die Ober- oder Meisterdirn, hie und da auch Baudirn oder Moardirn genannt, dann kommt die Mitterdirn, hierauf die Dritteldirn. Nach dem Ehhalten-Mandat von 1660 erhielt die Oberdirn 5–6 fl, die Mitterdirn 4–5 fl, die schlechte Dirn 2–3 fl jährlichen Lohn.
Das Deandl ist die jüngste und letzte der Dienstmägde, ihm gebührte ½–2 fl jährlicher Lohn. I 541

### Der Doppelzaun

Zaun von schrägstehenden Holzspalten, durch welche einzelne Stecken in entgegengesetzter Richtung geschlungen sind. I 480

### Die wilden Drescher

Wandernde Drescher, gewöhnlich aus Tirol, welche Getreidevorräte auf Accord zum Ausdreschen übernehmen, auch bei ihrem Verfahren manches Eigene haben, indem sie z. B. alle zu gleicher Zeit niederschlagen (Oberland). II 899

### Die Ehgartenwirtschaft

Die Bewirtschaftungsart des Landes vor dem Gebirg, nach welcher abwechselnd immer nur ein Teil der Feldgründe bebaut, ein anderer aber zu Graswuchs liegen gelassen wird, und dies entweder des kurzen Sommers wegen, oder weil man gefunden hat, daß ohne solche Abwechslung der Wuchs der Früchte und des Grases von Jahr zu Jahr weniger kräftig ausfällt. Im Landgericht Miesbach wird ein Feld nach dreijähriger Bebauung gewöhnlich 6 Jahre lang zur Egert liegen gelassen. Im ersten Jahr heißt so ein zur Wiese werdendes Feld Neuegert und wird wohl auch gedüngt. I 941

### Die Eicheln

R.A. »Wann im September in den Eichäpfeln ein Spinnen ist, so bedeut's ein unglückliches Jahr, ein Fliegen ein mittelmäßigs, ein Maden ein gutes. Ist dann nichts darin, so bedeut's ein Sterb«. Propst Valentins zu Weyarn Hausbuch. I 23

### Der Erdapfel

Es brachte im Jahr 1623 Walter Raleigh die ersten Kartoffeln aus Virginien nach Europa, zunächst Irland. Erst im Jahr 1725 aber wurden sie in der Obern Pfalz bekannt. Ein Herr von Pistorini, Regierungskanzler in Amberg, erhielt nämlich eine Quantität aus den Niederlanden und machte in einem Hausgarten einen kleinen Versuch damit, welcher so gut ausfiel, daß auch andre Leute Lust bekamen, sich nach solchen Früchten umzusehen. Noch später fanden sie in Altbayern Eingang. I 139

### Der Erdsatz

Die unterste Lage Getreidegarben im sog. Viertel, einer Abteilung für Getreide in der Scheune. (Unterland) I 140

### Die Esch, Ösch

Ganzes von Äckern, die aneinanderliegend zu einer und derselben Zeit entweder bebaut und abgeerntet oder als Brachfeld beweidet werden. »Um den Esch reiten«, den jährlichen Felderumritt halten, in Prozession um die Felder reiten oder gehen. I 167

### Ferkl

Vorrichtung, um Heu von steilen Berghalden an zwei Tragriemen heimzutragen. I 755

### Der Flaum, Flam

Die Flajen, die leichten Einfassungen der Haberkörner, die beim Dreschen mit abfallen und durch die Handwindmühle von denselben gesondert werden, dienen hie und da als Füllung von Polstern und Betten. I 783

### Der Fretter

Der nur mit Not etwas zu leisten oder sich fortzubringen vermag; Stümper, Pfuscher in einem Handwerk; Besitzer eines Bauerngutes, der trotz aller Müh und Arbeit nicht vorwärts kommt. Leider gibt es der Fretter so viele!

»Ein Sünder ohne Reu, ein Musketierer ohne Blei, ein Karten ohne Säu, ein schwäbisch Frühstück ohne Brei, ein Soldat ohne Treu, sind ein pur lautere Fretterei«, Pater Abraham. I 830

### Die Furche

Durch 4 Furchen oder das zweimalige hin und zweimalige her Fahren mit der Pflugschar entsteht in der Oberpfalz und im bayerischen Flachland das schmale Beet oder der Bifang; durch 4, 6, 8, 10, 12 usw. bis 20 Furchen aber im Oberlande das breite Beet, dort Acker genannt. I 752

### Die Fürleg

Baum oder Block, quer neben einen Weg gelegt, der an urbaren Gründen vorbeiführt, um das Fahren außerhalb desselben zu hindern. I 1456

### Der Gabeß

Cappis oder Kohlkopf, engl. cabbage.
»Gabes gibt's, ist jeder Kopf größer als der Kirchturmknopf.« I 864

### Galtvieh

Galt, trocken, nicht trächtig.
Alles Milchvieh, das nicht trächtig ist oder zu jung und keine Milch gibt, sogar mitunter Stücke männlichen Geschlechtes von dieser Viehgattung.
*Der Gältling*, einjähriges Kalb.
*Die Galtalpen*, der Galtberg, Alpe, Berg, worauf unmelkbares Vieh übersommert wird. I 903

### grasen

Das Unkraut sammeln.
An der Oberisar ziehen die Weibspersonen zu dieser Arbeit über ihre Röcke leinene Grashosen an. I 1008

### Der Haar

Der Flachs. Beim Haarsäen muß der Hausvater etwas Gutes essen, damit die Saat gedeihe. Anderswo müssen zu diesem Zweck die Männer ihre Weiber am Fasnachtdienstag zum Tanz führen.
Den Haar fangen, ziehen, raufen, rupfen: ernten.
Den Haar riffeln: den Flachs von den Samenkapseln (Haarbollen) trennen. Die Bollen des Frühhaars geben, der Sonne ausgesetzt, den Leinsamen selbst von sich, die des Späthaars (Dreschhaars) müssen zu diesem Ende gedroschen werden.
Den Haar rötten, rözen, rösten, rößen: die Flachsstengel zur Fäulung bringen, indem man sie entweder in stehendes Wasser legt, (Wasserhaar, weißer Haar) oder auf Wiesen und Stoppelfeldern dem Einfluß der Witterung aussetzt (Landhaar, roter Haar).
Den Haar rollen, bracken, brechen: ihn unter die grobe und feinere Brechel nehmen. Das Haarbad, geheizte Flachsdörre als Schwitzbad. I 1144
Den Flachs murkeln, ihn aus dem Groben brechen, vorbrechen, welches gewöhnlich durch Mannshände geschieht, worauf ihn weibliche ins Feinere brecheln. I 1649

### Die Haberwaid

Einen in treuen Diensten unbrauchbar gewordenen Diener soll man nicht verachten und ausjagen und »auf die Haberwaid schlagen.« Augenscheinlich ist diese Redensart aus der Landwirtschaft vom Treiben oder Schlagen des Viehs auf die späteste und trostloseste Weide in den Stoppeln des Haberfeldes hergenommen.
»Auf die Haberhälm kommen« (bayr. Wald), in verzweifelte Umstände, auf die Gant kommen. II 851

### Der Hag

Einfriedung, besonders eine kunstlose, leichtere von Stangen und als solche dem dichtern, festern Zaun und der Hecke entgegengesetzt. I 1067

### Der Haiden

Das Haidekraut. Bauernregel: »Bald der Haidn schön blüaht, geits a guate Kornbauzeit.« I 1051

### Der Hainz

Hainzel
Heuhainzel, Vorrichtung zum Heutrocknen. Die Hainzelbank, die Schnitzbank. Der Hupfhainzel, der sattelförmige Brustknochen eines Stückes Geflügels, aus dem die Kinder ein von selbst aufspringendes Spielwerk machen. I 1138

### Der Halm

R.A.: »Der Wind geht schon aus den Halmen«, die Haupternte ist vorbei, es wird schon kühler, bis endlich auch die spätere Haberernte vorüber ist, wo es dann heißt: »Der Wind geht schon von den Haberhalmen,« es wird Herbst. I 1094

### Der Hanichel

Verdorrtes Fichtenstämmchen von höchstens 9–15 Schuh Länge, wie man es gewöhnlich zu einer gewissen Art Zaun, dem Hanichel Zaun, oder zum Aufbinden von Bohnen und Erbsenpflanzen gebraucht. I 1114

### Der Hazzibauer
Name, der von den Tadlern der Gemeingründeverteilung einem ehemaligen Leerhäusler gegeben wird, der durch diese Maßregel einige Grundstücke erhalten hat, und zu ihrer Bebauung seine Kuh als Zugvieh verwendet. Diese Maßregel wird insgemein dem Antrieb des verdienten ökonomischen Schriftstellers Staatsrat Hazzi zugeschrieben. I 1194

### Die Henne
Das Hennenrecht.
Die Hennen haben eine solche Freiheit: Die Bäuerin soll rittlings auf dem First des Stadeldachs stehen, und ein Ei in einen Schleier legen, den selben hinter sich durch die Bein hinaus werfen; so weit sie das wirft, also weit haben die Hennen zu gehen Recht. (1614).
*Hennesteigen,* Runzeln, Stirnfalten.
*Die schwarze Henne*
Eine schwarze Henne gab man um die Erlaubnis, zu verbotener Zeit Hochzeit zu halten. In Bayern opfern die Laien beim Offertorium bei Totenämtern öfters eine schwarze Henne. I 1116

### Der Heutreter
Werkzeug mit einer schneidenden Klinge, auf welches tretend man von einem ganz dicht und fest gewordenen Heustock das benötigte Heu abschneidet. I 1029

### Der Hifel
Hifler. Stange, welche auf dem Felde in den Boden gesteckt, dazu dient, Getreidegarben, Klee, Flachs daran aufzustellen und so in lockern Haufen der Luft auszusetzen. Diese Hifel haben entweder Löcher, durch die kurze Stecken, als quirlartige Arme gesteckt werden, oder sie bestehen aus jungen Baumstämmchen, an denen die Queräste ungefähr einen Schuh lang stehen gelassen sind. I 1057

### Der Hochacker
Altes ehemaliges Ackerbeet, wie man sie hie und da in Wäldern, und nicht selten mit tausendjährigen Eichen überwachsen, findet. Sie kommen besonders in der Nähe ehemaliger Lager oder Schanzen vor, rühren also von römischen Legionen her. I 1042

### Der Hof
Man nahm als ganzen Hof gewöhnlich eine Besitzung von wenigstens 50–60 Jucharten Ackerlandes an, zu deren Anbauung gegen 12 Münchner Schäffel Samgetreid erfordert werden. Die Wies- und Holzgüter waren dabei nicht gerechnet. Es konnten zwei Güter, die in verschiedenen Gegenden, ja in einem und demselben Bezirk lagen und beide als ganze oder halbe Höfe eingeschrieben waren und demgemäß zu gleich hohen Abgaben angehalten wurden, dennoch an Wert und Umfang recht sehr verschieden sein. I 1058

### Die Hofmetzgerei
Parzellenweiser Verkauf eines Güterkomplexes, der in den dreißiger Jahren in Süddeutschland, besonders Württemberg eine traurige Berühmtheit erlangt hat. I 1060

### Der Holzwurm
»So du das Holz willst abschlagen, so rühr das Holz am ersten mit der Hacken an, aber rührst du es mit der Hand am ersten an, so wird es gern wurmig unter der Rinden.« Salzburger Calender von 1501.
»Alles das Holz, das nieder wird geschlagen in dem Märzen an den letzten zwei Freitagen das erwirmet nimmer, und was daraus gemacht wird, das ist sicher vor aller Faul.« 1435. II 1001

### Die Hube
Es wurden nach dem bisher üblichen sogenannten Hoffuß gewöhnlich zwei Huben auf einen ganzen Hof gerechnet. I 1039

### Hunde prügeln
Ihnen einen Prügel anhängen. Es wurde anno 1493 dem Landmann gnädiglich gestattet, mittels eines Hundes das herrschaftliche Wildpret abzuwehren, doch mußte er diesen jährlich vom Auffahrtstag bis

Sankt Johannstag zu Sonnwend »prügeln«, damit er den Kälbern nicht schaden tue. I 469

### kämpen

Flachs hecheln. Die Akampen sind indes nicht die Abfälle vom Hecheln, welche Werg heißen, sondern die noch schlechtern vom Schwingen, welches dem Hecheln vorhergeht. I 1251

### Keferloh

Name eines Waldbezirkes unweit München, welcher jetzt ein paar, um das Kirchlein eines Viehpatrons liegende Häuser bezeichnet, wo schon seit 1325 am Egidiustag der große Viehmarkt gehalten wird, der gemeinhin nur der Keferloher heißt.
Schon durch ein Mandat von 1770 wurden, was später durch die Oktoberfeste noch weitgreifender geschah, Prämien für die besten, auf diesem und einigen anderen Märkten erscheinenden Viehstücke ausgesetzt. I 1228

### Das Korn

»Andre Schnee tuat an Korn weh.« I 1294

### Die Kuh

Wo stärkere Viehzucht getrieben wird, erhält jedes Kalb, wenn es abgenommen wird, seinen eigenen Namen, der bald vom Aussehen, bald vom Tage, an welchem es gefallen, hergenommen ist. Z. B. Rötl, rote Kuh, Stramel, die einen weißen Streif über den Rücken, Scheckl, die weiße Flecken am Leib, Blassl, die einen großen weißen Fleck, Sternl, die ein kleines Flecklein an der Stirne hat, Hirscherl, die schlank und munter ist, wie ein Hirsch, Weithörnl, deren Hörner weit voneinander abstehen, Krumphörnl, deren Hörner verbogen sind, Mondaj, Pfinztaj, Sanstaj, die am Montag, Donnerstag oder Samstag geboren ist. I 1214

### Der Leitenpflug

Besonders auf den Einöden des Landgerichts Miesbach gebräuchlich, um an den Leiten zu pflügen. Damit die von der Pflugschar und dem Streichbrett losgemachte Erdschichte immer auf dieselbe Seite falle, welches bei dem gewöhnlichen Handpflug nicht möglich ist, hat der Leitenpflug zwei Sege, zwei Scharen und zwei Streichbretter, die unterm rechten Winkel am Grindel befestigt sind. Statt zweier Riester sind drei vorhanden. Kurz, man hat zwei Pflüge auf einem Gestell; im Hinfahren pflügt man mit dem einen, und im Herfahren mit dem andern. Der Acker erhält gar keine Furche, und bildet ein Continuum wie ein Gartenbeet. Solche Felder, nach der Bebauung zu Egert liegen gelassen, sind dann vollkommener Wiesenplan. Es wird seit kurzem auch in der Ebene, z. B. in Holzkirchen, Warngau vom Leitenpflug, wie es scheint vorteilhafter Gebrauch gemacht. I 1534

### Der Maier

Der erste unter den männlichen, so wie die Maierin die erste unter den weiblichen Dienstboten einer größeren Wirtschaft. Derjenige Baumann, (colonus) welcher ein Gut auf zeitliche, lebenslängliche oder Erbpacht (nach der bayerischen Feudalsprache: auf Freistift, auf Leib- oder Erbrecht) zu bebauen übernimmt. Sie sind gewöhnlich von dem Zufall, d. h. von dem längern oder kürzern Leben des Maiers und des Gutsherrn und in Rücksicht ihrer Größe sehr von der Willkür des letzteren abhängig.
Durch ein wahrhaft landesväterliches Generalmandat vom 3. Mai 1779 verwandelte Karl Theodor alle Arten von geringern Grundgerechtigkeiten, womit bis dahin die churfürstlichen Urbarsgüter behaftet gewesen, den Besitzern zum Besten und den übrigen Grundherrschaften zum Vorbild in Erbrecht und stellte es den neu antretenden Maiern frei, die sonst von Zufall und Willkür abhängige Maierschaft bar und auf einmal zu entrichten, oder dieselbe in einer jährlichen, unabänderlich bestimmten billigen Frist (Maierschaftsfrist) abzutragen, also, statt das Kapital aus der Hand zu geben, gleichsam nur die Zinsen davon zu entrichten. Doch soll dieses große Beispiel nicht auf alle Grundherren gewirkt und in der Ausführung selbst von Seite der churfürstlichen Beamten vielfache Hindernisse erfahren haben.

R.A. »Maier sein«, den Vorrang, Vorzug haben. Der Hagmaier, oder der Maier-Raufer (Gebirg), vorzüglicher Raufer, Hauptraufer. I 1552

Der Maikäfer
Nur in der Region der Buche und Birke geographisch vorkommend, von dreijähriger Lebensdauer, also jedes dritte ein Flugjahr, um München 1836, wo der Eichenwald von Planegg blattlos gefressen wurde. R.A. »Mit Maifkäfern bsessen sein«, mutwillig, ausgelassen sein. I 1549

Der Mann
Auf den Dörfern heißen die Besitzer von Taglöhnerhäuschen und kleinern Selden gewöhnlich nur der Mann: der Rotenmann, Geschlößleinmann, Seemann, Bachmann, wo Mann dem Bauern (Besitzer eines Hofes) gegenüber steht. Kleinhändler, besonders hausierende, heißen gewöhnlich ebenfalls nur Mann. Der Hefenmann (Hausierer mit Töpferwaren), Hennenmann (Geflügelhändler), Hadermann (Lumpensammler), Röhrenmann (Hausierer mit Eisenblechwaren), Werchmann (Aufkäufer von Werch in flachsreichen Gegenden). In diese hausierende Klasse gehört auch der altbayerische Amtmann (Gerichtsbote, Gerichtsdiener). Der Baumann, der Bauer. Der Blaumann vollzog ehemals in den niedern Schulen die Züchtigungen der Schüler. In der Kindersprache: Der Bettelmann, das Fieber; der Pechmann, der die Augen zupichende Schlaf. I 1602

a Mannl macha
Sich aufrecht setzen oder stellen, wie ein Mensch, wird von Hasen, Kaninchen, Hunden gesagt. Daher wohl das Mandel, mehrere (10–15 Getreidegarben), die auf dem Felde aufrecht zusammengestellt und an dem obern Ende mit einer umgekehrten Garbe, wie mit einem Hute bedeckt werden. Das Getreid muß man in Mandeln stellen oder aufmandeln, um es besser gegen Regen zu schützen, bis man es in die Scheuer heimführen kann.
»sich aufmannln«, sich erheben. I 1601

Die Margaretenwies
Wiese, welche des Jahrs nur einmal um den Margaretentag (Mitte Juli) gemäht wird. I 1647

Michael
Wetterregel: »Wo der Wind um Micheli hergeht, geht er an ganzen Winter her.« I 1561

naß
Die feinste Art des wässerigen Niederschlags aus der Luft heißt Nasseln, dann kommt das Nebelreißen, das Feisln, Neifln, das Rengaln, endlich das Regna, das oft zu einem Gießen oder Schütten wird. I 1758

Der Pandur
Auch Sau-Erdapfel, Polack, polischer Erdapfel. Eine Art großer Kartoffeln, die, wenn man sie mitten voneinander schneidet, ein rotes Kreuz zeigen. Dr. Legis meint, der Name komme von den brandenburgischen, im Lager gegen Böhmen liegenden Soldaten, die aus Hunger diese Frucht zuerst gegessen. I 248

Der Rädleinlauf
Angrenzende Ackerfurche, auf welcher das Pflugrädlein seinen Gang hat. Der Rädellauf wird sehr oft als Grenzlinie zwischen zwei Äckern in Anspruch genommen. II 50

Der Regen
Um Aschaffenburg nennt man einen Regen unter Sonnenschein einen Beschißregen, Beschiß aber die von solchem Regen entstandenen, aufgeworfenen Brandstellen an Baumblättern und die darin vorkommenden Insekten. II 475

Der Reif
Reif-brennen oder -heizen. An den Frühlingsmorgen vor Sonnenaufgang den Reif auf den Feldern durch Rauch von angezündeten Reisern unschädlich zu machen suchen. Es geschieht im Großen, um Mitternacht werden die Leute durch eine Art Sturmläuten dazu aufgeboten. II 67

## Der Reim
Leichter Reif.
reimeln – mit Reif überziehen.
»Wenn in den zwölf Nächten die Bäum reimeln, gibt's viel Obst«. I 93

## riemisch
Remisch, römisch.
Ausdruck für das Roggenmehl von den zwei ersten Gängen, also das beste, von Kleie möglichst reine, oder Beutelmehl. Bekanntlich geschah das Beuteln ehmals von der Hand, und erst um 1487 fing man an, dasselbe gleich durch das Mühlwerk verrichten zu lassen. II 96

## rötzen
mhd. rozzen, welken, faulen, verwesen.
Haar rötzen, Flachs rösten, welches entweder durch Versenkung desselben in das Wasser, oder besonders im bayerischen Oberland, durch Ausbreitung desselben auf Wiesen und Stoppelfelder zur Einwirkung des Taues und Wetters geschieht. II 196

## Der Schinagel
Einer der geringern Knechte in der Bauernwirtschaft.
Schinaglin, Dienstperson, die nach Umständen zu allen Arbeiten verwendet wird. Pinzgau.
Die Schinackel, Nachen, schlechter Kahn. II 426

## schnellen
Schnallen, knallen, krachen.
Der Schneller, Bursche, der beim Fahren hinten auf dem Wagen steht, um ihn bei Gefahr des Umfallens auf die entgegengesetzte Seite zu schnellen. II 576

## Die Schwaige
Es liegen diese Schwaigen oder Viehhöfe, besonders in den Gegenden vor dem Gebirge, wo mehr Viehzucht als Ackerbau getrieben wird, gewöhnlich einzeln und inmitten gras- und holzreicher Umgebungen, wo für die mehr oder weniger zahlreichen Herden, welche da zum Verkauf als Zug- oder Schlachtvieh und zur Bereitung von Butter und Käse gehalten werden, hinlänglich Sommer- und Winterfutter wächst. Mit der Zeit ist indessen manche derselben aus einem Viehhof zum Ackerhof, ja wohl zum Dörfchen und Dorf geworden.
*Schwoagerin*, Almerin.
»Schwoagerin du bist mei Freid
wann ma's Küahl auf d'Alma treibt.« II 626

## schwenden
Schwinden, vernichten. In der Landwirtschaft des Oberlandes gilt schwenden vorzugsweise vom Wegschaffen hinderlicher Bäume, Holzanflüge, Gesträuche, indem man sie (gewöhnlich bei krankem, d. h. abnehmendem Mond) durch Anhauen, Anbohren, Abschälen erst abstehen und verdorren macht und dann wegräumt oder verbrennt.
Gegen die Schwindsucht, das Schwinden half die Schwind (pinguicula vulgaris, in Altbayern Zitrachenkraut) und der Schwindbeutel, ein lederner Beutel mit allerlei Kräutern, Kirchhoferde, und Ackermausohren angefüllt, um Kühen, die die Schwindsucht haben, an die leidenden Teile gehängt zu werden.
R.A.: »Da möcht einem geschwinden!« Das ist entsetzlich.
Der Schwinderling ist ein Maulschelle, wohl eine gründliche, worüber einem Hören und Sehen vergeht.
»Es schwindelt mir,« ich befürchte.
»Wenn Essen und Trinken den Himmel soll geben,
darf ich wohl hoffen aufs ewige Leben;
steh doch in Sorgen und schwindelt mir schier,
es hab auf der Seiten ein andere Tür.«
Volkslied II 636, 637

## seichen
ahd. seicho, das volksüblichere Wort für pissen. »Die Heusaicherinnen« Margaret und Magdalena 20. und 22. Juli. II 212

### Singossel
Glöcklein. »An Roß hängt mar a Zingleißl an, am Ochsen a Rolln, da Kuah a Schelln und am Kaibi a Röllerl«. II 290

### Der Stadel
»Lichte Metten, finstre Städel, finstre Metten, lichte Städel.« Wenn die Christnacht mondhell ist, gibt es eine gute, wo nicht, eine schlechte Ernte. II 732

### Der Stänker
Armsdicker, dürrer Fichtenstämmling, an dem die Äste nicht abgehauen, sondern ringsum nur zugestutzt sind, und der in den Boden gesteckt wird, um auf dem Felde Flachs, Getreide, Klee etc. daran aufzuhängen und zu trocknen. Oberland
herumstankern, müßig gehen. II 771

### Die Stigel
Pflock, Baumstock, erhöhtes Brett, an einem Zaun angebracht, um dem Darübersteigenden als Stufe zu dienen.
R.A. »Wo die Stigel nieder ist, hupfen d'Hund drüber«.
Stigelhupfen (im Scherz).
Auf dem Lande zu Fuß viel hin und her gehen, wird namentlich von den Hilfsgeistlichen gesagt, deren frischere Beine für die cura animarum vorzüglich in Anspruch genommen werden. II 743

### Die Trat
Tritt, Spur. Jener Teil einer Feldflur, welcher nach der schon seit wenigstens 600 Jahren landüblichen Dreifelderwirtschaft jedes Jahr unbebaut und dem Viehtrieb offen bleibt, das Brachfeld. I 677

### Tristen
Trischen, lat. drizzare. Bergheu, Seeschilfrohr zur Streu, um eine Stange, die in den Boden festgesteckt und Trischstangen, Triststecken genannt wird, kegel- oder eiförmig aufhäufen, festtreten und oben mit einem runden Stück Rasen bedecken, um es so im Freien aufzubewahren. I 676

### trotten
So dreschen, daß die in einer Reihe stehenden Drescher zusammen immer einen Streich, und den andern die Gegenüberstehenden machen. Im Gegensatz zu Bengeln, wo jeder Streich jedes einzelnen besonders gehört wird.
»An Trottler machen«, wenn alle Drescher zugleich aufs Korn schlagen, gewöhnlich zu Ende der Dreschzeit eines Tages. I 680

### übergeben
Haus und Hof an einen anderen überlassen, unter der Bedingung, daß man von demselben lebenslänglich verpflegt werde. Sprichwort, das durch den König Lear im Großen dargestellt wird: »Übagebn, nimma lebn.«
»Vada, wann geist amol üba? Hast da denn no nit gnua ghaust?
Scher di amal hintri in dei Stüberl, nimm dir a par Erdäpfel aus!«
»Ein übergebener Mann«, ein Mann, der sein Anwesen an einen seiner Erben oder an einen Anderen unter obiger Bedingung übergeben hat. Bei der Nachricht von der Vermählung des Königs Ludwig, damals Kronprinzen von Bayern, tat ein ehrlicher Oberpfälzer ganz angelegentlich die Frage: »Wei is denn etzo, wenn etzo der Jung heirat, gibt aft der Alt üba?« I 866

### Das Viertel
Platz in der Scheuer zu ebener Erde neben der Dreschtenne mit erhöht liegenden Querhölzern (Geliegern), wohin man die eingebrachten Garben legt, bis sie ausgedroschen werden. I 845

### Der Waid
Färbepflanze, vor dem Indigo bekannt.
Waidasche, Pottasche.
Asche aus gebrannter Weinhefe, besonders zum Gebrauch der Waidfärber und zum Verfälschen des Weines dienlich. II 850

### Das Wanzenkraut
Das Farnkraut, das zur Vertreibung der Wanzen dienen soll. Sie sammeln sich am Pfefferkraut. II 963

### Der Wefel
Garn, so viel von einem Wickel Flachses gesponnen wird. Anno 1626 mußte den Spinnern von einem Wikkel oder Wefel 2 Kreuzer Spinnlohn gegeben werden, da sie ehmals nur 5 Pfennig oder 1½ Kreuzer bekamen. II 863

### Das Weisch
Geweisch, die Stoppeln, das Stoppelfeld. »Aus den Scherben erkennt man den Hafen, aus dem Waisch das Getreid«. II 1041

### Das Werg
Der Werchbettler, der sich im Advent häufig vor der Tür des oberländischen Bauers einfindet.
Der Werchmann, der in den Häusern das entbehrliche Werg aufkauft und hauptsächlich über den Lech hin verhandelt.
Das Leinwerch, der Abfall beim zweiten Hecheln des Flachses, feineres Werch. II 983

### Das Wetter
»Den Mantel nach dem Wetter kehren«.
»Wettermacher«, Hexenmeister, Person, die einem unangenehme Auftritte bereitet.
»Zu dem Wetter läuten«. Es wurden dabei in der Kirche viele Kerzen angezündet. »Vom Wetterläuten im Hochsommer gibt ein jeder Bauer dem Mesner eine roggene Garb.« Im Scherz: Wetter läuten (mit den Beinen), sie sitzend hin und her schwanken lassen.
»Ins Wetter schießen« (mit Böllern), um es abzuwenden oder zu zerteilen.
»wettergerecht«, Prädikat, welches der gemeine Mann Geistlichen, besonders Kapuzinern gab, welche sich ehmals auf die Kunst verstunden, die Gewitter zu vertreiben oder unschädlich zu machen. Die »Wetterherren«, Heilige, die besonders gegen Gewitterunglück angerufen werden, namentlich St. Johann und Paul.
»Aller Wetterherren Tag« (26. Juni). An diesem Tage pflegt man nicht gerne Heu zu machen oder einzuführen.
R.A.: »I schlag drein, daß alles wettert«. II 1050

### Die Wid
Wiede. Aus Baumästen oder Stroh gedrehtes Band.
Eine gewisse Anhäufung gesponnener Fäden an der Spule. So oft der Haspel schnalzt, gibt es ein Widelgarn, das mit dem Widelbartl untergebunden wird. Hundert, auch etwa 80 Fäden geben ein Widel. II 858

### Das Widum
Die zu einer Pfarrkirche gestifteten nutzbaren Gründe.
Der Widembauer, Widenmaier, Widmann, Bauer, welcher den zur Kirche gehörigen Widembau als Pächter oder unter sonstigen Lehensverhältnissen inne hat. II 859

### Der Winter
R.A. »Pauli Bekehr, halb Winter hin, halb Winter her«, bezieht sich auf die Überwinterung des Viehs, weil der 25. Januar in der Mitte liegt, zwischen dem Einstellen und Austreiben. Dieser Tag (25. Jan.) heißt darum auch der Halbwintertag.
Der Afterwinter, die zweite Hälfte des Winters. II 962

### wittern
Der Witterung ausgesetzt sein, »der Haar muß widern«. Der Flachs wird nämlich in einem großen Teil des Landes nicht im Wasser, sondern dadurch geröstet, daß er im Freien auf dem Boden ausgebreitet und dem Einfluß des Wetters ausgesetzt wird. »D'Haar is auf da Wida.« Widahaar im Gegensatz zum Wasserhaar. In der Jägersprache: verwittern, eine Lockspeise legen.
»Mit an bratna Haring kann ma im Winter d'Füchs am besten verwidan.« II 1051

# Handel und Gewerbe

### Der Änzwagen
Wagen für ein Pferd, das in der Gabeldeichsel geht. I 117

### Der Aufleger
Arbeiter bei einer Kaufhalle zum Auf- und Abladen der Waren, besonders der nassen, d. h. der in Fässern befindlichen, angestellt. Sie wurden ehedem gewöhnlich auch als Nachtwächter, Wagenhüter, etc. gebraucht. I 1455

### Das Ballenhaus
heißen noch jetzt die Häuser in Oberammergau, Partenkirchen, Mittenwald, in welchen die mit den ehemaligen Rottfuhren angekommenen Ballen und Güter aufbewahrt wurden. I 227

### Die Bank
Die Fleischbank, Fleischhalle. »Das Fleisch zu Bank vermetzgen« L.R. 1616. Der Bänkknecht, der bloß in der Fleischbank arbeitet zum Unterschied vom Gäuknecht. I 250

### Der Bresil
Schnupftabak aus Brasilien. Der Bresilstingel, Stengel von solchem Tabak, von welchem im Bayerischen Wald und in der Oberpfalz der Schnupfer mit einem Reibeislein, das er bei sich führt, Nasevoll für Nasevoll abreibt. Diese Art Tabak kommt aus Brasilien und wird von Bahia aus in Rollen, mit Häuten und Palmblättern umwunden, fast als Ballast versendet. »Nix Tabak, lauter Bresil« – scherzhaftes Verneinungssprüchlein. I 364

### Bresilholz
Von brasa, glühende Kohle, der das dunkle Holz ähnlich ist. Die roten Späne von Fernambuk oder Brasilienholz zum Eierfärben. I 364

### Der Briefmaler
Der Illuminist, Schachtelmaler. I 351

### Der Buchstecher
Taschenspieler. Hierher gehört auch das alte Wahrzeichen Hamburgs, der weltbekannte Bocksbeutel (Umdeutung des plattdeutschen Booksbüdel, d. h. Buchbeutel), eine weibliche Figur an der Petrikirche mit einem Gesangbuch im Beutel. I 198

### Der Dinzeltag
Tag der jährlichen Versammlung einer Zunftgenossenschaft, wo unter Leitung der gewählten Vorstände (Vierer, Altgesellen) die Angelegenheiten der Zunftgemeinde, z. B. die Aufnahme neuer Meister, die Verhängung von Handwerksstrafen, Freisagung von Lehrlingen, Entrichtung der Beiträge zur Lade besprochen und abgetan werden. Hie und da wird dieser Tag mit einem religiösen Akte, dem gemeinsamen Anhören eines Messamtes eröffnet, fast überall aber mit einem gemeinsamen Mahle und fröhlichem Tanze beschlossen. Handwerksjahrtag. I 527

### Der Etschwagen
Werdenfels.
Schwere Wagen, auf welchen von alters her die Weine aus dem Etschland herausgeführt wurden. I 178

### Der Florin
Floren, der in Florenz geschlagene guldene Pfennig. Dieser Name Florin blieb auch dem spätern silbernen sogenannten Gulden und die Anfangsbuchstaben fl sind noch heutzutage das Zeichen dafür. Auf ähnliche Weise haben sich die Zeichen dn (denarius) und lb (libra) erhalten. (Galt auch für die englische Währung bis Februar 1972; Anm. d. Herausg.) I 795

### Der Fragner
ist berechtigt, Kleinhandel mit Salz, Lichtern, Seife, gewissen Geräten von Holz und Eisen, Feuerzeug, an einigen Orten auch mit Mehl, Gemüse, Käse und andern Viktualien zu treiben. I 812

### Der Frauentaler
Conventionstaler zu 2 fl 24 kr, mit dem Bilde Mariens

samt dem Kindlein auf der Rückseite, unter den letzten bayerischen Kurfürsten geprägt, wird vom Volke sehr gesucht. I 802

### Der Früchttrager

Eigentlich: Welsche Früchttrager. Ein Krämer, welcher mit feinern Obstsorten, Citronen, Orangen, Kaffee, Zucker, dann mit Öl, Liqueurs etc. handelt. I 806

Griaß di Gott Vettermo
kenn di gar wohl,
bist der Lemoni-Mo
aus'm Tirol. I 851

### Der Fürkäufler

Getreidehändler. »Jetzt san lauter Fürkäufler auf der Schrannen, koa oanziger Bauer. Man sollt die Spitzbuam alle aufhänga!« So klagte und wünschte in seiner Weisheit der große Haufe, als es zu Ende Mai 1817 gleichsam wieder Winter werden wollte und das Getreid auf das 6fache der gewöhnlichen Preise gestiegen war. So auch am 20. April 1847, als der Scheffel Weizen auf 40 fl gekommen war, tiefer Schnee lag, und die Dächer voll Eiszapfen hingen. I 1228

### Das Gäu

Das Land, besonders im Gegensatz zur Stadt oder zum Gebirge. Die Gäuleute mußten in Regensburg auf dem Markt besonders stehen. Einem Gäumann, der einen Bürger geschlagen, durfte niemand Kost oder etwas zu kaufen geben.

»Ins Gäu gehen«, aus Städten und Märkten auf das platte Land gehen, z. B. Metzger, die ihr Vieh an Bauernhäusern zusammenkaufen.

»Traunstoaner Metzger, die ham'd a groß Gäu
hamd überall Menschan und Kinder dabei.«

R.A.: »Einem ins Gäu gehen«, einem ins Gehege, d. h. zu dessen Liebchen gehen. I 853–855

### Der Gradltrager

In München ein Mann, der den Schustern das Leder in kleinen Stücken ausschneidet, auch alle ihre Werkzeuge verkauft. I 985

### Der Graisla

Ein Krämer, der mit dem, was man in der Küche braucht, handelt. I 1010

### Die Hallfahrt

Die Fahrt oder ein Transport Salz auf der Salzach.

Es kommen auf eine solche Fahrt 211 Fuder in 186 Kufen, nebst der unentgeltlichen Dareingabe von 33 sogenannten Setzfudern zur Einfülle, also im Ganzen 244 Fuder.

Das Wort Hall als Eigennahme für Salzwerkorte kommt übrigens im Norden von Deutschland so gut wie in Bayern und Schwaben vor. I 1075

### Die Hohenau

Von den vier Salzschiffen heißt das vorderste das Hohenau, das zweite der vordere Anhang, das dritte der Schwemmer und das vierte der hintere Anhang, worauf zusammen bis Regensburg 16 bis 18 Pfund Salzes, von dort bis Donauwörth aber nur 10 bis 12 Pfund geladen und verführt werden können.

(Ein Pfund Salz = 240 Salzfuder oder Stöcke; wenn man das Gewicht eines Fuders zu 120 bis 136 Pfund annimmt, dann ist ein Gewicht dieses Pfundes 28 000 Pfunde des gewöhnlichen Sprachgebrauchs.)

Insbesondere hat jeder Salzschiffzug ein Küchenschiff und eine Haberzillen bei sich.

Die auf der Donau stromaufwärts nach Bogen geschwommene Muttergottes von Stein ist dem guten Abt Dominik eine Wunderhagenau. In seiner Begeisterung singt er:

»Hagenauer, schlaget ein alles Geschlecht,
der Schiffknecht,
schnalzt zusammen, schreit und sprecht:
Ho, ho, he, reit an, reit an!
Ho ho ho, dauch an!
Jodl, dauch an, Jodl, dauch an!
Ho dauch an mein Steuermann! . . .
Den Schiffleuten ist sie gewogen,

samt dem Kindlein auf der Rückseite, unter den letzten bayerischen Kurfürsten geprägt, wird vom Volke sehr gesucht. I 802

### Der Früchttrager

Eigentlich: Welsche Früchttrager. Ein Krämer, welcher mit feinern Obstsorten, Citronen, Orangen, Kaffee, Zucker, dann mit Öl, Liqueurs etc. handelt.
I 806
Griaß di Gott Vettermo
kenn di gar wohl,
bist der Lemoni-Mo
aus'm Tirol. I 851

### Der Fürkäufler

Getreidehändler. »Jetzt san lauter Fürkäufler auf der Schrannen, koa oanziger Bauer. Man sollt die Spitzbuam alle aufhänga!« So klagte und wünschte in seiner Weisheit der große Haufe, als es zu Ende Mai 1817 gleichsam wieder Winter werden wollte und das Getreid auf das 6fache der gewöhnlichen Preise gestiegen war. So auch am 20. April 1847, als der Scheffel Weizen auf 40 fl gekommen war, tiefer Schnee lag, und die Dächer voll Eiszapfen hingen. I 1228

### Das Gäu

Das Land, besonders im Gegensatz zur Stadt oder zum Gebirge. Die Gäuleute mußten in Regensburg auf dem Markt besonders stehen. Einem Gäumann, der einen Bürger geschlagen, durfte niemand Kost oder etwas zu kaufen geben.
»Ins Gäu gehen«, aus Städten und Märkten auf das platte Land gehen, z. B. Metzger, die ihr Vieh an Bauernhäusern zusammenkaufen.
»Traunstoaner Metzger, die ham'd a groß Gäu
hamd überall Menschan und Kinder dabei.«
R.A.: »Einem ins Gäu gehen«, einem ins Gehege, d. h. zu dessen Liebchen gehen. I 853–855

### Der Gradltrager

In München ein Mann, der den Schustern das Leder in kleinen Stücken ausschneidet, auch alle ihre Werkzeuge verkauft. I 985

### Der Graisla

Ein Krämer, der mit dem, was man in der Küche braucht, handelt. I 1010

### Die Hallfahrt

Die Fahrt oder ein Transport Salz auf der Salzach.
Es kommen auf eine solche Fahrt 211 Fuder in 186 Kufen, nebst der unentgeltlichen Dareingabe von 33 sogenannten Setzfudern zur Einfülle, also im Ganzen 244 Fuder.
Das Wort Hall als Eigennahme für Salzwerkorte kommt übrigens im Norden von Deutschland so gut wie in Bayern und Schwaben vor. I 1075

### Die Hohenau

Von den vier Salzschiffen heißt das vorderste das Hohenau, das zweite der vordere Anhang, das dritte der Schwemmer und das vierte der hintere Anhang, worauf zusammen bis Regensburg 16 bis 18 Pfund Salzes, von dort bis Donauwörth aber nur 10 bis 12 Pfund geladen und verführt werden können.
(Ein Pfund Salz = 240 Salzfuder oder Stöcke; wenn man das Gewicht eines Fuders zu 120 bis 136 Pfund annimmt, dann ist ein Gewicht dieses Pfundes 28 000 Pfunde des gewöhnlichen Sprachgebrauchs.)
Insbesondere hat jeder Salzschiffzug ein Küchenschiff und eine Haberzillen bei sich.
Die auf der Donau stromaufwärts nach Bogen geschwommene Muttergottes von Stein ist dem guten Abt Dominik eine Wunderhagenau. In seiner Begeisterung singt er:
»Hagenauer, schlaget ein alles Geschlecht,
der Schiffknecht,
schnalzt zusammen, schreit und sprecht:
Ho, ho, he, reit an, reit an!
Ho ho ho, dauch an!
Jodl, dauch an, Jodl, dauch an!
Ho dauch an mein Steuermann! . . .
Den Schiffleuten ist sie gewogen,

### Der Änzwagen
Wagen für ein Pferd, das in der Gabeldeichsel geht. I 117

### Der Aufleger
Arbeiter bei einer Kaufhalle zum Auf- und Abladen der Waren, besonders der nassen, d. h. der in Fässern befindlichen, angestellt. Sie wurden ehedem gewöhnlich auch als Nachtwächter, Wagenhüter, etc. gebraucht. I 1455

### Das Ballenhaus
heißen noch jetzt die Häuser in Oberammergau, Partenkirchen, Mittenwald, in welchen die mit den ehemaligen Rottfuhren angekommenen Ballen und Güter aufbewahrt wurden. I 227

### Die Bank
Die Fleischbank, Fleischhalle. »Das Fleisch zu Bank vermetzgen« L.R. 1616. Der Bänkknecht, der bloß in der Fleischbank arbeitet zum Unterschied vom Gäuknecht. I 250

### Der Bresil
Schnupftabak aus Brasilien. Der Bresilstingel, Stengel von solchem Tabak, von welchem im Bayerischen Wald und in der Oberpfalz der Schnupfer mit einem Reibeislein, das er bei sich führt, Nasevoll für Nasevoll abreibt. Diese Art Tabak kommt aus Brasilien und wird von Bahia aus in Rollen, mit Häuten und Palmblättern umwunden, fast als Ballast versendet. »Nix Tabak, lauter Bresil« – scherzhaftes Verneinungssprüchlein. I 364

### Bresilholz
Von brasa, glühende Kohle, der das dunkle Holz ähnlich ist. Die roten Späne von Fernambuk oder Brasilienholz zum Eierfärben. I 364

### Der Briefmaler
Der Illuminist, Schachtelmaler. I 351

### Der Buchstecher
Taschenspieler. Hierher gehört auch das alte Wahrzeichen Hamburgs, der weltbekannte Bocksbeutel (Umdeutung des plattdeutschen Booksbüdel, d. h. Buchbeutel), eine weibliche Figur an der Petrikirche mit einem Gesangbuch im Beutel. I 198

### Der Dinzeltag
Tag der jährlichen Versammlung einer Zunftgenossenschaft, wo unter Leitung der gewählten Vorstände (Vierer, Altgesellen) die Angelegenheiten der Zunftgemeinde, z. B. die Aufnahme neuer Meister, die Verhängung von Handwerksstrafen, Freisagung von Lehrlingen, Entrichtung der Beiträge zur Lade besprochen und abgetan werden. Hie und da wird dieser Tag mit einem religiösen Akte, dem gemeinsamen Anhören eines Messamtes eröffnet, fast überall aber mit einem gemeinsamen Mahle und fröhlichem Tanze beschlossen. Handwerksjahrtag. I 527

### Der Etschwagen
Werdenfels.
Schwere Wagen, auf welchen von alters her die Weine aus dem Etschland herausgeführt wurden. I 178

### Der Florin
Floren, der in Florenz geschlagene guldene Pfennig. Dieser Name Florin blieb auch dem spätern silbernen sogenannten Gulden und die Anfangsbuchstaben fl sind noch heutzutage das Zeichen dafür. Auf ähnliche Weise haben sich die Zeichen dn (denarius) und lb (libra) erhalten. (Galt auch für die englische Währung bis Februar 1972; Anm. d. Herausg.) I 795

### Der Fragner
ist berechtigt, Kleinhandel mit Salz, Lichtern, Seife, gewissen Geräten von Holz und Eisen, Feuerzeug, an einigen Orten auch mit Mehl, Gemüse, Käse und andern Viktualien zu treiben. I 812

### Der Frauentaler
Conventionstaler zu 2 fl 24 kr, mit dem Bilde Mariens

samt dem Kindlein auf der Rückseite, unter den letzten bayerischen Kurfürsten geprägt, wird vom Volke sehr gesucht. I 802

## Der Früchttrager

Eigentlich: Welsche Früchttrager. Ein Krämer, welcher mit feinern Obstsorten, Citronen, Orangen, Kaffee, Zucker, dann mit Öl, Liqueurs etc. handelt.
I 806

Griaß di Gott Vettermo
kenn di gar wohl,
bist der Lemoni-Mo
aus'm Tirol. I 851

## Der Fürkäufler

Getreidehändler. »Jetzt san lauter Fürkäufler auf der Schrannen, koa oanziger Bauer. Man sollt die Spitzbuam alle aufhänga!« So klagte und wünschte in seiner Weisheit der große Haufe, als es zu Ende Mai 1817 gleichsam wieder Winter werden wollte und das Getreid auf das 6fache der gewöhnlichen Preise gestiegen war. So auch am 20. April 1847, als der Scheffel Weizen auf 40 fl gekommen war, tiefer Schnee lag, und die Dächer voll Eiszapfen hingen. I 1228

## Das Gäu

Das Land, besonders im Gegensatz zur Stadt oder zum Gebirge. Die Gäuleute mußten in Regensburg auf dem Markt besonders stehen. Einem Gäumann, der einen Bürger geschlagen, durfte niemand Kost oder etwas zu kaufen geben.
»Ins Gäu gehen«, aus Städten und Märkten auf das platte Land gehen, z. B. Metzger, die ihr Vieh an Bauernhäusern zusammenkaufen.
»Traunstoaner Metzger, die ham'd a groß Gäu
hamd überall Menschan und Kinder dabei.«
R.A.: »Einem ins Gäu gehen«, einem ins Gehege, d. h. zu dessen Liebchen gehen. I 853–855

## Der Gradltrager

In München ein Mann, der den Schustern das Leder in kleinen Stücken ausschneidet, auch alle ihre Werkzeuge verkauft. I 985

## Der Graisla

Ein Krämer, der mit dem, was man in der Küche braucht, handelt. I 1010

## Die Hallfahrt

Die Fahrt oder ein Transport Salz auf der Salzach.
Es kommen auf eine solche Fahrt 211 Fuder in 186 Kufen, nebst der unentgeltlichen Dareingabe von 33 sogenannten Setzfudern zur Einfülle, also im Ganzen 244 Fuder.
Das Wort Hall als Eigennahme für Salzwerkorte kommt übrigens im Norden von Deutschland so gut wie in Bayern und Schwaben vor. I 1075

## Die Hohenau

Von den vier Salzschiffen heißt das vorderste das Hohenau, das zweite der vordere Anhang, das dritte der Schwemmer und das vierte der hintere Anhang, worauf zusammen bis Regensburg 16 bis 18 Pfund Salzes, von dort bis Donauwörth aber nur 10 bis 12 Pfund geladen und verführt werden können.
(Ein Pfund Salz = 240 Salzfuder oder Stöcke; wenn man das Gewicht eines Fuders zu 120 bis 136 Pfund annimmt, dann ist ein Gewicht dieses Pfundes 28 000 Pfunde des gewöhnlichen Sprachgebrauchs.)
Insbesondere hat jeder Salzschiffzug ein Küchenschiff und eine Haberzillen bei sich.
Die auf der Donau stromaufwärts nach Bogen geschwommene Muttergottes von Stein ist dem guten Abt Dominik eine Wunderhagenau. In seiner Begeisterung singt er:

»Hagenauer, schlaget ein alles Geschlecht,
der Schiffknecht,
schnalzt zusammen, schreit und sprecht:
Ho, ho, he, reit an, reit an!
Ho ho ho, dauch an!
Jodl, dauch an, Jodl, dauch an!
Ho dauch an mein Steuermann! ...
Den Schiffleuten ist sie gewogen,

### Der Änzwagen
Wagen für ein Pferd, das in der Gabeldeichsel geht. I 117

### Der Aufleger
Arbeiter bei einer Kaufhalle zum Auf- und Abladen der Waren, besonders der nassen, d. h. der in Fässern befindlichen, angestellt. Sie wurden ehedem gewöhnlich auch als Nachtwächter, Wagenhüter, etc. gebraucht. I 1455

### Das Ballenhaus
heißen noch jetzt die Häuser in Oberammergau, Partenkirchen, Mittenwald, in welchen die mit den ehemaligen Rottfuhren angekommenen Ballen und Güter aufbewahrt wurden. I 227

### Die Bank
Die Fleischbank, Fleischhalle. »Das Fleisch zu Bank vermetzgen« L.R. 1616. Der Bänkknecht, der bloß in der Fleischbank arbeitet zum Unterschied vom Gäuknecht. I 250

### Der Bresil
Schnupftabak aus Brasilien. Der Bresilstingel, Stengel von solchem Tabak, von welchem im Bayerischen Wald und in der Oberpfalz der Schnupfer mit einem Reibeislein, das er bei sich führt, Nasevoll für Nasevoll abreibt. Diese Art Tabak kommt aus Brasilien und wird von Bahia aus in Rollen, mit Häuten und Palmblättern umwunden, fast als Ballast versendet. »Nix Tabak, lauter Bresil« – scherzhaftes Verneinungssprüchlein. I 364

### Bresilholz
Von brasa, glühende Kohle, der das dunkle Holz ähnlich ist. Die roten Späne von Fernambuk oder Brasilienholz zum Eierfärben. I 364

### Der Briefmaler
Der Illuminist, Schachtelmaler. I 351

### Der Buchstecher
Taschenspieler. Hierher gehört auch das alte Wahrzeichen Hamburgs, der weltbekannte Bocksbeutel (Umdeutung des plattdeutschen Booksbüdel, d. h. Buchbeutel), eine weibliche Figur an der Petrikirche mit einem Gesangbuch im Beutel. I 198

### Der Dinzeltag
Tag der jährlichen Versammlung einer Zunftgenossenschaft, wo unter Leitung der gewählten Vorstände (Vierer, Altgesellen) die Angelegenheiten der Zunftgemeinde, z. B. die Aufnahme neuer Meister, die Verhängung von Handwerksstrafen, Freisagung von Lehrlingen, Entrichtung der Beiträge zur Lade besprochen und abgetan werden. Hie und da wird dieser Tag mit einem religiösen Akte, dem gemeinsamen Anhören eines Messamtes eröffnet, fast überall aber mit einem gemeinsamen Mahle und fröhlichem Tanze beschlossen. Handwerksjahrtag. I 527

### Der Etschwagen
Werdenfels.
Schwere Wagen, auf welchen von alters her die Weine aus dem Etschland herausgeführt wurden. I 178

### Der Florin
Floren, der in Florenz geschlagene guldene Pfennig. Dieser Name Florin blieb auch dem spätern silbernen sogenannten Gulden und die Anfangsbuchstaben fl sind noch heutzutage das Zeichen dafür. Auf ähnliche Weise haben sich die Zeichen dn (denarius) und lb (libra) erhalten. (Galt auch für die englische Währung bis Februar 1972; Anm. d. Herausg.) I 795

### Der Fragner
ist berechtigt, Kleinhandel mit Salz, Lichtern, Seife, gewissen Geräten von Holz und Eisen, Feuerzeug, an einigen Orten auch mit Mehl, Gemüse, Käse und andern Viktualien zu treiben. I 812

### Der Frauentaler
Conventionstaler zu 2 fl 24 kr, mit dem Bilde Mariens

Unser Liebe Frau von Bogen.
Jodel, dauch an, Jodel, dauch an,
nur fein tapfer angezogen!
Hohenauen heißt das Gegenfahren mit Salz wider Wasser auf der Donau, welches bis Donauwörth geschieht. Zu dieser Gegenfahrt unterhält Bayern 5 Schiffzüge, deren jeder bis in die 12 dienstbare Schiffe in Bereitschaft hat. Jeder Schiffzug fährt auf einmal mit 4 getauchten Böden (geladenen Salzschiffen) ab, dabei 40 Pferd und 54 Personen Dienst tun. I 1042, 1043

*nau*

Dem Strome nach, stromabwärts, in au.
Die Naufahrt, die Fahrt stromabwärts. Die Erbnaufergen im ehem. Salzburgischen sind Personen mit dem in ihren Familien forterbenden Rechte, das Halleiner Salz von Laufen bis Passau in den Dümpfel zu führen. Das sog. Naujoch der steinernen Brücke zu Regensburg wird im Jahre 1847 zur Erleichterung der Durchfahrt erweitert. I 3

*Der Dümpfel*

besonders tiefe Stelle in fließendem und stehendem Wasser. Die Stelle, wo sich bei Passau der Inn in die Donau ergießt und wo sich die Landstatt befindet, ist bei den Schiffern schon seit undenklichen Zeiten unter dem Namen des Dümpfels bekannt. I 512

## Kaspar

Silberstück mit dem Gepräg und Viertelswert eines Brabanter Talers, weil der Eintritt ins Kasperltheater zu Wien auf einen Viertelskrontaler gesetzt war.
Die Kasperl liegen (April 1837) in der Agonie: zuerst (12. April) in Baden, dann (18.) in Frankfurt, (20.25.) Hessen, Nassau abgewürdigt oder ganz verboten, sind sie gestern (26. April) auch in Bayern auf 29 kr. herabgesetzt. I 1304

## Die Krächsen

Krachsn. Auf der Krächsen trägt der Handlanger dem Maurer die Backsteine zu, trägt die Holzträgerin das kleingehackte Holz in die Häuser, trägt der Zimmermann, Sägefeiler, Pfannenflicker etc. sein Handwerkszeug und mancher Krämer seine Ware von Ort zu Ort. I 1360

## Der Kratten

Karren mit zwei Rädern.
Krattenzieher, Krattler, Tiroler, die gewöhnlich in Gesellschaft ihrer ganzen Familie kleine Karren mit Obst, Kreide, etc. zum Verhandeln nach Bayern ziehen und für den Rückweg Hafnergeschirr zu laden pflegen. I 1385

## Der Kreuzer

Die kleinste heutzutage in Silber geprägte Scheidemünze, welche den 60. Teil eines Guldens beträgt, und nach welcher im gemeinen Leben alles, was unter einem Gulden ist, berechnet wird. I 1390

## Der Krügelmann

Der mit Krügen und anderen Töpferwaren von Dorf zu Dorf zieht. I 1367

## Der Loderer

Wollenzeugweber, Lodweber. Statt der ehemals üblichen groben Tücher – (im Jahre 1626 wurden in München allein von 114 Meistern 8000 Stücke Loden verfertigt, das Städtchen Erding hatte 60 Meister) – beschränken sich diese Weber heutzutage meistens auf die Verfertigung des Flanelles. Die Loderer machten in München bis 1428 auch Hüte und Filze, und die Huterer Loden. I 1444

## man

niedersächsischer Partikel für unser nur. Auch von den Bewohnern der Dörfer Oberammergau, Farchant etc., die in ihren kleinen Handelsgeschäften mit Schnitzwaren und dgl. nach Norddeutschland kommen, unter andern fremden Ausdrücken mit heim und in Übung gebracht. »Komm man her ...« I 1609

## Der Meisterkreuzer

Kein ausgelernter Maurer- oder Zimmergesell auf dem Lande darf arbeiten, wenn er nicht täglich dem

Meister einen Kreuzer gibt. Maurer-Lehrjungen müssen drei Jahre nacheinander dem Meister täglich 9 Kreuzer, Zimmerlehrlinge täglich 4–5 Kreuzer geben. Der Bauherr aber muß sie wie jeden andern Gesellen bezahlen. I 1683

### Der Musterreiter

Handlungscommis, der von seinem Prinzipal bei den Krämern der Märkte und Städte herumgeschickt wird, um seine Artikel anzubieten, Gelder einzukassieren etc. I 1685

### nett

Gnetta, (vielleicht aus dem romanischen netto?) genau, gerade, eben.
»Über d'Schmied und über d' Wagner
hab i no nia singa ghört
s' geit viel Dutzad neue Gsanga
san denn gnetta sie koa wert?« I 1769

### Pater

Paterl, durchlöchertes Glaskügelchen. Diese Päterlein werden zu Paternostern, weiblichen Halszierden oder anderm Spielwerk an Schnüre gefaßt. Zu Herzogau bei Waldmünchen und in der Warmen Steinach am Fichtelgebirge sind Paterl-Hütten, in welchen solche Paterln und Glasknöpfe verfertigt werden, die bis Preußen, Schlesien und Holland und von da bis China gehen. Tausend Paterln, an eine Schnur gefaßt, machen eine Maschen aus. I 413

### Die Plahen

Oberinn: Weites, aus verschlungenen Stricken gemachtes Netz, das zum Einfassen von Heu, Gras, Laub gebraucht wird.
Grobes Leintuch von der Art derjenigen, die auf der Jagd zum Umstellen einer Waldpartie dienen.
Die Plahen, Plane über Wägen oder Schiffe gespannt, dient als Decke gegen Regen und Sonne. Gekörntes Salz pflegt seit Jahrhunderten durch die Säumer von den Sudwerken aus in Plahen verführt und daraus im Kleinen verkauft zu werden. I 326

### Die Post

Mit der Post reisen – postieren.
Anno 1511 versichert Kaiser Maximilian die Stände, daß er geschwindigkeitshalber, sich postierweise zum Reichstag begeben werde.
Dagegen die R.A. »I schick da's scho mit der Post!«, d. h. du bekommst es gar nicht.
»Einem Post tun«, einen benachrichtigen.
»Bua balst mi nimma magst,
aft tuast ma fei Post,
an Boten den zahl i scho,
daß da gar nixn kost.«
Pöstlein tragen, Botschaften, Briefchen hin und hertragen, besonders zwischen zwei Verliebten. I 412, 413

### Der Rebeller

Ein bayrisches, unter Max II. und auch noch von Carl Albrecht geschlagenes Halbguldenstück. Man könnte irgend eine Beziehung auf den damaligen Bauernaufstand voraussetzen, wenn nicht so ein bayrisches Geldstück auch in der Schweiz ein Rubel hieße. II 7

### Das Ref

Gestell von Stäben oder Brettchen für Lasten, die auf dem Rücken zu tragen sind. Der Reftrager, Referer, Händler, der seine Waren, besonders Victualien, als Geflügel, Eier, Schmalz und dgl. auf dem Rücken herumträgt. II 66

### Die Rogel

Geld-Rogel, Ragal. Steifes, in Form eines hohen Zylinders gebrachtes Papier, welches unter sich gleiche Münzstücke aufnimmt, Geldrolle.
»Faß s' Geld in d Rogeln!« sagt der Vorsteher II 76

### Die Rott

per rotolo, im Turnus. Ordnung, Reihe, in welcher unter Mehreren von jedem eine Verrichtung, besonders unter den Salzfuhrleuten auf den Salzstraßen das Fahren vorzunehmen ist.
Als sich der Handel mit dem Orient noch nicht um das Cap der Guten Hoffnung gezogen hatte, wurden die

von Augsburg nach Italien und umgekehrt gehenden Kaufmannsgüter sowohl zu Lande als auch zu Wasser auf der Rott oder rottweise fortgeschafft. Eine Rottstraße für Rottgüter ging von Augsburg auf bayrischem Boden über die Rottstädte (Stationen) Steingaden, Schwangau und Füssen, oder über Schongau, Echelsbach, Ammergau, Partenkirch, Mittenwald nach Innsbruck. In Füssen und Schongau, wo Niederlagen waren, bildeten die Rottfuhrleute, Rottleute, Rottfloßmeister zusammen die Rottzunft oder die Rott des Ortes. II 187

### Der Säckler

Handwerker, der in steiferm Leder als der Taschner und Beutler arbeitet, Ranzen, Felleisen, Koffer- und Stuhlüberzüge macht. II 222

### Der Salliter

Salniter, Salpeter.

Der Sallitergraber ist ein gefürchteter Gast für den Landmann, in dessen Wohnstube er den Bretterboden aufreißt, um »für den Landsherrn« die darunter befindliche Erde auszulaugen. II 254

### Die Salzscheibe

Kompakte Salzmasse in Form einer Scheibe, für das daran leckende Vieh aufgehängt. Größere Salzmasse von ungefähr anderthalb Zentner Gewicht, welche durch Einstoßen in eine zylindrische hölzerne Einfassung, die kompakte Form einer mehr oder minder dikken, resp. hohen Scheibe erhält. Ein Zug Salz (zu Schiff) hielt 11 Scheiben, d. h. 11 000 Stück von ungefähr 16 800 Zentner Gewicht.

Die Scheibenstraß, die alte Salzstraße über Rosenheim hinaus.

R.A. »Trau niemand, du habest denn eine Salzscheibe mit ihm gegessen«. »In dem Dienst wirst du aa koa Salzscheibn essen«, wirst du nicht lange bleiben. II 357

### Der Sandmann

Der in der Stadt Fegsand verkauft. Der weiße oder rote Sandmann, je nachdem er weißen oder nicht weißen Sand führt. II 304

### säumen

Schwer tragen, durch lasttragende Tiere fortschaffen.

Wenn in früheren Jahrhunderten Ritter und Knechte, Herren und Frauen, Fürsten und Könige über Land zogen, so saßen sie nicht etwa auf Wägen, sondern auf ihren Rossen und Mähren und ließen sich säumen Waffen und Gewand. Diese uralte, in esel-, maultier- und kamelreichen Ländern noch jetzt sehr übliche Art des Reisens und Transportierens hat seit der allgemeinern Herstellung breiter, bequemer Fahrwege und Straßen bei uns auf dem flachen Lande dem ergiebigern Wagenfahren weichen müssen und hat fast nur mehr zwischen den Dörfern und ihren Alpenwirtschaften statt. Am längsten dauerte das Säumen von Salzstöcken in die Orte des Gebirgs, nach Aurburg, Tölz, Aibling, Wolfratshausen und das Zurücksäumen von Getreide und dergl. Die Gewerbsnachkommen der ehemaligen Salzsäumer (es gibt deren besonders am sog. Samerberg bei Traunstein), führen noch heutzutage unter diesem Namen, aber auf Wägen und in sog. Plachen ihr Salz im Oberland herum. II 280

### Schatzelpfennig

Geld schatzen – Geld lösen. Lohn, der vom Salzfuhrmann dem Beschlager für Aufbrennung des Zeichens auf die Scheibe bezahlt wird. II 492

### Der Schmerstein

Speckstein, woraus ehemals zu Thiersheim am Fichtelgebirge Schusser, (Schnellkügelchen) auch Kugeln für Kanonen gebrannt und fuderweise verhandelt wurden. II 554

### Der Schotte

Mönch eines Schottenklosters. Schottenklöster von schottischen (d. h. wohl meist irischen) Benediktinern vom 12. Jh. an mit als Herberge für ihre nach dem hl. Land wallenden Landsleute errichtet, gab es anno

1215 in Deutschland nicht weniger als 15, die eine Kongregation bildeten, von welcher der jeweilige Abt des Regensburgischen Klosters Präses war.
Herumziehende Krämer (aus Schottland?)
In der Landsordnung von 1553 werden von einem Verbot gegen Landfahrer, Kramer und Hausierer ausgenommen »die Schotten, auch ander, die mit guter und gerechter War, nemlichen Gold, Silber, Sammet und Seiden die Klöster und Edelmannssitz besuchen«. II 485

### Die Stör

Die Redensart »in oder auf die Stör gehn«, wird auf dem Lande von Näherinnen, Schneidern, Schuhmachern, Sattlern und dergleichen Stubenarbeitern gebraucht, wenn sie in der Wohnung eines Bestellenden gegen Kost und Taglohn ihr Handwerk treiben. An der oberen Isar »fahrt auch der Weber auf die Stör aus«. In figürlichem Scherz ladet man einen auf die Stör ein, wenn man ihm eine gewisse äußerst schnöde Zumutung macht. Weibliche Personen haben in der Regel alle Monate den Schuster auf der Stör.
»Auf der Stör herumlaufen oder rennen«, zur Erreichung irgend eines Zweckes von einem zum andern kommen.
»Auf die Stör gehen«, bedeutet aber auch sich gegen die Zunftordnung Arbeit verschaffen durch Hausieren oder Herumziehen von Ort zu Ort. Der Volkswitz kennt auch Störer, die einem Ehemann ins Handwerk pfuschen. II 779

### Die Straße

Während in Städten die zwischen ältern Häuserreihen liegenden Räume, sie mögen schmal oder breit, kurz oder lang sein, vom Volk ausschließlich Gassen genannt werden, läßt es den, erst seit Menschengedenken mit Häusern besetzten, ehemals eigentlich bloßen Straßen die letztere Benennung. Die alte römische Landstraß' wurde Hochstraß' genannt. Die Spuren dieser, von Salzburg nach Augsburg ziehenden Römerstraße werden auch noch gegenwärtig vom Volk nur mit diesem Namen bezeichnet. So heißt die alte Straße von Augsburg nach Kaufbeuren vorzugsweise Hochstraß. II 818

### Der tote Kauf

R.A. »Einem etwas zu Tode«, auch zu »totem Kauf« verkaufen, d. h. auf ewige Zeiten. I 586

### Der Trager

Trägler, der die geringen Waren, mit denen er handelt, vom Land auf den Markt, oder von einem Land ins andere oder von Haus zu Haus zu tragen pflegt, wie zum Beispiel die Oartrager, die ehemaligen Hausierer mit geistlichen Büchlein, die Händler mit welschen Früchten.
Der Sacktrager, Weintrager, ehemals in den Städten, z. B. in Ingolstadt und Augsburg, war ein zünftiger Lastträger und zugleich Stadtwächter. I 653

### Der Wagen

In Leonhard Fronspergers Kriegsordnung von 1555 fol. 19 werden die Deichselwägen, an welchen die Pferde paarweise gespannt werden, von den Landwägen, vor welchen die Pferde eins hinter dem andern gehen, unterschieden. Vielleicht war damals, wie noch jetzt in Spanien, die letztere Art die landüblichste. Auch kommt in diesem Buche noch der Ausdruck »Kanzwagen« vor. II 866

### Der Waldrauch

Harz, welches aus Tannen, Fichten, Kiefern schwitzt, öfter in Körnern abtropft und von den großen Ameisen in ihre Haufen getragen wird, woraus man es nach Martini ausscheidet und als Mastix verkauft. II 14

### Weichtrager

Die Harttrager bringen das ausgetrocknete Salz aus den Trockenkammern in die Salzbehälter auf harten, hölzernen Trögen, dagegen es die Weichtrager auf kleinen Polstern zum Wasser an die Schiffe tragen. II 833

# Recht und Gericht

### Abgabe

an die Staatsregierung wie Mai-, Herbst-, Kopf-, Kuchel-, Trank-, Herrengült-, Zehent-, Kune-, Ritter-, Schatzsteuer. Die 1. Landsteuer wurde in Bayern im Jahr 1215 gegeben, um den Herzog Ludwig aus der rheinischen Gefangenschaft loszukaufen. II 777

### beraten einen

Ihn mit Mitteln für die kommenden Bedürfnisse begaben, ausstatten. Der Gottberat, Gabe an eine Kirche oder milde Stiftung, besonders gestiftetes, besseres Mahl für Pfründner.
Das Seelgerät, legatum ad pias causas, d. h. was von der Hinterlassenschaft eines Verstorbenen zum Heil seiner Seele einer geistlichen Anstalt (Kirche, Pfarre, Kloster) für Seelenmessen, Jahrtäge und dgl. zufällt oder vermacht ist. Die meisten Besitzungen der ehemaligen Klöster schreiben sich wohl aus der Zeit her, wo es so mancher Fromme geraten fand, einen Hof, eine Wiese etc. »zu einem ewigen Seelgerät seiner Seel und durch aller seiner Vordern Seel willen« einem Gotteshaus zuzuwenden. Da diese Seelgeräte steuerfrei wurden, so ging darüber den andern Untertanen eine größere Last zu, weswegen sich 1345 die Bürger von München bei Kaiser Ludwig beschwerten, und das Gebot erwirkten, daß alle Gotteshäuser, die künftighin von Münchnern vermachten Seelgeräte binnen Jahresfrist den Bürgern dieser Stadt zu kaufen geben sollten. In Urkunden der Jahre 1470, 1501 und 1605 kommt die erbauliche Klage vor, daß die Pfarrer zu Zeiten die Toten nicht begraben wollten, es wären denn die Freunde desselben vorhin mit ihnen um das Seelgerät übereingekommen. So mußten noch zu Anfang des 19. Jh. in der Hauptstadt Spaniens vermögenslos gestorbene Personen, als Leichen öffentlich ausgestellt, von den Vorübergehenden soviel zusammenbetteln, daß sie von der Klerisei begraben werden konnten. II 165

### Der Brandbrief

Offenes Schreiben, wodurch einem durch Brand Verunglückten erlaubt wird, um Entschädigungsbeiträge zu bitten.
Schreiben, wodurch das Abbrennen von Haus und Hof angedroht wird.
Verordnung zu Anfang des 15. Jahrhunderts, von den Fürsten Bayerns und ihrer Landschaft gemeinsam gegen Brenner, Diebe und Räuber erlassen. I 360

### Die Brechen

Werkzeug zum Flachsbrechen und ehemals eine Vorrichtung, in welcher Personen, die sich gewisse Vergehungen gegen die Sittenpolizei hatten zuschulden kommen lassen, zur Strafe der öffentlichen Beschämung ausgestellt wurden. Ein alter hochnotpeinlicher Tarif besagt: »Jemand in die Brechen zu schließen, Ruten und Kerzen in die Hand zu geben, auch die Arm zu entblößen, gebührt dem Amtsknecht 4 fl. Dem Scharfrichter gebührt, eine Person mit dem Rad hinzurichten 3 fl; für das Hinausführen 1 fl 8 kr 4 hl; für Strick und Handschuh 34 kr, 2 hl; für das Stoßrad und Prechen 3 fl 25 kr 4 hl; aufs Rad zu legen 1 fl, 8 kr 4 hl. Wann die Prechen den Tag zuvor geschlagen wird, so muß die Nacht hindurch gewacht werden.«
»Wegen eines einfachen Ehbruchs sollen Unvermögliche nach 1 Monat Gefängnis bei Wasser und Brot drei Sonntag nacheinander bei nächstgelegener Pfarrkirchen mit einer brennenden Kerzen, wegen eines doppelten aber außerdem mit entblößten Armen und habender Ruten in Eisen oder in den Brecher für die Kirche gestellt werden.« Landrecht 1616. I 339

### Der Esel

»Gäher Mann sollt Esel reiten« Sprichwort.
Das Eselreiten war nicht bloß eine in Schulen gewöhnliche Strafe, sondern kommt noch in der bayerischen Infanterieverordnung von 1754 auch als militärische Strafe vor. Es wurden den Deliquenten dabei die Hände auf den Rücken gebunden und die Beine mit Gewichtern beschwert. In Augsburg wurde am 19. Nov. 1633 ein Trommelschlager wegen Mordes auf den Esel gesetzt, mit Ketten angespannt und ein Gewicht an jeden Fuß gehängt. »Einem den Esel stechen«: den Zeige- und kleinen Finger gegen ihn aus-

strecken, während die übrigen drei eingebogen werden. I 159

### Das Falltor

Der Falter, Zauntor über Fahrwege, das von selbst zufällt, besonders ein solches, wodurch der eingezäunte Bezirk um ein Dorf von dem freien Felde außerhalb desselben wegen des Weideviehes abgeschlossen werden kann. Bei Dörfern, die eine geschlossene Hofmark bildeten, durften ehmals die Beamten des Landesfürsten oft nur bis an das Falter kommen, um einen Kriminalverbrecher, wie ihn der Hofmarksrichter dahin lieferte, d. h. bis auf den Gürtel ausgezogen, oder auch »mit einem seiden oder zwirenen Faden an die Faltersäul gebunden«, in Empfang zu nehmen. I 705

### Der Fanggulden

wurde dem Centgrafen und Landknecht für die Einbringung eines Deliquenten bewilligt. R. A.: »Es ist nicht alle Tag Fangtag«.

Der Fangpfeifer, Fanggeiger ist einer, der das Klarinettblasen oder Geigen von sich selbst gelernt hat, und der dabei nicht nach Noten, sondern bloß nach dem Gehör spielt. I 727

### Der Faulturm

Verlorenes Gefängnis in alten Schlössern, wo die Gefangenen lebendig verfaulen sollten. I 708

### Der Freimann

Der freie Mann, der Scharfrichter. Ihm kam es zu, das letzte Urteil zu fällen, nämlich auf des Richters Anfrage zu sagen, welche Todesart der zum Tode Verurteilte verdient habe.

Die Vollziehung der Strafe war nach der ursprünglichen Ansicht der germanischen Völker kein schimpfliches Geschäft; in den Städten wurden die Todesurteile bisweilen von dem jüngsten Ratmann oder dem jüngsten Ehemann oder gar von dem Kläger, in den Klöstern von den Laienbrüdern vollzogen; ja mehrere deutsche Fürsten, wie z. B. Herzog Heinrich der Henker von Meklenburg und Pfalzgraf Otto von Wittelsbach hielten es nicht unter ihrer Würde, Straßenräuber, die ihnen in die Hände fielen, mit eigner hoher Hand aufzuknüpfen.

Der Freimann der Stadt München hatte bis 1433 allein die Freiheit, Lustdirnen, Hazardspiele und dergleichen zu halten. I 816

### Die Galeere

Dieser Ausdruck, der nur seeansässigen Völkern geläufig sein sollte, ist in seiner schlimmern Bedeutung auch unserm guten Binnenvolke bekannt geworden. Um 1674 schickte man aus Bayern Wildschützen, um 1715 aus Bayreuth inkorrigible Diebe auf »die Galee« zu den Venetianern. »Wenn ein Stand galeenmäßige Gefangene hat, und 8–10 Galeoten beisammen sind, sollen sie von Nürnberg aus nach Roveredo oder Venedig abgeführt werden«. Poenal-Patent des fränkischen Kreises von 1747 wider Diebs-, Zigeuner- und herrenloses Gesindel. I 889

### Der Gieshübel

Kasten mit einem Loche, in den man ehemals leichtfertige Weibspersonen zu stecken und so ins Wasser zu tauchen pflegte. (Schwäbisch) I 940

### Die Grundgerechtigkeit

Das Recht, vermöge dessen ein Bauer, nachdem er dasselbe durch die Anlait (Handlohn) erkauft hat, als Grundhold eines anderen, nämlich des eigentlichen Grundherren gegen Entrichtung bestimmter jährlicher Stiften und Gülten auf dessen Gute sitzt.

Meines Bruders Sohn, Georg, hat bei seiner Verehelichung mit der Tochter seines seligen Meisters und der Übernahme des (mit Allem auf 1500 fl geschätzten) Wagnergütleins zu Rorbach an den Gutsherrn (Herrn von Koch) folgende Taxen und Gebühren erlegen müssen (Anfangs 1841):

| | | |
|---|---|---|
| Ansässigmachung und Gewerbsverleihung | 7 fl | 1½ kr |
| Grundherrlicher Consens | 9 fl | 45 |
| Leibrecht für 600 fl a 15 pro Cent | 90 fl | |
| Erbrecht von 270 fl a 7½ pro Cent | 20 fl | 15 |

| | | |
|---|---|---|
| Übernahmsbrief a 1500 fl | 29 fl | 41 |
| Heiratsbrief a 415 fl | 8 fl | 53½ |
| Zeugnis | | 49½ |
| Hypothek-Recherche | | 43 |
| Schenk- und Hochzeitgeld | 2 fl | 37½ |
| Umschreibung | | 18 |
| Nachträge: 39½ kr, 59½ kr, 1 fl 48½ kr | 3 fl | 27½ |
| | 173 fl | 31½ |

Ich habe mir das Ding notiert, da ich in Rorbach anwesend. Der gute Georg hat eben – was wollte er tun? – obschon höchlich überrascht, die gutsherrlichen Ziffern, ohne von ihrer Richtigkeit überzeugt zu sein, mit seinem sauer erworbenen kleinen Peculium dem Herrn v. Koch gehorsamst versilbert. II 32

### Grundruhr

Strandung eines Fahrzeuges, Verunglückung eines Fuhrwerkes auf jemands Grund und Boden, wodurch es nach einem alten, aber schon von Ludwig dem Bayern in seinem Landesteile aufgehobenen sogenannten Rechte, mit Mann und Maus dem Eigentümer dieses Grundes und Bodens zufiel. II 136

### Halbpart!

ruft Hans, sowie er seinen Begleiter Michel etwas Gefundenes aufheben sieht. Durch diesen Ausruf wird ein rechtsgültiger Anspruch auf den Mitbesitz des Gefundenen begründet, wie ehemals die Großen der Erde durch eine aufgesteckte Fahne ein Recht auf halbe Welteile begründeten. I 406

### Die Halskleider

In Schwaben, wenn der Mann stirbt, so das Gut besitzt, so gehört dem Herren das beste Pferd, dem Richter aber seine Kleider; stirbt das Weib, so gehört dem Herrn die beste Kuh, dem Richter aber ihre Halskleider. I 1095

### jo

Reform. peinl. Halsgerichtsordnung, Art. 237: Der Kläger soll über den Täter dreimal schreien: »Waffnach jo, oder Mörder jo, über mein und des Landes Mörder!« I 10

### Die Kampelwahl

Wahl, bei welcher jedem Wähler ein langes Blatt mit den Namen aller Wählbaren eingehändigt wird, das insoferne einem Kamme gleicht, als es nach jedem Namen einen tiefen Einschnitt hat, damit der Wähler den Namen seines Kandidaten leicht wegreißen und abgeben könne. I 1250

### Der Lasterstein

Der Schandstein, Stein, den die Huren, Kupplerinnen und dgl. öffentlich am Hals oder in der Hand zu tragen verurteilt wurden.
Nach einer Gerichtsordnung von 1460 wog dieser Stein einen halben Zentner. I 1522

### Der Leibuntertan

Johann Georg, der angehende Wagner zu Rorbach (einer dem Herrn v. Koch gehörigen Hofmark), schreibt im April 1841 mir als seinem Vetter (Vaters Bruder), wie er bei der Übernahme seines Anwesens, weil es ein Leibgut sei, dem Gutsherrn 90 fl habe müssen dafür entrichten. (Es ist etwa 900 fl wert.) Er habe im Ganzen an die Herrschaft 172 fl bezahlen müssen. Das Leibrecht ist das Recht, das Gut eines anderen unter gewissen Bedingungen auf Lebenszeit zu benützen. I 1412

### Der Letzmerker

Papierchen, das, um eine Stelle wiederzufinden, in ein Buch gelegt wird. Figürlich sagt man zu den Jungen, denen man bei Setzung eines Marksteines eine neue Münze, oder wohl auch eine Maulschelle gegeben, daß sie sich dieses Letzmerkes erinnern sollen. I 1546

### Das Malefiz

Kriminalverbrechen. Nach dem ref. Landrecht von 1518 ist ein Diebstahl über 80 Pfennig ein Malefizhandel, und soll der Täter darum mit Gerten oder Ruten geschlagen werden. I 1584

## Der Molt

Molten, Mulm, Pulver, Zerriebenes, besonders Erde, Staub.

»Über moltigen Mund schwören, über moltige Zungen zeugen«.

Ehmals, da man die schauerlichen Beziehungen auf das Reich der Toten gerichtlich bestens benutzte, ein gewisses Beweisverfahren, im Falle jemand gegen Erben eine Schuld der Erblasser einklagte und »zu den Verstorbenen, die ihren Mund voller Molter oder Kot haben und sich nicht mehr verantworten können, allererst seine Sprüche setzt.« Eine solche Eidesleistung »über moltigen Mund« geschah im Freithof auf dem Grabe dessen, gegen welchen eine Schuldforderung auf diese Art zu beweisen war. I 1594

## Der Nagel

»Einem Haus und Hof mit dem Türnagel einantworten; »d. h. ihm symbolisch das Besitzrecht davon übergeben. Der Türnagel war wohl eine Art Klinke, wie dergleichen auf dem Lande noch vorkommt.
I 1732

## Der Pfandschaub

Strohbüschel, als ein verbietendes oder warnendes Zeichen aufgesteckt, mhd. schaup.

Auf Jahr- oder Wochenmärkten war es nach der Polizeiordnung von 1616 Auswärtigen und Ausländern erst nach Abwerfung des Schaubs vergönnt einzukaufen. II 353

## Der Rauch

»Ledigen Knechten und Weibsbildern, die nicht aigenen Rauch haben (eine eigene Haushaltung), ist verboten das Tagwerk zu arbeiten«. II 14

## reichen

Wenn des Klosters Chiemsee Richter einen Dieb dem landesfürstlichen Richter auszuliefern hat, so soll dieser »mit seinen Amtleuten reiten in den See, hinz an den Sattl und den Dieb da raichen«. 1462 II 13

## Das hülzen Roß

Ein hölzernes Pferd, das zur entehrenden Strafe bestiegen werden mußte. II 152

## Der Schelm

Einen zum Schelm machen, verurteilen. Es bedurfte einer eigenen militärischen Ceremonie, namentlich des Schürfens mit der Fahnenstange, um so einen armen Schelm wieder ehrlich zu machen. II 412

## Die Schraiat

Diffamierung durch Ausschreien.

Vorrichtung, an welcher die an Haut und Haar gehende Leibesstrafe, nämlich das Haarabschneiden und Peitschen vollzogen zu werden pflegte; also so viel als Schandsäule, Pranger. Vergleiche die Straf- oder Willkommenssäule im Zuchthaus, woran die Züchtlinge bei der Annahme oder weiters zu Schulden bringenden Verbrechen mit in die Höhe gezogenen Händen angeschlossen und mit Streichen gezüchtigt werden (Bayreuter Zuchthausordnung von 1733). II 592

## Die Schranne

Sitzungsplatz für ein versammeltes Gericht.

Bei Abele in der »künstlichen Unordnung« I 315 wird die Verbrennung eines verbotenen Buches in Wien 1668 geschildert: »Das rote Tuch als ein Kennzeichen der Hinrichtung einer Malefizperson, wurde auf der kaiserlichen Schrannen ausgebreitet. Aus dem Amtshaus ginge man aus, der Schörg mit einem Spießl, nach diesem ritte der Unterrichter, deme folgte der Hutstock oder Kerkermeister, truge das Büchl in der Hand und in der Höhe ... Als sie nun zu der Schrannenstiege angelangt, stiege der Unterrichter von dem Pferd ab, ginge ordentlich auf die Schrannen, allwo das löbl. kaiserl. versammlete Stadtgericht mit bloßem Schwert saße. Das Verbrechen wurde von dem kaiserl. Herrn Schrannenschreiber öffentlich abgelesen, das Urthel gefällt, der Stab gebrochen und das Büchl dem Scharfrichter zum Verbrennen übergeben. Darauf ginge man mit dem Büchl von der Schrannen herunter über den hohen Markt dem Pranger zu ...« II 600

### schupfen
Mit einem kurzen Schwung aus dem Gleichgewicht und in Bewegung bringen, ags. scufian.
Bäcker, die sich in ihrem Gewerbe gegen die Gemeinde vergangen hatten, pflegte man zur Strafe zu schupfen, d. h. von einem eignen Gerüst, die Schupfen genannt, ins Wasser zu schleudern. II 440

### Der Seckel
Nach dem Werdenfelser Ehaftbüchlein von 1431 darf der Richter keinen Angesessenen gefangen setzen. Kann dieser eine Buße nicht bezahlen, so soll man ihm beiten (zuwarten, bis er bezahlt), oder »ainen Seckel (Sack) an den Hals hängen, bis daß er sie derarbeit«, indem er von verdienten drei dn. immer einen in den Seckel legt. II 222

### Ein Span
aus der Tür oder einem Balken eines verschuldeten Hauses gehauen, gilt als Symbol des dem Gläubiger daraus zustehenden Rechtes, sowie in Bezug auf liegende Gründe ein Wasen daraus. Die Symbole Span und Wasen haben sich im Gantverfahren der Stadt München bis auf diesen Tag materiell in Übung erhalten. II 669

### Die Spinnenwebe
R.A.: »Das Recht ist einer Spinnenweb gleich; die Hummeln fahren durch, die Mucken behangen darin.« II 965

### Die Steuer
Wenn die weiland bayerischen Landstände dem Herzog eine »Hülfe« oder Steuer bewilligt hatten, so nahmen sie selbst die Mühe über sich, dieselbe durch aus ihrer Mitte gewählte oberste Steuermeister, Landsteurer, Ritter-, oder Prälatensteurer erheben zu lassen. Jeder Prälat, Edelmann, Gerichts- oder Vogtherr hielt eifersüchtig auf das Recht zu steuern, d. h. von seinen »armen Leuten« und Untertanen die betreffende Steuersumme selbst einzutreiben, indem er für seinen Teil wenig und nichts beitrug. II 777

### trillen
Plagen, vexieren. Der Triller, das Drill oder Drehhäuschen, ehemals hie und da auf dem Marktplatze aufgestellt, um Personen zur Strafe darein zu sperren. »Feld und Gartendiebe, Gassenbettler sollen in den Triller gesteckt werden«, 1700. I 660

### verfällen
Einen vornehmen Übeltäter verfällen (fällen), ihn mit verbundenen Augen auf ein überschnellendes Brett führen und so in eine Grube oder einen Brunnen werfen, ehemals vorkommende Art der Todesstrafe. I 706

### Das Viertel
Die ehemalige Justizpflege liebte, sich durch Galgenviertel, d. i. Teile vom Körper eines Hingerichteten, die sie bis zur Verwesung in Ketten an vier verschiedenen Galgen aufhängen ließ, in Respekt zu setzen. I 844

### Der Wald
Die »vier Wälder« – die Grenzen nach den vier Weltgegenden. »Inner- oder außerhalb der vier Wälder«, in oder außer Landes. Häufig findet man den Versuch, diese figürlichen vier Wälder auf wirkliche zu deuten. »Die Deportation, wann einem das ganze Reich verboten wird, geschiehet heutigstags über die vier Wälder, nämlich den Harz, Thüringer-, Böhmischen- und speyrischen Wald, welche Deportation nur der Kaiser und die Kurfürsten verhängen können.« (Ertl, Prax. aur. 183) Nach dem Ehaftbuch der Grafschaft Werdenfels von 1431 sind es der Thüringer Wald, Beheimer Wald, Schwarzwald und die Scharnitz. II 896

### Der Weber
Weber und Müller (vielleicht weil man sie für gar zu oft versucht hielt, sich an fremdem Gute zu vergreifen) mußten weiland die Galgen bauen lassen, und vorkommenden Falles die Leiter besorgen.
II 830

## Der Wefel

Bekanntlich gehört es in einigen Gegenden der Oberpfalz noch jetzt unter die Regalien der Pfarrer oder vielmehr ihrer Kapläne, zu gewissen Zeiten in den Häusern der Gemeinde Flachs und Garn (Wefel zu Leinwand) sammeln zu dürfen. Das Wefelgeld schreibt sich vielleicht ebenfalls von dieser ehmaligen Naturalsammlung her. II 863

## Der Widder

Schafbock, Hammel, Ram, Castraun.
Anno 1570 legte der Erzbischof von Salzburg den Söhnen und Erben des als Rebellen enthaupteten Hans Steiner einen Dienst von zween Blutwiddern auf, die mit rotem Tuch bedeckt von ihnen jährlich eingeliefert werden sollen. II 861

## Der Wilddieb

Noch ist dem gemeinen Manne, was der privilegierte einen Wilddieb nennt, meist bloß ein Wildner, Wilderer, Schütz, Wildschütz, und in wenig Dingen zeigt unsere bisherige Gesetzgebung einen schneidendern Widerspruch mit dem, was der große Haufe für eigentlich sündhaften und entehrenden Diebstahl zu halten gewohnt ist. II 900
»In Bayerland ist durch ein Dekret von 1674 ausdrücklich versehen, daß wer mit einer Büxen im Wald betreten wird, vor einen überwiesenen Wildschützen zu halten.« II 247

## Der Würfler

Würfelmacher, Würfel, Werbel – Bote, Büttel. »Der Spitzwürfel», die Hilfe des Scharfrichters, Blutscherge. Es wird erzählt, daß zur Verkündigung der Bartlmä-Dultfreiheit der Eisenamtmann (Spitzwürfel) durch die Stadt reite, indem er aus Spitzkörben, die zu beiden Seiten des Sattels hangen, mit vollen Händen Birnen unter das Volk werfe. Es wäre seltsam genug, wenn der furchtbare Mann von dieser lustigen Zeremonie den Namen erhalten haben sollte.
Bei ernsterer Amtsübung ritt er dem Zug zum Hochgericht voran, rief von diesem herab der Versammlung ein dreimaliges »Stillo!« zu und das Verbot, Hand anzulegen, falls dem Scharfrichter sein Geschäft mißlingen sollte.
II 998

# Scherz und Spott

### Ach
Nichts charakterisiert besser die Münsterländer als die geistreiche Antwort des Ministers von Stein. Nachdem er mehrfach nach den Namen der kleinen Flüßchen, die er passierte, gefragt hatte, antwortete man ihm stets: »Es heißt Aa.« Freiherr v. Stein konnte sich nicht enthalten, endlich auszurufen: »Na, man scheint hier wirklich auch noch nicht bis zum B gekommen zu sein!« I 21 f.

### Das Bein
Der Knochen. Nach einem bekannten Scherz sagt ein gut bayerischer Bauer zu seinem hochdeutschen Kirchweihgast: »Tuat's fei d'Bana net untern Tisch, sunst kummt der grouße Hund drüber!« Besorgt zog dieser seine Füße zu sich auf die Bank. I 244

### Der Dill
Feldkohl. R.A.: »Der General Tilli steht stark im Feld«. I 499

### Der Floh
»A Floh in da Millisuppen«, wird im Scherz von einer weiß angekleideten magern Brünetten gesagt. I 791

### Fudbleuer
werden die Welser im Spott genannt. Die Salzburger hießen Stierwascher, die Mondseer Haberfisler, die Lambacher Stiglhupfer, die Steyrer Krokodilstecher, die Linzer Karpfentränker von dummen Streichen, die man ihnen zuschreibt. I 694

### gampern
Scherzen, hüpfen, springen. »Kinder müassen sich ausgampern, hat der Voda gsagt, is eahm s' Kind zu der Wiagn naus g'falln.« I 914

### ganz
Im letzten Konzert des Virtuosen Lißt zu Pest (4. Jan. 1840) rief ein exaltierter Mann: »Ich bin ganz Lißt!« d. h. von ihm bezaubert. »Sie sind gewiß auch ganz Lißt«, sagte er zum Nachbarn, der unausgesetzt applaudierte. »Sie verzeihen«, antwortete dieser, »ich bin Fleischselcher aus der Josephstadt und kein Canzlist.«

### gelb
Gelbfüßler, einer der vielen Spottnamen, mit welchen die Schwaben von ihren Nachbarn beehrt werden. Über die Entstehung desselben erzählt man sich folgenden Schwabenstreich: Eine schwäbische Stadt, einst im Begriffe eine große Anzahl Eier zum kaiserlichen Hoflager zu senden, beriet hin und her darüber, wie die Menge der Eier unterzubringen und fortzuschaffen sei, endlich kam man darin überein, die Eier auf dem Wagen einzutreten. Es geschah, und natürlich gab es bei dieser Arbeit gelbe Füße. I 895

### gicken
Gickezen, unartikulierte Töne hervorbringen.
*Da Stigatza und da Gigatza*
Du-u-u tuast ja-a gi-i-igatzn
ha-a scham di-i dert!«
So hat einer mitn andern knert
»Und du du du tuast stigatzn, stigatzn,
is a Schand, is a Schand, wo hasts denn ghert, ghert?«
hat drauf der Gigatza plärrt.
Lachz net, wia si die zwoa ham z'Antwort gebn,
so machts as es und i gar oft im Lebn. (Stelzhamer)
I 884

### Der Guckezer
Der Kuckuck. Im Scherz beim gemeinen Volke der Adler im preußischen Wappen. »Siehgst an preußischen Guggezer« hörte man am Oktoberfest von 1823 sagen.
Das Gugguhäusl, Gefängnis. I 886

### Die Händel
»Es seind einmal 3 gewesen, ein Jud, ein Türk und ein katholischer Christ. Und diese drei seind ins Handel kommen, wer den rechtn Glauben hat; und da hat der Jud gesagt: »Ich habn.« Und der Türk hat auch

gesagt: »Ich habn«. Und der Katholisch hat einem jeden ein Ohrfeigen gfangt und hat gsagt: »Auf ein Lug gehört ein Maultaschen. Ihr könnt ihn nicht haben, weil ich ihn hab.« I 1125

### Der Hut

R.A.: »Er weiß den bordierten Hut schon hereinzubringen,« d. h. er versteht es, in eine Rechnung einen Posten, den man ihm als solchen nicht würde passieren lassen, zu verteilen, ohne daß man's merkt – wie es ein Rentbeamter zu Burghausen im 2. Jahre getan, dem man im ersten Jahre den bordierten Hut, den er sich als Amtsperson hatte anschaffen müssen, in seiner Rechnung gestrichen hatte. I 1190

### Wälsche Katzelmacher

Scherzhafter Übername, den man herumwandernden italienischen Krämern und wohl allen Italienern zu geben pflegt. Etwa auf den italienischen Lieblingsausruf und gewöhnlichen Fluch cazzo! (penis) bezüglich? I 1314

### Die Kette

Auf dem Lande sagt man im Scherz von Kindern, die schon in der Stadt gewesen sind, daß »sie schon die Ketten abgebissen haben«, denn man pflegt mit der Drohung, daß sie dieses tun müßten, der freudigen Erwartung auf ihren ersten Gang zur Stadt eine Würze von Bangigkeit beizumischen. I 1310

### Der Köhlerglaube

»Was glaubst Du?« fragt der Bischof den Köhler im einsamen Wald. Der Köhler: »Was die christliche Kirch glaubt«. Der Bischof: »Was glaubt die christliche Kirch?« Der Köhler: »Was ich glaub.« Der Bischof: »Was glaubst denn Du?« Köhler: »Was die christliche Kirch glaubt.« Seb. Frank. 1601. I 1237

### Die hl. 3 Könige

Ein bekannter Scherz, daß die Heiligen drei Könige in Irland zu Hause gewesen seien, weil es im Evangelium heißt: Sie zogen heim in ihr Land. I 94

### Der Lackenpatscher

Gassenjunge. Stiglhupfer und Lackenpatscher pflegen sich Hilfsgeistliche auf dem Lande scherzhaft zu nennen. Auch Soldaten zu Fuß müssen sich von Reitern oft den Titel Lackenpatscher gefallen lassen. I 1432

### Die Mailen

Mal, Makel. Die Schützen am Gebirg pflegen das Schwarze in der Scheibe scherzhaft das Mailelein zu nennen.

»Schatz gib ma koa Bussel net, busseln tean mailn
des kann ja koa Dokta und koa Bada mehr heiln.«
I 1584

### Der Mucksel

Im Scherz: der Teufel. R. A.: »Als wia der Mucksel«, listig, gewandt, schnell, bös in vorzüglichem Grad. I 1563

### nämeln

Mit Schimpf- und Spottnamen belegen. »Muatta, da Hansl tuat mi allaweil ausnameln!«
In scherzhaftem Doppelsinn sagt man von einem nicht ganz unbestechbaren Beamten, er sei »gar ein annehmlicher Herr«. I 1741

### Sankt Neff

Spottbenennung eines schüchternen, zaghaften, unbehilflichen, trägen Menschen. »Dastehn wie St. Neff im Krautgarten«. I 1730

### Die Nollen

Benennung eines kleinen, lebhaften, hoffärtigen, schnippischen Mädchens. Du kloane Nelln! Sie Mamsell, Pumpernell! I 1736

### o, ou, ouha

Zuruf an die Zugpferde, wenn sie stillhalten sollen.
Daher das Rätsel vom stärksten Buchstaben im A B C, der Roß und Wagen aufhalte.
»O ist stark, hält Roß und Wagen auf, E ist noch stärker, hebt Mann und Weib zusammen«. (Sutor) I 10

### Die Oberpfalz
hat nach einer scherzhaften Volksetymologie ihren Namen von dem Ausruf: pfalts! (behalts), mit welchem der Teufel gegen ihren Besitz protestierte, als Gott der Herr bei Verteilung der Länder der Erde diesen unfruchtbaren Erdstrich ihm zuweisen wollte. I 1101

### Paris
R.A.: »Einem Paris zeigen«, ihn rücklings, indem man ihm die Daumen unter die Ohren setzt, emporheben. I 402

### Der Pumpernickel
Kleines, dickes Kind oder Persönchen, und ein Volkslied, das ehmals unter diesem Namen bekannt, und da, wo es lustig zuging, sehr beliebt gewesen zu sein scheint.
»Singen höre ich zwar, aber nichts aus Davids Psalmen; den lüderlichen Pumpernickel hört man, und dazu läutet man mit allen Sauglocken.« (Bucher) I 391

### Der Ranken
Ranten, Stange, der Fußknochen, Knochen. Kalbene Ranken, Kalbsfüße. Man pflegt auch jedes magere Stück Vieh, auch wohl ein mageres Kind, einen Ranken zu schelten. II 122

### Ribanzel
von reiben. Unruhiges Kind. (Nürnberg) II 9

### roseln
Rosen, riseln – sieben. Das Getreid reinigen, sieben, fig.: im Spiel verlieren. Ein Pinzgauer Mädchen, das keinen Liebhaber findet, muß nach ihrem Tode »aufs Brugger Moos, Bachscheider (Backscheite) roseln und Ladhölzer fähn (fähen, einfangen) II 151

### Die Rübe
»Ein Rüblein schaben«
Einem zum Spott den Zeigefinger der linken mit dem der rechten Hand streichen. II 11

### Runkunkel
Altes Weib, von rungen, brummen, murren. II 123

### schlecken
Der Musschlecker (scherzhaft): Der Zeigefinger, womit die ländliche Mutter dem Kinde das Mus einstreicht. II 505

### Der Schlemiel
Schlimiel – einfältig, ungeschickt. Im Jüdischen Jargon das, was die Studenten einen Pechvogel zu nennen pflegen – dem, man weiß nicht ob aus eigener Ungeschicklichkeit oder aus Tücke des Schicksals, alles übel ausschlägt. Mit Anlehnung an das hochdeutsche schlimm wird dieses Wort auch für einen verschmitzten Menschen gebraucht, dem nicht zu trauen ist. II 522

### Der Schlenkerlein
Spottweise der Lob- oder Spruchsprecher, der bei den Handwerkszusammenkünften und Hochzeiten den Gästen zu Ehren gereimte Sprüche deklamiert. (Nürnberg). I 529

### Der Schopf
Baumgruppe auf einem freien Platz.
Die Schopfhauben (im Munde des Landmanns und etwas verächtlich): Haube über einen frisierten Damenkopf, Stadtdame, »a Gschopfate«, frisierte Stadtdame. II 440

### Der Schrätz
engl. scrat, Zwitter. Schwerzhafte Benennung eines im Wachstum zurückgebliebenen Menschen oder eines Kindes.
»Schau ma jetzad in Kalender
wia soll i wohl den Schratzen nenna?«
II 614

### schüren
Der Schüriganckerl, im Scherz der Teufel. II 462

## Scherz und Spott

### Der Schurimuri
Gäh auffahrende Person, schwäb. schurig – übereilt. II 461

### Der Schwabe
Schwäbischer Heiland, scherzhafte Benennung eines Schwaben. Diese kann noch übrig sein von den Spottsagen, womit in dem Kriege des endenden 15. Jh. Schwaben und Schweizer sich gegenseitig neckten, daß sogar ihre Kreuze und Kruzifixe die Farbe der Partei hätten haben müssen, ja daß schwäbische Landsknechte ein altes Kruzifix in den Ofenhafen gestoßen und anders getauft hätten, damit der alte Gott doch aufhöre, ein Schweizer, d. h. diesen günstig zu sein. II 619
Die Ackerfrösche heißten heute noch beim Volk im Breisgau Schwaben, etwa wegen der gelbledernen Beinkleider der schwäbischen Bauern.

### Der Stein
Vermutlich das ital. spadone, großes Schwert für beide Hände, kommt als scherzhafte Bezeichnung des Kreuzes vor, das der katholische Geistliche zu Ende der Messe und bei anderen Gelegenheiten in die Luft zu schlagen pflegt.
»Jetzt soll so geschwind wias ABC a Meßl glesen werdn, da spannt ma wia a Fuchs aufn heiligen Spadon. Drauf rennt denn alls davon.« Sturm. II 658

### Der Stiegelhupfer
»Der Steinsetzer«. Mensch, der beim Anschein der größten Gutmütigkeit und Einfalt seine geheimen, eigennützigen Zwecke zu verfolgen weiß. II 762

### Der Stieglitz
Die Österreicher ob der Enns, die das Glück haben, meist vereinödet zu wohnen, werden wegen ihrer vielen Zäune von den andern gewöhnlich Stiegelhupfer genannt, wogegen die Österreicher unter der Enns Fläscheltrager, die Salzburger aber Stierwascher betitelt werden. II 743

### Der Spadon
»Gsegn uns Gott die Suppen
vor Fliegen und vor Mucken,
und vor Stiegelitz,
daß uns keiner in d' Suppen sitz.«
Tischgebet enter der Welser Haid.
In Augsburg hießen die Schar- und Nachtwächter wegen ihrer bunten Amtstracht bei feierlichen Gelegenheiten Stieglitze. II 743

### tappen
»Der Tapp ins Mues«, ein ungeschickter Mensch. I 612

### Der Trottel
Von der kaiserlichen Theaterloge sagten die witzigen Wiener unter Ferdinand, sie sei wie weiland mit Fransen, jetzt mit Trotteln besetzt. I 681

### umstehn
Jemandem weichen, ihm den Vorrang einräumen.
»Was nutzt mi mei Wünschen und Denka,
steht ma doch gleichwohl koa Küni net um;
neamt will sei Königreich gütli verschenka,
neamt gibt vom Zepta koa Sprißl, koa Trumm.«
heißt es im Volkslied: Der träumende Bauer. I 78

### Untertan
Nach unwidersprechlichstem Recht sind wohl jedermanns Beine seine Untertanen. »Meine Untertanen wollen mir nimmer parieren«, ich kann nicht mehr gehen. I 606

### Der Veichtlmaler
Schlechter Maler. Veichtl = Vitus. I 833

### wallen
Das Aufwallen einer siedenden Flüssigkeit. »Denen von Lauingen werfen die Nachbarn scherzend vor, sie hätten einstmals in der Donau, sintemalen sie so brauset, Erdäpfel verwellen wollen.« I 884

### Weihbrunnen

Weihwasser, das aus dem Weihbrunnkessel mit dem Weihbrunn-Wadl auf die Kirchengänger gesprengt wird. »Weihbrunnkriagl«, scherzhaft und ironisch, Scheinheiliger. II 881

### Der Wigel-wagel

Das Schwanken, die Unentschlossenheit II 879

### winnig

Eine Person ist winnig (wütend) vor Zorn oder nach einer scherzhaften Redensart »parockenwinni und auseinander wia a Putzschar.« II 929

### Das Woferl

Scherz- und spottweise: der Zahn. »Mein Kind hat schon alle Woferln« Opf. II 865

# Spiel und Kurzweil

### anmäuerln
An die Mauer werfen.
Ein Spiel der Knaben, wobei Münzen an die Mauer geworfen werden, und wo jener gewinnt, der in Spannenweite zur vorher geworfenen trifft. I 1638

### Das Arberl
Schnellkügelchen, Schusser aus Marmor.
»Arberln recken«, Schusser spielen. I 137

### Bammes!
heißt es in einem Kinderspiel, wenn einer der Spielenden erhascht wird, wo er dann halten und in den Kreis treten muß. Bei einem Versteckspiel kleinerer Kinder wird irgend ein Baum, ein Pfahl, eine Türe, eine Hausecke zum Bamasallal erkoren. Am B. verbirgt derjenige, den die Reihe zu suchen getroffen hat, sein Gesicht, bis sich die übrigen versteckt haben und das Zeichen gegeben wird, daß er suchen dürfe. Wenn es nun gelingt, ehe ihn dieser findet und berührt, sich an das B. zu machen, was er mit dem singenden Ruf »Bamasallal angrührt« kundgibt, dem dient es gleichsam zu einem Asyl und er darf vom Suchenden nicht mehr gehascht werden. I 239

### Das Daus
Die Zahl 2 im Karten- und Würfelspiel. (mhd. dûs) I 546

### eckelen
Übereck spielen, ein tirolisches Kartenspiel, wobei immer die zwei sich Gegenübersitzenden Partie machen. Welcher Teil mehr Zehner und Asse zählt, hat gewonnen. I 33

### Das Fischperl
Zusammengerolltes Papier oder Kartenblatt, welches mit zerkicktem Pulver gefüllt und von den Knaben zur Kurzweil angezündet wird. Der Name ist vermutlich von dem zischenden Geräusch oder dem Hin- und Herfahren genommen, unter welchem die Explosion vor sich geht. I 772

### flacheln
Einen flachen Stein (Flachl) so über eine Wasserfläche werfen, daß er auf derselben forthüpfe. I 784

### Das Gansreißen
Auch Gänshenken, ein auf Kraftanstrengung berechnetes Volksspiel, bei welchem es darauf ankommt, durch einen tüchtigen und geschickten Sprung eine lebende Gans, die bei den Füßen an einem aufgespannten Seil aufgehangen ist, am Kopf zu fassen. Auch mit dem sogenannten Fischerstechen, einem wahren Wasserturnier der Fischer, z. B. in Ingolstadt auf der Donau, ist so ein Gansreißet verbunden. Die Gans hängt dabei an einem Seil, das über den Strom gespannt ist, und muß durch einen kühnen Sprung aus einem unter ihr wegfahrenden Kahn erhascht werden. I 925

### Das Geißwerfen
Bei einem Kinderspiel, das man »das Gaißwerfen« nennt, ist ein dreibeiniger Baumast oder Giebel von einem Bäumchen das umzuwerfende Ziel. I 946

### graiteln
Auseinandersperren. Der Graitelwagen, ländliches, aus Stecken gemachtes Spielwerk der Knaben, das von ihnen als Wagen gebraucht wird. Vermutlich von den zwei im Halbkreis gebogenen Stecken, die wie ausgespreitzte Beine gegeneinander stehen, die Räder vorstellend.
*»grallawadschad«* gehen
knieweit, *»graschingad«*, knieeng I 1017

### Das Hahnensteigen
Das Steigen auf eine Kletterstange, wobei es gilt, einen auf derselben angebundenen Hahn zu erlangen. I 1114

### Mit dem Finger hakeln
Es ist ein Wettspiel junger Burschen, sich wechselseitig an einem krummgebogenen Finger zu fassen und sich so vom Platz zu ziehen.

*Eine Brezen hakeln.*
Zwei oder mehrere Personen ziehen mit einem Finger an einer Brezel, wem das größere Stück zuteil werde. I 1071

Hälmlein durch 's Maul ziehen
Ein traditioneller Kinderspaß, der darin besteht, daß der A den B, der auf die Frage: willst fliegen lernen? gutmütig mit ja geantwortet, Schmielen, an denen noch der Bart hängt, in den Mund gibt, ihn denselben fest verschließen heißt und dann die Schmielen durchzieht, so daß dem Geäfften der Bart im Munde bleibt. I 1094

Der Meister Hämmerlein
Der Hanswurst im Marionettenspiel, auch der Marionettenspieler, der seine Personen in einem Tragkasten mittels der 10 Finger produziert. I 1107

Das Hausurschelspiel
Es nimmt ein jeder einen lächerlichen besondern Namen also Jackel, Bibar, Humbelino, und dergleichen an und hernach fanget die Hausurschel an: Ich heiß Hausurschel ohne Strich, Humbelino wie heißt Du? Der Humbelin muß alsdann gleich reden und wieder sagen: Ich heiß Humbelin ohne Strich, Jockerl wie heißest Du? Und wenn einer nit geschwind antwort, so machet man ihm einen schwarzen Strich in das Gesicht, und auf solche Manier, daß der Strich lächerlich herauskommt, alsdann muß er sagen: Ich heiß Jackerl mit einem Strich. Es bekommet bisweilen einer viel Strich in das Gesicht, daß er einer Larve gleichsiehet und alsdann muß er im Reden allzeit die Zahl seiner Strich nennen, oder es wird ihm wieder ein neuer dazu gemacht. (1709).
I 1177

Das Herbstelspiel
spielen, ein Würfelspiel mit 6 Würfeln, von welchen jeder nur auf einer Seite eine Zahl hat und in der höchsten Zahl nur 21 geworfen werden können.
I 1159

hexen
Mit den sog. Hexenkarten spielen, mit 36 Blättern, die verschiedene Figuren wie Wirtshäuser, Hanswurste und besonders Hexen darstellen. I 1047

Das Hosenlaufen
Eine Art des Wettlaufens bei welcher je 2 Läufer jeder mit einem Bein in einem Paar Hosen stecken.
*Das Hosenlupfen,* Hosenrecken, eine Art des Ringens unter jungen Burschen, wobei sie sich an dem Hosenbunde fassen, und mit oft erschöpfender Kraftanstrengung vom Boden aufzuheben und bis zum Umwerfen aus dem Gleichgewicht zu bringen suchen. I 1181

Die Hückelschule
besteht aus vier in den Sand gezeichneten Dreiecken. Die Teilnehmer des Spieles haben einen Stein (Hükkelstein) hückelnd (hinkend) aus dem einen Dreieck in das andere mit dem Fuß zu stoßen. I 1050

Hupf am Bam
schir am Bam! sagen die Kinder, wenn sie spielend auf aufgeschichteten Zimmerbäumen herumspringen. II 462

katzfangen
»Edlmo, Bettelmo, a Burger, a Baur, a Wirtin, a Gräfin, a herrische Sau«, wird von den Kindern gesprochen, wenn sie sich zum »Umlaufen« in den Kreis stellen. Dasjenige, auf welches im Umzählen das letzte Wort getroffen, muß die Katze sein, d. h. die anderen fangen. I 1315

Das Kleinod
Ein Spiel mit Würfeln zu Marktzeiten, das den Namen vom Preis hat, der gewöhnlich in einem grünen Hut oder seidenen Halstuch besteht. I 1333

Der Kobel
Tauben in den Kobel jagen, ein beliebtes Haschespiel der Kinder auf dem Lande. I 1216

### Das Kreisstechen

Das Kroasstecha ist ein Spiel der Knaben, wobei sie einen Kreis auf die Erde zeichnen und mit zugespitzten, kurzen Stäben nach dem Mittelpunkte desselben werfen. I 1380

### Das Lebzeltenhacken

ist ein Spiel im salzburgischen Pongau, bei welchem gegen ein Gewette ein zäher Lebkuchen auf eine gewisse Zahl Hiebe mit einem Beile ganz durchgehackt werden muß. Wer von zweien Wettenden durchhackt, gewinnt den Lebzelten, den der andere bezahlen muß. II 1119

### Der Letzte

»Der lescht, der bescht«, sagen die Knaben, wenn sie beim Auseinanderlaufen einander einen derben Streich zum Abschied beizubringen suchen. I 1524

### Mäuslein bergen

Blinde Mäuslein fangen, ein Kinderspiel, wobei eines mit verbundnen Augen rückwärts schreitend auf eines der niedergekauerten treffen und es erraten muß. I 1665

### Muftisnam

Spiel der Kinder, wobei der Vorspieler mit dem Aussprechen dieses Wortes allerlei Gebärden verbindet, die von den übrigen nachgemacht werden müssen. I 1574

### Das Müllerspiel

»ist ein Gesellschaftpfandspiel. Da sind zwei, die es am besten können, die dirigieren das ganze Spiel. Einer heißet der Meister, der ander der Knecht. Die andern haben alle einen Namen von einem gewissen Getreidwert, einer heißet: 20 kr., der ander 30 kr., und so fort außer einem, der heißet der Wieviel. Alsdann fanget der Müllermeister an und rufet: Knecht! Der Knecht muß antworten: Herr! Alsdann sagt der Meister wieder: Was gilt's Getreid? Alsdann antwortet der Knecht den Wert von einem, der desselben Werts Namen angenommen. Der Müller repetieret solchen Namen auch wieder. Alsdann muß der, der den Namen dieses Werts hat, geschwind den Wert auch sagen, oder ein Pfand geben. Zum Beispiel: Der M.: Knecht! der K.: Herr! der M.: Was gilt das Getreid? der K.: 30 kr., der 30 kr.: 30 kr. Wann aber der Meister sagt: wieviel?, so muß der, der Wieviel heißet, auch sagen: wie viel? Notata des Frh. v. Bodmann, Ms. v. 1709. (Dieses Spiel wurde zu Beginn des 20. Jh. in der Aiblinger Gegend noch gespielt. Anm. d. Verf.) I 1590

### Das Munkezen

Heimlich von etwas sprechen, murmeln. Die berührte Person gibt mit verstellter Stimme einen Ton (Miaun, Mungaza) von sich, aus welchem der Verbundene im Kreise die Person selbst erraten muß, die ihn dann ablöst. I 1627

### Murre- oder Morry-Spiel

Nory-Mory, Finger schnellen. Eine sehr beliebte Unterhaltung Müßigstehender, bei welcher je zwei einander in demselben Moment die beiden Fäuste mit einer beliebigen Zahl plötzlich ausgestreckter Finger vorhalten und zugleich die Zahl aussprechen, die jeder als die der ausgestreckten Finger beiderseits vermutet. I 1641

### Der Neckes

Nördlingen.
Kügelchen von weißem Marmor in der Größe einer Erbse, beim sog. Gluckerspiel üblich. I 1721

### Das Paar

Einpaarln, mit Schussern spielen. Die Teilnehmer werfen Schusser in eine Grube. Der Gewinn oder Verlust wird dadurch bestimmt, ob eine gerade oder ungerade Zahl, ›Paar oder Unpaar‹ hinein fällt. I 401

### Peters Kopf

Man wickelt eine Schnur um eine Art Spindel, zieht dann gählings die Schnur herab, wodurch die Spindel in eine lange, wirbelnde Bewegung gesetzt wird. I 414

## Der Pfonzer

Pfunzer, ital. punto.
Zugespitzter Knüttel, der bei dem, sonst Schmeerpikkeln genannten Spiele in die Erde geworfen, bei dem Tribeln aber, wo er kürzer und dünner zu sein pflegt, auf die Spitze geschlagen wird, damit er in die Höhe springe. (Nürnberg). I 440

## platteln

Plättlein, flaches Steinchen. Mit flachen Steinen nach einem Ziel werfen. Dieses, der Starz genannt, ist irgend ein zum Umwerfen aufgestellter Gegenstand, auf dessen obere Fläche die von den Spielern eingesetzten Pfennige gelegt werden. Wer den Starz umwirft, gewinnt alle diejenigen Pfennige, die mit der Kehrseite nach oben am Boden zu liegen gekommen sind. I 462

## Praggwerfen

Bräckwerfen, eine geprägte Münze werfen. Ein Kinderspiel, wobei ein Pfennig oder eine Münze von den Spielenden der Reihe nach gegen eine Wand geworfen, und wenn sie so fällt, daß die Kehrseite aufwärts sieht, dem Werfenden zuteil wird. I 467

## Die Pudel

Budel. Langes Brett in einer Kegelbahn, auf welchem die geworfene Kugel fortrollen muß, bis sie die Kegel erreicht.
Die Stoßpudel, tragbare Kegelbahn, nach Art einer Billardtafel, auf welcher eine elfenbeinerne Kugel mit einem Stock gestoßen wird.
*Die Pudel,* lange Tafel in einem Kaufmannsgewölbe, auf welcher die Waren vorgelegt werden. »Pudelrama«, ein diebischer Kaufmannsdiener. I 382

## rankeln

Ringen, sich im Scherze raufen, balgen,
hd. Range, mutwilliger Knabe.
Das Hauptfest der Ranggler (immer Tiroler gegen Pinzger) ist am Jochberg, Gericht Kitzbühel am Tage Mariä Heimsuchung. II 123

## Das Ringelspiel

Runde Bühne, an deren Rand allerlei Wägelchen und Tierfiguren zum Aufsitzen und Reiten für Kinder angebracht sind, und welche an einem senkrechten Wellbaum im Kreise umgedreht werden kann. Der Name stammt wohl vom alten Ringrennen, wo man im kreisenden Herumgaloppieren nach einem Ring stach, wie beim Köpfrennet nach einem Kopf gehauen wurde. II 120

## Die Rodel

Rodeln, rütteln. Blechbüchse, mit Steinchen gefüllt, Kinderklapper. II 62

## Der Rodel

Art Kinderschlitten. Er besteht ganz einfach aus zwei Hölzern, die durch die Beinknochen eines Pferdes gesteckt oder mit Eisen beschlagen sind, und einem Sitzbrett darüber. II 61

## Eier rödeln

Schnellkügelchen oder Schusser auf Eier rollen lassen, die am Boden in Reihen gelegt sind, um welche zu »spacken« und dadurch zu gewinnen. II 62

## Rößl springen

Ein Spiel, wobei sich die Teilnehmenden in einer Entfernung von 5–6 Schritten einer vom andern in eine Reihe stellen und der letzte immer über die Köpfe der Vorstehenden wegspringt, um sich vorne anzustellen. II 151

## rückeln

Rugelen, kugeln. Schießer rückeln, einrückeln, sogenannte Schusser oder Schnellkügelchen auf dem Boden nach kleinen Grübchen treiben oder schnellen, ein beliebtes uraltes Spiel der Kinder, besonders in der Fastenzeit.
Der Rückeler, das Rückerlein, das Schnellkügelchen. Man hat deren, die bloß aus Ton gebrannt sind und andre, die durch eigne sogenannte Schussermühlen aus Marmor zugerundet und daher Marbeln genannt werden. II 49

### Säuchen

Um Aschaffenburg heißt das Kinderspiel, in welchem ein durch eine Schweinsklaue repräsentiertes Schweinchen figuriert und wobei der Spruch vorkommt:
Wir wollen das Säuchen mästen
Mit lauter Zwiebel und Kästen
und das vom Rufe: Es klingelt! auch Klingelorem benamst wird, das Säuchen. II 198

### Der Schafzagel

Das Mühlenspiel. In diesem Wort ist Form wie Bedeutung seltsam verschoben. Das alte, nicht mehr klare Schach-zabel (scaccorum tabula), Schachbrett, ist in Schafzagel umgedeutet, und aus dem edlen Schach- das gemeinere Mühlenspiel entstanden. II 383

### schlampen

Essen, Schlampampen, Schlaraffenland.
»Mir kommen von Schlampampen und ham a B in da Wampen« sagen die, die bei einem gewissen Gesellschaftsspiele ein Handwerk, z. B. das des Bäckers mimisch darstellen und erraten lassen sollen.
II 523

### Schmerbickeln

Spiel der Knaben auf lockerem Boden. Nachdem ein jeder an seinem Platze eine Grube in den Boden gemacht und die dabei ausgestochene Erde, die nun das Schmer heißt, daneben gelegt hat, suchen sie der Reihe nach, jeder einen spitzen Stecken (Bickel) an einem bestimmten Punkte des weichen Bodens (dem Bickelplatze) durch einen Wurf einzusenken. Wessen Stecken nicht haftet oder unter dem Wurf des Nachfolgers umfällt, wird von diesem so weit als möglich fortgeworfen. Während ihn nun der Eigentümer wieder herholt, machen sich die anderen über dessen Grube her und nehmen ihm soviel Schmer als sie können, um es sich selber zuzulegen; denn am Ende des Spieles kommt es darauf an, seine Grube wieder gehörig ausfüllen zu können. II 554

### Schnipp-Schnapp-Schnorr-Bastelor

d. i. Apostolorum, ein im Anfang dieses Jahrhunderts, namentlich unter Kindern sehr übliches Kartenspiel. II 578

### Den Schuh bergen

Gesellschaftsspiel besonders in ländlichen Gunkel- oder Rockenstuben, wobei die im Kreise sitzenden Personen einen Schuh unter den Füßen herumgeben, welchen, wo er neckend emporgehoben wird, zu haschen, die Aufgabe einer, außer dem Kreise stehenden ist. II 390

### »Schüssale und Häfele macha«

Man häkelt sich mit den Fingerspitzen ein, stellt die Fußspitzen aneinander und dreht sich so im Kreise herum. (Füssen, Aurburg) II 481

### Steintäppeln

Täppeln, wiederholte kleine Bewegungen. Von 5 auf den Boden hingeworfenen Steinen (Täppelern) einen in die Höhe schnellen, und während des Steigens und Fallens desselben von den am Boden liegenden zuerst einen, dann zwei, dann drei und endlich alle vier in die Hand fassen, mit welcher nun auch der emporgeschnellte, ehe er noch den Boden erreicht, wieder aufgefangen wird. Ein unschuldiges Spiel der Jugend, besonders der weiblichen auf dem Lande. I 613

### Stockschlagen

Gesellschaftsspiel handfester Art. Der, welchen die Reihe getroffen hat, den Stock vorzustellen, hat sein Gesicht im Schoß eines anderen zu verstecken, damit er nicht sehen könne, welcher unter den Mitspielenden es sei, der ihm mit der flachen Hand eins ad posteriora administriert. Errät ers doch, ist er frei und der Erratene tritt an seine Stelle. II 729

### Das Tabaklaufen

»Das Tobaklaufet«, Wettlaufen der jungen Leute. Nach dem ersten Herumlaufen um die Rennbahn muß jeder Wettlaufende sich Tabak schneiden, die Pfeife stopfen, Feuer schlagen und anzünden. Wer beim zweiten Herumlaufen mit brennender Pfeife zuerst ans Ziel kommt, ist Sieger. I 577

## Das Trädeln

oder den Dräher, als ein Glücksspiel findet man neben dem Paschen durch wiederholte Mandate verboten. Ein ähnliches Verbot traf die Trädler oder Leierer auf den Märkten, vermutlich vom Umdrehen ihrer Instrumente so betitelt. I 560

## Der Trieb

Spiel. Beweglicher Zeiger über einem mit Nummern beschriebenen oder mit Kartenblättern bemalten Brette, womit man ehemals zu spielen pflegte. Wem der Zeiger nach dem Umtreiben (Umdrehen) über einer höhern Zahl stehen blieb, der hatte gewonnen. 1772 wird schärfstens verboten »das Dreher-, Trieb-, Turn- und Reiterspiel, wie auch der Glückshafen und das Riemenstechen«. I 641

## triebeln

Knabenspiel, wobei mit einem Stecken oder Prügel auf das Ende eines andern kürzern Steckens geschlagen wird, um diesen (den Triebel) in die Luft zu prellen. I 641

## truden

So hab ich bei Eichstädt von Kindern das Spiel nennen hören, bei dem sich die Streiter zweier, in einiger Entfernung stehender Parteien gegenseitig zu Gefangenen zu machen suchen. Es gilt die Regel, daß sich jeder, welcher in dem, zwischen beiden Parteien befindlichen Raum von einem Gegner berührt wird, der den Standpunkt seiner Partei später, als er den seinigen verlassen hat, sich diesem ergeben muß, und wo es also darauf ankommt, daß jeder in Gefahr Schwebende von einem später Auslaufenden von der befreundeten Partei gleichsam entsetzt werde.
I 650

## Wackerlhupfen

Wacker – munter, artig. In fast kauernder Stellung mit beiden Füßen zugleich hüpfen, und dabei jedesmal die flachen Hände zusammenschlagen. II 845

## Eier walgen

Wälzen, rollen. Spiel mit Eiern, besonders mit roten, zur Osterzeit üblich. Jeder Mitspielende läßt durch einen Kluppen oder eingesteckte Eßgabel auf einem schiefliegenden Brett einen Ring laufen, und legt dahin, wo dieser stehen bleibt, sein Ei. Damit wird in der Reihe fortgefahren, bis einmal einer der Spieler mit seinem Ring eines der bereits aufliegenden Eier trifft, welches dann ihm gehört und unter dem Namen Schmuder als sein neuer Einsatz liegen bleibt, nachdem die übrigen von dem frühern Eigentümer des getroffenen Eies als Gewinn weggenommen worden sind. II 904

## Wassermännchen machen

Ein Kinderspiel, wobei flache Steinchen in schräger Richtung so auf die Oberfläche des Wassers geworfen werden, daß sie wiederholt von derselben abprallen, auch »Wasserstelzla machen, Pfitschamännla machen«. II 1019

## Den Wendling verbergen

Wenigling, farbiges Steinchen. Das Spiel fordert eine gewisse Zahl Teilnehmer, von denen einer (A) den Wendling zu verbergen, ein anderer (B) als Teufel, ein dritter (C) als Engel zu erraten hat, bei wem der Wendeling verborgen worden. Die übrigen setzen oder stellen sich in eine Reihe, jeder die beiden Hände flach zusammengelegt vor sich haltend, um sie ein wenig öffnend, den Wendeling (ein etwa ein Finger langes dünnes Hölzchen) hineinfallen zu lassen. A, der den Wendeling ebenso zwischen den Händen hält, geht bei allen herum, bei jedem sich stellend, als ob er den Wendeling aus seinen in dessen Hände fallen lasse, da er es doch nur bei einem tut. Während des Herumgehens sagt er: »Tat i gern mein Wendeling verbergn, da lous ihn, da stouß ihn. Rat, Teufel rat, wer an Wendeling hat.« Nun faßt der Teufel das Paar Hände, in denen er den Wendeling vermutet. Trifft er's, so ist der Inhaber sein und tritt aus der Reihe. Trifft er's nicht, so rät der Engel und tut desgleichen. Wenn nun alle bis auf einen des Engels oder Teufels geworden, wird zwischen diesem einen und dem Verberger A selbst der Gestus des Mitteilens gemacht, worauf dieser (A) als Herr die geschlossenen Hände über den Kopf, jener als Gesell sie an den Popo hält und der Herr spricht: »Rat Teufel rat, wern Wendeling hat! Der Herr aufm Kopf, oder der Gsell aufm Arsch?« So sind nun alle, die einen dem Engel, die andern dem Teufel zugefallen und an einer Stange oder an einem Strick, die einen hin, die andern her ziehend, entscheiden sie, welche Partei weichen muß und das Spiel verloren hat. II 924

### Das Wettlaufen, das Laufen

Man hat verschiedene Arten solcher Laufspiele, bei welchen es nicht bloß auf das erschöpfende und der Gesundheit nachteilige Schnellaufen ankommt. Beim Blindlaufen sind den Läufern die Augen verbunden. Nachdem sich jeder auf ein Zeichen dreimal umgedreht, geht es denn auf das Ziel los, welches natürlich nicht von wenigen verfehlt wird. Beim Sacklaufen stecken sie bis an den Kopf in Getreidesäcken, beim Hosenlaufen stecken immer zwei, jeder mit einem Bein in einem Paar Hosen, beim Eier-, Kochlöffel- oder Tellerlaufen, haben die Läufer auf einem Teller, Kochlöffel und dgl., ein Ei oder etwas ähnliches ans Ziel zu bringen, beim Tabaklaufen müssen sie mit brennender Pfeife anlangen, beim Wasserlaufen (unter Mädchen gewöhnlich) kommt es darauf an, mit einem Kübel voll Wasser auf dem Kopfe ans Ziel zu kommen. Ehmals waren es gewöhnlich Tücher, um die man als Preise lief, wie sie jetzt noch als solche bei Pferderennen üblich sind. »Um den Barchent, den Scharlach laufen«. I 1448

### Das Zabelbrett

(tabula) Spielbrett. Man unterschied Schachzabel (Schafzabel) und Wurfzabel (Würfelbrett, Brettspiel). Die Ritter und ihre Frauen im Kloster Ettal sollten weder Wurfzabel noch ein ander Spiel um Geld treiben. II 1071

### Der Zeck, Zeckerl, Zickei!

(Zicken, mit schnellem Stoß berühren) rufen an der oberen Isar die Kinder, wenn vor dem Auseinandergehen eins dem andern unversehens einen kurzen Stoß oder Schlag zum Abschied versetzt. In Nürnberg ist Zeck ein Kinderspiel, da sie einander bis zu einem gewissen Ort nachlaufen und sich einen Schlag geben. II 1080

### zickeln

Durch kleine, nicht ganz erlaubte Vorteile im Spiele betrügen. II 1083

### Das Zigettspiel

Auf einer langen schmalen, hölzernen Tafel eine damenbrettsteinähnliche Metallplatte fortstoßen. Ein weiland besonders in Klöstern übliches, später vom Billard verdrängtes, dem Eisschießen ähnliches Spiel. II 1094

# Volksmedizin

## Der Aderlaß

ist gut für 386 Siechtum.
Die Aderlaßregeln (1477) sagen: Wer ihm zu der Ader laßt, der soll des ersten Tags wenig essen, des andern Tags fröhlich sein, des dritten Tags ganz Ruhe haben, des vierten Tags baden, des fünften Tags der Minn pflegen. Solcher Observanz zufolge waren auch in Klöstern die jährlichen Aderlässe wahre Feste.
Freiherr von Bodmann bemerkt in seinen Notaten von 1709: »Die Bayern vexiert man, daß sie sich so lang halten in der Aderläß als neun (Tage) oder noch länger. Als der Churfürst auf der Jagd von einem Bauern, der ihn nicht kannte, begehrte, er soll ihm zum Durchreiten einen Feldgattern aufmachen, sagte dieser: Herr! ich bin ein Aderlässer! Der Churfürst fragte: Wie lange schon? sagte er: vor 14 Tagen hab ich lassen. R.A. »In der bayrischen Aderlaß sein«, Medizin zum Abführen genommen haben. I 1505

## Der Arzt

Beim gemeinen Volke zunächst einer von der Art derjenigen, die früher auf Jahrmärkten ihre Apotheke aufschlugen und mit einem Hanswurst, wenn nicht in einer Person ordinierten. »Von jeder Arztbühne, deren Comödien- und Marionettenspieler sollen täglich 30 kr. als Zuchthausbeitrag erhoben werden«, sagt sehr bezeichnend eine ansb. Verordnung von 1766. »Er kann redn als wia an Arzt«. I 153

## Die Beermutter

Gebärmutter. Bei mehrern sogenannten wundertätigen Gnadenbildern sieht man unter anderen wächserne, ex voto aufgehängte Gestalten von Händen und Füßen und andern leidenden Gliedern hie und da eine krebs- oder krötenähnliche Figur, unter welcher diese Krankheit verstanden wird, vermutlich weil sie sich wie das Hin- und Herkriechen einer Kröte empfinden läßt. »Wann die Mannspersonen das Grimmen haben, das gemein Volk aber per errorem die Beermutter, andre aber, so was Verständigers reden wollen, und wissen, daß die Mann kein Beermutter haben, den Vatter zu nennen pflegen«. Adelholzer Badbeschreibung I 260

## Der Bilderbritscher

So heißen, ehe die Guckkasten üblich wurden, jene Personen, welche auf den Märkten allerlei Abbildungen von merkwürdigen Personen, Städten, Ereignissen usw. öffentlich aushingen, während der Erklärung mit einem Brettchen darauf hindeuteten (hinbritschten) und dadurch das gemeine Volk anlockten, dem sie dann nebst den Bildern allerlei Medikamente und Universalmittel, die sie bei sich führten, anpriesen und verkauften. I 375

## Der Buckel

Ein Segen für Wachsung der Buckel auf den Schultern: Zu dem, was sonst zu tun, soll man sprechen: Beingewachs, schwind als der Schwand, der Wid wand, da man unsern Herrn Jesus Christus mit band'. R. A.: »Gib ma aa eppas! Ja wart, am Buckl hint!« I 206

## Der Dalawatsch

Kinnladengeschwulst. I 499

## Excellenz

soll in Bayern noch vor 60 Jahren von Bürgern und Bauern ihr Doktor betitelt worden sein.

## Franzosenholz

Franzosen- oder Pockenholz. Mit diesem, aus den Antillen stammendem Mittel pflegte man die Syphilis zu heilen. Es gab zu diesem Zwecke eigene Spitäler, die Blatter- oder Holzhäuser genannt wurden. So ein Holzhaus wurde z. B. von einem Fugger 1519 in Augsburg gestiftet, wo auch ein, zur Operation von Brüchen, Stein und Gries bestimmtes, sogenanntes Schneidhaus bis in die jüngste Zeit seinen Namen bewahrt hat. »Im Holz liegen«, hieß damals nicht mehr und nicht minder als: Die syphilitische Kur gebrauchen und unsere Voreltern waren human genug, Dürftigere, die mit dieser damals noch neuen

Art Krankheit behaftet waren, auf gemeiner Stadt oder frommer Stifter Kosten ins Holz legen zu lassen. I 1104

### Das Geschoß

das ein dämonisches Wesen aussendet. Eine Art heftigen Kopfwehs, das besonders am Scheitel seinen Sitz hat. Der Landmann vertreibt es, indem er ein mit Wasser gefülltes irdenes Geschirr auf den Kopf nimmt, und eine geschossene Bleikugel geschmolzen darein gießt. II 479

### Das Podagra

»Bachus der Vater, Venus die Mutter, Zorn die Hebamm, erzeugen das Podagram.« I 382

### Sanikel

Dentaria enneaphyllos, primula auricula. Der »Sonigl« wird zu Wundpflastern verwendet. II 285

### Das Schmalz

Das Glockenschmalz, Pfännleinschmalz ist das alte Schmalz, Fett oder Öl, womit die Zapfen der Glocken oder die Pfännlein der Mühl-, besonders Kammräder, eingeschmiert worden sind, und welches vom gemeinen Mann für ein Spezifikum gegen die Englische Krankheit der Kinder gehalten wird. II 550

### selchen

Trocken, dürr werden.

»Weil er dermaßen ausgeselcht, daß ihne die strenge Kranckheit zu einem Durchleuchtig machet« P. Abraham

»Im Juny etliche Krothen anspüssen, selbe an der Sonnen selchen und aufbehalten, selbe über die Pestzaichen gelegt, ziehen das Güfft aus.« (Probst Valentins zu Weyarn Hauskalender). II 266

### Der Tanawässel

Tanawäschel, Tanawezel. Name einer katarrhalischen Seuche (Influenza, Grippe) im 14.–16. Jh. I 608

### Das (die) Vergicht

Die Convulsion. Gegen das Vergicht der Kinder soll man ihnen Peonienwurz oder einen Smaragd um den Hals hängen. I 869

### wackeln

»Der Aitstein oder Prennstein« (Gagat) festigt die wackelnden Zähn. II 866

### Der Waldhansel

Zur Zeit, wo im ärztlichen und Apothekerwesen noch wenig Polizei herrschte, ein Mann, der sich darauf verlegte, in Wäldern Wurzeln und Kräuter zu sammeln und sie als Arzneimittel an den Mann zu bringen. Quacksalber. II 898

### Den Wurm töten

Die beim gemeinen Volke unter diesem Namen bekannte Fingerkrankheit heilen, was nach hundertfältiger landbekannter Erfahrung von gewissen Personen durch bloßes Zusammendrücken des kranken Fingers bewirkt werden soll. I 633

# Tracht und Kleidung

anlegen
Ankleiden.
Anziehen scheint mehr auf hohe, enge Kleidungsstücke zu weisen, die von unten auf an die Beine gebracht werden, während anlegen auf solche paßt, die von den Schultern getragen werden.
I 1455

Die Anzen
lat. ansa, Öse.
Die Spange am Fußeisen und Holzschuh, welche oberhalb der Ferse den Fuß oder Schuh umgibt. I 117

Der Ärmel
Eine kurze Bekleidung des Oberleibs bei den Weibern, von der die Ärmel den größern Teil ausmachen.
Einwendige Ärmel: Ärmel dieser Art, über welche noch ein anderes Kleid mit Ärmeln angezogen wird.
I 144

Die Bandtafel
Sohle von Holz (Tafel) mit einem daran angebrachten Leder (Band, Lasche), den Fuß durchzustecken. So ist vermutlich auch der Sache und dem Namen nach der Pantoffel entstanden, der in Nürnberg nur »Toffel« heißt. I 587

Die Barthaube
Haube der Weibspersonen, die unterm Kinn gebunden wird, Nachthaube. I 283

Das Bärtlein
Vorbindtüchlein für Kinder, Serviette I 283

Die Beigürtel
Der Geldgürtel, die Geldkatze, die entweder an dem gewöhnlichen Bauchgurt befestigt, oder allein getragen wird. I 225

Die Beinhöseln
Im Gebirg: Strümpfe im Gegensatz zur Gesäßhose, d. h. der Beinkleider. Die Beinhosen reichen vom Knie bis zu dem Knöchel, obwohl sie entrollt wohl anderthalb Klafter lang sind. Gewöhnlich sind sie von Schafwolle und weiß. Auch um Nürnberg trägt das weibliche Geschlecht solche »Bahusen«, die meistens schwarz sind und zugehäkelt werden. I 244

Das Bescheißerlein
Vorhemdchen des Landmädchens (Lech). II 475

Die Blahen-Joppen
Einfacher Kittel von grauem Loden, der bis an die Knie reicht und die jungen Burschen im Gebirg viel besser kleidet, als der im Flachland übliche Bauernrock, in welchem noch die genialen Konzeptionen von Ludwigs XIV. Hofschneidern zu spuken scheinen.
I 326

Die Blatter
A »Saublada« ist der beliebteste und wohlfeilste Geldbeutel des Landmannes. (Schweinsblase) I 332

Die Bockelhaube
Boggelhaube.
Haube, die zur eigenen Tracht der Bürgerfrauen und Töchter in Augsburg gehört, und deren Hinterteil, aus Gold- oder Silberstoff gemacht, die Form einer zu beiden Seiten weit hervorstehenden Bandschleife hat.
I 205

Das Bößl
Durch eine Kleiderordnung von 1626 »werden die Cardewonischen Schuh und mit Seiden abgesteppte weiße Bößl, auch Stöckelschuhe von Gold gänzlich verboten, hingegen die Schuh- und Weiberpäßl vom gemeinen Lederwerk ohne Rahmen« zu tragen erlaubt. I 294

Der Bottig
Bodi.
Der Leib oder Unterstock eines Weiberhemdes, ehemals der Leib überhaupt. I 309

### Das Bräm
Braue. Haarige Einfassung, Sammet- oder Pelzstreifen am Rande eines Kleidungsstückes. Die Bram, Kopfbedeckung der Weiber aus Fischotterfell, desgleichen der Männer.
R.A. »Verbram di nur net«, bewege dich nur ja nicht! I 355

### Die Bremen
Bremsen.
»Bremaströmpf« sind Strümpfe, die nicht über die Knöchel hinab und über die Knie hinauf reichen und gleichsam die Waden vor den Bremsen schützen. I 356

### Die Bruoch
Eine Art Hosen. Die Urbedeutung ist wohl die noch in der Schweiz vorkommende, nämlich die eines Linnens, das man (z. B. beim Baden) sich um die Hüften bindet, oder das Wiegenkindern um den Unterleib gewunden wird. Hemd und Bruech als leinene Leibwäsche finden sich in den alten Stellen meist vereint.
Anno 1618 und 1633 waren 3, Anno 1649 6 Bruechler in München. Zwischen den Strumpfstrickern und Knopfmachern, als Handwerker, die sich mit Verfertigung einfacher Kleidung beschäftigen, werden auch 12 Briechler aufgeführt. Waren vielleicht diese Leinwandhändler Verfertiger (Schneider) von Bruechen? I 342

### Der Brustfleck
Bei Männern Weste, Gilet, bei Weibern Brustlatz, Vorstecklatz.
»A guada Brustfleck«, gute Brust, gute Körperbeschaffenheit. R.A.: »A guat's Gwissen is a warmer Brustfleck«. I 368

### Das Büchslein
Rand oder Bordüre an Kleidungsstücken. Das Hemedbüchslein, Bordüre an der Öffnung des Hemdärmels, manchmal von Leinwand gesteppt, oft auch eigens gewoben. I 200

### Der Bürzel
Haarknoten, wenn die Haare zusammengebunden und um eine Haarnadel gewunden sind. I 285

### Der Busen
Die den Leib oder einen Teil desselben fest umgreifende Einfassung eines Kleidungsstückes. Der Halsbusen am Hemd, Hemdkragen. Das Büslein am Ende des Ärmels.
Der Hosenbusen, Bund oder Gürtel am oberen Ende des Beinkleides. I 296

### Doggel
Winterschuh (Kitzbühel) I 493

### drang
Gedrängt, fest eng.
»s Miada schön drang, net z' kurz und net z' lang«. I 567

### Das Duttenpfait
Hemd des weiblichen Geschlechts, das nicht weit über die Brüste herabreicht. I 554

### Der End
Tuchende, das zu Hosenträgern und Endschuhen (Filzschuh) verwendet wird.
*»End und Gebänd«* einer Frau, nach Kreitmayer »die kleine Montur einer Frau an Schuhen, Pantoffeln, Strümpfen, Bändern, Hauben, Handschuhen, Manschetten, Garnituren. I 100

### Das Erz
Vergl. Irsch. Verbrämung. »Haubenerz« Nürnberg. I 154

### Das Fatschenkind
Einfatschen, es mit dem Wickelband einwickeln. Es mag sein, daß die süddeutschen Mütter das Wort fätschen von den italienischen oder gar lateinischen gelernt haben, welche dieselbe, der Entwicklung der

Kinder keineswegs vorteilhafte Sache fascia nennen. I 779
Im Gebirg ist *die Fatschn* oder Bauchfatschn ein Gürtel, den die Mannsleute um den Bauch tragen, und der auch Bauchgurt genannt wird. Er besteht aus einem breiten Streifen Leder, welcher gewöhnlich bunt ausgenäht, mit Nägelchen zierlich beschlagen und ein wesentlicher Teil des bäuerlichen Staates ist. Auf ähnliche Art hat auch der Bauer in den spanischen Provinzen Valencia und Katalonien seine bunte Faxa, die er sich vielfach um den Leib wickelt. I 779
*Die Fetschn* (bayerischer Wald), Hut mit herabhängender Krempe. I 779

## Das Fazinett

Das Schnupftuch, Handtuch, Tellertuch, auch das Vorhängtüchlein der Kinder.
Nach der Anordnung für die Fronleichnamsprozession von 1580 soll sich ein jeder der Pharaonen ein schönes, großes, mit roter Seiden und Gold aufgenähtes Fazinettl für ein umgeschlagen Krös um den Hals machen, und da sie trinken wollen, soll man ihnen ein Tischfazinettl für machen, damit sie sich nicht begießen.
»Im Kloster Andechs ist ein halbes Tüchel oder Facilet, womit der Herr Jesus in dem Garten sein heiligstes Angesicht abgewischt.« I 780

## Der Feh

Im Werdenfelsischen ein doppelt gestreifter Zeug zu Bettüberzügen. Sonst wird der Ausdruck gewöhnlich auf Pelzwerk bezogen. I 700

## Finkenstecher

Dreispitziger Hut. II 724

## Das Flachl

Im Scherz, Kleidungsstück des weiblichen Geschlechts, besonders Halstuch, Schnupftuch.
»Wagt oft eine all sei Sachl auf a neue Modiflachl«. I 784

## Der Flor

Beim Landvolk wird unter Flor eine schwarze Halsbinde von Flor verstanden. I 794

## Die Fudhosen

In den 60–70er Jahren des vorigen Jahrhunderts, Männerhosen, die vom Bunde an bis zwischen die Beine mit einer Reihe von Knöpfen zugeknöpft wurden.
*Füdlein*
schwäb. fidle, podex.
*Das Hundsfüdlein,* ehemals beim anderen Geschlecht eine nachlässig aufgedrehte Haarlocke.
*Hundsfud,* -fott, feiger, niederträchtiger Mensch. I 694

## Der Fürfleck

Schürze, auch Fürtuch. I 746

## gaglbaman

Steif, vom Leibe wegstehend.
A gaglbamana Rock, ein stark geglätteter, und gesteifter Rock.
»I hab koa Frackerl voller Schnür,
koa gaglbamane Hosn, koa Kedn bis auf d' Knia.« I 877

## Die Galotschn

Holzschuhe, von franz. galoches, span. galochas. I 889

## Der Gamsbart

Rückenhaare von der Gemse, die in einen Zirkel geformt von den jungen Leuten im Gebirg als eine Zierde auf dem Hut getragen werden. Ein solcher Gamsbart kommt wohl auf 2, 3 und mehr Gulden zu stehen. I 916

## Die Garnasch

ein langes Oberkleid. I 936

## Die Garti-Hosen

Gati-Hosen (beim Militär), Unterhosen, ung. gatya. I 958

### Der, das Geschmuck
Der Schmuck einer bürgerlichen Braut besteht in silbernen Hals- und Mieder- oder Schnürketten, Fingerringen. II 544

### Das Gewand
»Deanal, laß's gehn
Du bist liab und bist schön
Hast a Geld und a Gwand
Und brav Holz bei der Wand.«

Das Bräutgewand, Hochzeitkleid. Bei der Inventur pflegt an vielen Orten der überlebende Teil eines Ehepaars die besten Kleidungsstücke des Verstorbenen nebst dessen Bett als Bräutgewand zu beziehen.

Der Gewandführer oder Gewandschneider war als Tuch- und Leinwandhändler im Kleinen dem Tuchmanger oder Großhändler und Verleger entgegengesetzt.

»Wei, verkauf d'Anten, an Buam müaß ma gwantn
Sunst kriegt insa Hans koa Deandl zum Tanz.«

»Sich vergewänden«, sich durch übermäßigen Kleideraufwand zugrunde richten. II 940

### Der Golisch
Golsch, Kölisch, gewöhnlich weiß und blau oder weiß und rot gewürfelte Leinwand. I 893

### Der Gugler
Leinenzeug. I 881

### Gupf
Der emporstehende, gewölbte Teil, z. B. bei einem Hut, der obere Teil eines kegelförmigen Salzstockes, das was in einem Gefäß aufgehäuft enthalten ist.

»Vor Zeiten war a gupfata Huat
und um an Hals a Kragn
a Zoacha von am machtign Guat
jetzt kann ma koan dafragn.«
I 928

### »Der Gutgnug«
Ein Lückenbüßer, Teil eines Weiberkleides, der durch die Schürze gedeckt wird und darum von schlechterem Zeug sein kann. I 963

### Die Haftl
Der Haken, besonders an Kleidern.

Das Haftl-Mannl ist bei einem Häkleinpaare dasjenige Stück, welches in das andere, in das Häftleinmiaderl (Mütterlein) eingreift. Im 14. und 15. Jahrhundert dienten die goldenen, mit edlen Steinen besetzten Häftlein häufig als kostbare Kleinodien, Brautgeschenke selbst fürstlicher Personen, Turnierpreise.

Der Häftleinbieger, der Häftleinmacher, Handwerker, der Häklein verfertigt.

R.A.: »Aufpassen wie ein Häftleinmacher«, recht sehr.

»Den Häftlwein halten«, festliches Mahl nach dem gerichtlichen Ehverlöbnis. I 1064

### Der Haken
Der Gesäßhaken, großes Häkchen von der Art, wie sie ehmals die Bauern an den Hosen trugen.

Der Schnürhaken, Haken von Silber oder schlechterm Metall am Schnürmieder bürgerlicher Weibspersonen. I 1070

### Halfter
Hosenträger.

»Ohne Strümpf, ohne Schuah, aa koa Halftern net um und koan Hosenknopf zua«. I 1093

### Die Halse
»Die Halsn«, das über den Schultern liegende Tragband für die Beinkleider des Mannes, im Oberland für die Röcke der Weibspersonen (Kittelhalsen). I 1096

### Die Haube
Weiberhauben unterschieden nach der Form: Die einfache, die abenähte, die aufgezogene Hauben, die Aufsatz-, die Boden-, die Stock-, die Zipfel-, die Zughauben.

Von der Verzierung oder Verbrämung: Die Feh-, die Flor-, die Mudel-, die Otter-, die Pelz-, die Riegel-,

die Spitzhaube. Von der Art sie zu tragen: Die Bäckleinhaube, die Barthaube, das Hirnhäublein.
Von dem Orte wo sie üblich sind: Die Augsburger-, die Linzer, die Münchner, die Passauer, die Regensburger, die Salzburger Hauben.
Mannshauben: Pudel-, Schlaf-, Schlägelhaube.
Von der Ähnlichkeit mit der Kopfbedeckung: *die Drischelhauben,* das starke Leder am Ende vom Dreschflegel und von dessen Stiel, durch welches der Verbindungsriemen gezogen wird.
*Die Rupfhauben,* Weibsperson, die die Haare nicht in Ordnung hält, auch eine Art Küchel.
*Die Haubenhefterin,* Person die Hauben für Frauenzimmer verfertigt, mit einem vornehmeren Titel: Marchande de modes, welches im Munde der nicht Französisch Gelehrten gerne Mechante Mode lautet.
*Das Haubentüchlein,* leinenes Tuch mit Spitzen, womit an einigen Orten die Bauernmädchen die Haare zusammen binden.
*Der Haubner* (Nürnberg), der mit Kinderhauben, fertigen Brustflecken, Hemden, Strümpfen handelt.
*Der Haubenstock,* hölzerner Kopf, dient zur Aufbewahrung der Hauben; dummer Mensch.
R.A.: ›Einem auf die Hauben gehen‹, ihn scharf beobachten, strenge halten. I 1034

### Das Hemd

Das Hemat, Mannsrock, Jacke, an den Alpen gewöhnlich von grobem braunen, bei den nürnbergischen Gebirgsbauern von rotem wollenen Tuche. I 1110

### Das Hirnhäublein,

bürgerliche Weiberhaube mit einer Öffnung am Hinterteil, durch welche das geflochtene Haar gesteckt, und dann um eine metallene Spange gedreht wurde. I 1163

### Hose

An der Oberen Isar, besonders auf den Alpen und in den einsamern Wohnungen, pflegt auch das schönere Geschlecht bei der Arbeit Hosen zu tragen, die entweder förmliche Pantalons sind, oder als Gesäßhosen nur bis ans Knie hinab reichen. Unter dem Knie, das in letzterem Falle unbedeckt bleibt, fangen die Beinhöseln an, die bis an die Knöchel gehen. Der Fuß steht in Knospen (Holzschuhen). Gehen die Mädchen und Weiber der abgelegenen Wohnungen zur Winterszeit in die Kirche nach Lengries, so haben sie auf dem Hin- und Herweg, der für manche 6 Stunden ausmacht, obigen Anzug. Die Kleider aber, mit welchen sie in der Kirche und im Wirtshaus erscheinen wollen, tragen sie mit sich, und ziehen sie in bestimmten Häusern an und aus. I 1180

### Der Hosenheber

Hosenträger. (Oberland) I 1036

### Die Hülle

Kleidung, Kopftuch, Mütze, Haube, Deckbett. I 1085

### Das Irch

Bearbeitete Gems- oder Rehhaut. Die jetzige Lederergasse in München hieß ehmals Irchergaß. I 130

### Der Janker

Kurzes Oberkleid, Jacke. Wo zwei Oberkleidchen getragen werden, welches meistens beim weiblichen Geschlechte der Fall ist, heißt das innere Janker, das äußere Joppen oder Schalk. I 1208

### Die Joppe

Überkleid mit Ärmeln, das den Rumpf bedeckt bei beiden Geschlechtern, wohl vom arabischen jubba.
R.A.: ›Einem auf'd Joppn nähn‹, ihm am Zeug flicken. I 1208

### Die »Kampmstümpf«

Chiemgau. Leinene Überstrümpfe. I 1231

### Das Karsedl

Korsettlein. Ein Teil der Tracht der bürgerlichen Weibspersonen. I 1295

## Die Kittel

Mannsrock von Leinwand oder anderm leichten Stoff.
Weiberrock, der am Mieder befestigt bis an die Knöchel, in einigen Gegenden wohl nur bis an die Knie reicht, und gewöhnlich von schwarzer oder dunkelbrauner Farbe ist.
»Deandl, wennst heiratst, so heiratst an Schneider
werd da der Kittl z'eng, macht er da'n weida.«
*Der Halskittel,* Oberhemdchen von Schleier oder weißer, gewöhnlich blaugestärkter Leinwand mit Spitzen, das in mehrern Gegenden des platten Landes die Mädchen um Hals und Brust anziehen; ist vom Goller unter anderem darin verschieden, daß dieses keine Ärmel hat.
*»Die Kitteltauben«,* die Mädchen, die Weiber. »Auf Kitteltauben ausgehen«.
*»Der Naßkittel«,* Person, welche dem Trunk ergeben ist. I 1310–1311

## Die Knöpfe

im Scherz Geld, und zwar mitunter nicht bloß figürlich, da in einigen Gegenden, z. B. an der Ilm die Knöpfe an den Feiertagswesten und -Jankern der Mannspersonen gerne aus angeöhrten Kopfstücken, besonders älteren zu 5, 10, 15 (resp. 6, 12, 17) Kreuzern bestehen, die im Fall der Not wieder ihrem eigentlichen Beruf zurückgegeben werden. I 1352

## Der Kontusch

Kantusch, veraltete Art einer städtischen weiblichen, etwas über die Hüften herabreichenden Oberkleidung. I 1267

## Der Kotzen

Kutzen. Sehr grobes Tuch, zottige Decke von Wolle, grobes Kleid.
»Das ehrsame Kotzenmacherhandwerk geratet gänzlich in Abschlag, weilen alle Geiß- und Pferdehaare zur Ausstaffierung deren Parocken aufgekauft werden.« I 1317

## Der Küre

In Städten und Märkten: Mantel mit Ärmeln, die gewöhnlich nicht gebraucht werden. Er ist der Capote der Spanier, wie er auch in Frankeich von den Weltgeistlichen, besonders den Curés getragen wird, wenn sie anders ihre alte Mode beibehalten haben. Bei uns hat der Cure den Palandran, den der Pauvrediable, diesen der Schanzenläufer, diesen der Garrick, letztern (um 1840, 1848) der Überwurf (Paletot) verdrängt. I 1285

## Lasset, Lassat, Lassitz

feines Pelzwerk.
Keine Frau darf der guten Schauben mehr haben als drei von Fehrücken, von Lasset oder von Fehwammen. I 1503

## Der Lenzen (Allgäu)

weibliche Sommer-Kopfbedeckung. I 1495

## Lofel (Tegernsee)

weiter Strumpf ohne Socken. I 1451

## Mahdstrümpfe

Strümpfe ohne Socken als Schutz gegen die Bremsen und Schnaken, bei den Landleuten einiger Gegenden besonders zur Erntezeit üblich. I 1568

## Die Malche

lederne Tasche, Reisesack. I 1593

## Manschetten haben

Furcht haben.
Seit Manschetten (Handkrausen) aus der Mode sind, findet man und macht sie lächerlich; daher (in der Kieler Gegend) Manschetten für malheur, Unglück, kleines Leid in Brauch gekommen ist.
Noch sagt man vom Furchtsamen, Ängstlichen: he hett en Manchettenfeeber, ein Fieber, das lange Manschetten zittern machen könnte.
I 1628

### Der Mantel

Der Mantel war zur Zeit der Jesuiten- und Benediktinerschulen eine den Studierenden sowohl für Sommer als Winter vorgeschriebene Tracht. Von einem als Student alt Gewordenen sagte man, es wachse ihm das Mies auf dem Mantel. Eine ähnliche Beziehung hatte wohl auch das noch vorkommende Schimpfwort Mantellümmel.

R.A. »Der Rock ist mir näher als der Mantel.«

*Der Flügelmantel* (in der ersten Hälfte des 18. Jahrhunderts)

Mantel, an beiden Seiten statt der Ärmel mit Klappen (Flügeln) versehen, die man, um den Arm zur Bewegung frei zu haben, gegen die Schulter zurückschlagen, dann aber wieder vorfallen lassen und zuknöpfen konnte. I 1630

### Mauken

Hängkörblein, wie die Bauernweiber am Arm zu tragen pflegen. (Nürnberg) I 1565

### Das Mieder

Ein Stück der weiblichen Kleidung auf dem Lande wie in den Städten, welches dem Planchet und der steifen Schnürrüstung der sogenannten französischen Kleidung entspricht und eine Art Fischbeinharnisch ist, der den gar zu gebrechlichen weiblichen Körper in gehöriger Form erhalten muß, wenn auch die Gesundheit von Mädchen, Müttern und Kindern dabei leiden sollte. »Es heißt wohl recht Müeder«, sagt schon P. Abraham, »denn nit ein geringe Mühe in dieser Kleidung; ach wann der Leib könnte reden, wie wurd er sich beklagen, daß er allzeit in solchen Ängsten muß leben und mehrer leiden als ein Kartäuser, so stets ein rauches Cilicium antragt«.

Die örtlichen Abweichungen der weiblichen Tracht, beinahe von Flußtal zu Flußtal, rühren größtenteils von der verschiednen Form des Mieders her, welches gleichsam der Halt ist, nach welchem sich der Rock und manches andre richten muß. Es gibt Mieder mit dicken Würsten am untern Rande, um die Röcke daran zu hängen, und andre, an welche die Röcke gleich von Haus aus fest genäht werden, Mieder die man hinten und andre, die man vorne zusammenschnürt. Der meiste Staat wird von bürgerlichen Mädchen und Frauen mit der silbernen Kette getrieben, womit sie das Mieder vorne nicht etwa auf dem kürzesten Wege, sondern über einen breiten, ebenfalls steifen Vorstecklatz in vielen Gängen von oben bis unten zusammenschnüren. I 1572

### Mudelhaube

Pelzhaube mit Verbrämung von Katzenbalg im Gegensatz zur Otterhaube. I 1571

### Der Mutz

Mutzen, kurzes Oberkleid, Kamisol, Überjacke.

Anno 1613 sagen die Müchner Tuchhändler in einer Beschwerde: Die Bauersweiber haben ehmals lange gefaltete Mäntel getragen, jetzt tragen sie statt der Mäntel kurze nette Mützel und Mäntele. I 1706

### Die Niderwat

Das Beinkleid. Die Frau Äbtissin griff statt des Weiles oder Schleiers ihres Buhlen Niderwat. II 1046

### Das Ohrenhäublein

Unterscheidende Kopfbekleidung verehelichter Bauernweiber. Eine Haube, deren beide steife Flügel mit ihren vorragenden Spitzen sich fest in die Wangen eindrücken. I 132

### Die Otterhaube

Mütze der vermöglicheren Weibspersonen auf dem Lande mit einer breiten Verbrämung von einem Otterbalge. I 177

### Der Palandran

ital. palandrano, Reisemantel, Regenmantel, Reitmantel mit weiten Ärmeln. I 385

### Paln (Poln)-Kittel

Kurzes Oberkleid der Weibspersonen um Dachau. I 385

Die Pfait
Got.: paida. Noch hie und da, z. B. am Inn, Rock, Mannsrock.
»D' Welt is ma jetzt ganz verloadt
will no lieber a Klosterpfoad (Kutte)«. Volkslied.
*Die Rockpfait* der Refträger ist ein Überzug von Leinwand und ohne Ärmel, den sie über dem Rock tragen.
*Die Leibpfait,* das Hemd.
*Die Duttenpfait,* Vorhemdchen des weiblichen Geschlechts.
Spr.W. »Gwohnheit is an eiserne Pfoad«.
»Der Bauer und der Hund
ham ma's Mensch net vergunnt,
hab's scho ghabt a da Pfoad,
ham ma's wieder verjoad.« I 443

Die Pföseln
Werdenfels, mhd.: phose. Wollene Rollstrümpfe. I 442

Der Platschari
Hut mit großen, breiten Rändern, unförmlich breite Sache. I 463

plodern
Von Kleidern: nicht anschließen, Falten werfen.
»D' Hosen ham sunst plodern miassn,
aber jetzund liegens an,
daß a Floh kaam ohne Barzn
Adam schöpfen kann«.
Volkslied I 457

Das Preis
Einfassung der Hemdärmel. I 471

Das Pudel
Halspudel. Eine ehemals bei weiblichen Personen bürgerlichen Standes übliche Halsbekleidung, die aus mehreren kleinen, zottigen oder krausen, neben- und übereinanderliegenden Bändchen bestand.
Die Pudelhauben, männliche Kopfbedeckung, von außen mit Lämmerfell überzogen. I 382

Der Pumpf
Pumpfgrob, sehr grob, lümmelhaft.
pumpfoast, sehr fett.
Die Pumpfhosen, weite, faltige Beinkleider, wie sie noch bei den Bauern im Egerlande üblich sind. I 392

Der Raub
raubisch
Mutig, stolz, auf martialische Weise großthuend.
»A rabischer Mensch hat Fedan am Huat.«
»Aus diesen gehaubten Narren (Doctoren und Magistern) sein etliche so ungezogen, daß sie ihre Würde und Dignität ganz und gar zu nicht machen, treten daher auf gut landesknechtisch und räuberisch, rucken das Paretlin auf ein Seiten, also daß es halb auf dem Ohr und halb auf den Hals hinab hangend.« (Geilers Bemerkung zum Narrenschiff, 1574) II 5

Das Regentuch
Stück Zeug, den die Bauernweiber, wenn sie zur Kirche gehen, zusammengewickelt unterm Arm tragen, um ihn, falls es regnen sollte, über sich zu decken. Ehmals gehörten solche Tücher, auch ohne Regen, zum Staatsanzug der Nürnberger Bürgerinnen. Es war gewöhnlich grün, bei einer Trauer aber weiß. (Nürnberg). II 70

Ridel
ahd. ridan, drehen, flechten. Flechte, Geflecht, Wulst von Flechtwerk.
*Mieder-Ridl:* Wulst am Mieder, über welchem der Rock befestigt wird. II 58

Die Rigelhauben
Eigentümliche Haube der Mädchen und Frauen vom Bürgerstande in München und einigen andern altbayrischen Städten, golden oder silbern (d. h. mit Stickerei in Gold oder Silber) und dies entweder reich, gut oder bloß falsch. Auf dem Lande werden diese Hauben Schleierlein-Hauben genannt. Daraus ist zu ver-

muten, daß wenigstens früher eine Art Schleiers, mit diesem Kopfputz, der in seiner jetzigen Form, bei Elegantern, so gut als nichts mehr deckt, in wesentlicher Verbindung gestanden habe. II 74

### Der Schäber

Tuch, gewöhnlich von weißer Leinwand, das die Köchin, der Koch, der Kellner, die Kellnerin, der Maurer etc. bei der Arbeit, um die Kleider zu schonen, als Schürze umbindet. (schweiz.: der Schäbert, Schäppert, Tschappert). Im Bayerischen Wald machen sich die Wäscherinnen Fürtücher von Stroh.
»Der schneeweiße Schaba, der hat mi vofühert,
sunst hätt i mei Lebtag koa Kellnerin gliabt.« II 352

### Die Schalaun

Feinere, leichtere, wollene Bettdecke, Chalons als ursprünglicher Fabrikort.
Schalaune, kurzer Mantel der Schüler der Fürstenschule in Meißen. II 394
Logogryph:
Das ganze Wort ein fliegendes Gewand, bezeichnend hohen Schülerstand;
ein Silbchen weg; der Hang zu grämeln und zu spotten;
den Schweif hinweg, ein Zeichen an die Spitze, so wirds gegraben und gesotten
Den Kopf hinweg: ein Autor wohl bekannt,
Nochmals den Schweif- hat's Kälte nicht noch Hitze.
(Schalaune, Laune, Alraun, Laun, lau) II 393

### Der Schalk

Schälklein, plur. Schaik. Kurzes Kamisol, das von Mannspersonen unter dem Rock getragen wird. Auch das weibliche Geschlecht hat seinen Schalk oder sein Schälklein. Scharlachrote Schälke tragen um Tegernsee zum Sonntagsstaat die Buben, seidene Schälke und Halstücher um Miesbach die Mädchen (Hazzi, Statistik) »Wer no aufziagt in an Schalk, is an Ösel oder Talk.« II 412

### Der Schamper

ital. scampolo, Rest.
Ein kurzes Kleid mit Ärmeln, dessen sich sowohl Jünglinge und Männer unter dem Landvolk bedienen als auch gemeine Bürger, wenn sie den Rock ablegen, in anderen Orten das Wams. II 421

### Das Schappel

Main, Rhein, mhd. schapel.
Kranz von Myrthen oder Blumen, mit Goldflittern durchflochten, der bei Hochzeiten, Kindstaufen und andern kirchlich-feierlichen Gelegenheiten von ländlichen Jungfrauen zur Auszeichnung auf dem Kopfe getragen wird. Übrigens sind Kränze solcher Art vor Zeiten auch von verheirateten Frauen und Männern getragen worden.
II 435

### Der Schariwari

Mensch, buntscheckig in Kleidung und Gesinnung, Springinsfeld. Schariwarihosen, langes, bis an die Knöchel reichendes Beinkleid, Pantalons. II 447

### Die Schaube

mhd. schuba. Eine Art Überkleid der Mannspersonen, besonders ein Talar oder auch ein mit Rauchwerk gefütterter und verbrämter Kaftan. So nannte man die moorenen Habite der Senatoren in Nürnberg noch bis auf die neueste Zeit. Schauben und die Findelknaben trugen daselbst bei Prozessionen rote Schauben, die bis an die Fersen reichten. II 354

### Das Scheitenhäublein

Haube mit Lappen, die über die Ohren herabhangen. (Bayer. Wald) II 484

### Der Schinhut

Strohhut gegen den Sonnenschein. II 425

### Die Schlatte

Schlapp. Breitrandiger Erntestrohhut. II 537

### Der Schlegel
Umzuschlagender Rand, besonders am Hinterteil gewisser Mannshauben, welche davon Schlegelhauben oder ebenfalls bloß Schlegel genannt werden. Die Geistlichen tragen schwarze Schlegel. Der Sammetschlegel war ein charakteristischer Kopfputz der regierenden Benediktinerprälaten.
Unter Wirten, Bräuknechten etc. ist es Herkommen, grünsammete Schlegelhauben zu tragen.
In Salzburg bedeutet Schlegel Gogelhopf, wohl ebenfalls auf die Gestalt des vorigen anspielend. II 519

### Die Schlepphaube
Schlappe – Haube, Kappe. Nationaltracht der weiblichen Dienstboten.
»Die verheirateten Landweiber in Tirol flechten die Haare rückwärts und stecken die Zöpfe in einen Beutel von Leinwand, welcher Schlappen heißt.« Nicolai.
Das Ohrenschlepplein ist an der Ilm eine Weiberhaube mit zwei Zipfeln, die über die Ohren gebunden werden. II 530

### schmecken
Riechen.
Der Schmeckenbüschel, der Schmeckenscherben, Blumentopf.
Der Schmeckenstengel, Kleinod der Herzogin Anna (1552). II 543

### Das Schmerkäpplein
Rundes, nur den Scheitel deckendes Käppchen von schwarzem Leder, wie es von den Bauern um Eichstätt getragen wird. II 554

### Die Schnackelhaube
Alte, aus der Mode gekommene ländliche Weiberhaube. II 566

### Der Schoppen
ital. giubba, frz. jupe. Jacke, Janker, Joppe bei beiden Geschlechtern. (Opf.). II 438

### Die Schulter
Bei der Musterung von 1507 sollte jeder zum Kriegsdienst Ausgewählte mit einem Hut und kurzen Rock in gleicher Farbe bekleidet sein, auch einen Krebs, ein Schulterl, Armschien, Goller und ein gutes, förmliches Hirnhäubel haben. II 416

### Die Sonnenfeder
Der Sonnenfächer aus Straußfedern. Diese Sonnenfeder war für die Damen jener Zeit (um 1700) was für die jetzigen der weit wirksamere Sonnenschirm aus Seidenzeug. I 691

### Das Spendröcklein
Kleiner, schlechter, abgetragener Mannsrock. II 677

### Der Spielhahn
Das Birkhuhn. Seine glänzend schwarzen, gekrümmten Schwanzfedern sind ein beliebter Hutschmuck der Bauernburschen am Gebirge, eine wahre Kokarde, durch welche sich vorzugsweise die Raufhelden dieser Gegenden auszuzeichnen suchen.
R.A.: »Die Spielhahnfeder einem herabtun«, ihn bezwingen. II 666

### Die Stauchen
mhd. stuche. Kopfbinde, Kopftuch oder Schleier der Weibspersonen, nur noch hie und da, z. B. im Allgäu und um Nürnberg üblich.
*Der Staucher,*
Vorsteckärmel, der Muff, Schlieffer. II 722

### Die Steckhauben.
Die gesteckte Hauben, weiland (1780–1800) Frauenzimmerkopfputz der neuesten Mode, durch Stecknadeln in unzählige Falten gesteckt.
»Stolze Stadt- und Bauerndirn
tragn Kantusch und gsteckte Haubn
s' Hemad möcht koa Hund aufklaubn«.
*Der Fürstecker,*
steifer Latz, der von Weibspersonen, die ein Mieder

tragen, vor die Brust gesteckt und mit dem Schnürriemen befestigt wird. II 726

### Der Stegreif

Ehemalige Art Überstrümpfe oder Gamaschen, meist von grauer Wolle, die über das Knie bis an die Mitte des Schenkels reichten.
II 741

### Der Stiefel

»Die Bayer seind gmeinlich in blau gekleidet, sunderlich was auf dem Land wohnt, tragen mehr Stiefel dann Hosen«, (d. h. Strümpfe). Seb. Frank, Weltbuch v. 1534. Dieses ist z. T. noch jetzt z. B. in der Gegend um München der Fall, wo die Bauernburschen zum Feiertagsstaat weit über die Knie heraufreichende Stiefel von weichem Leder tragen. II 736

### Der Stiefelzieher

Scherzhaft: Haube einer bürgerlich gekleideten Weibsperson, von dem Ansehen der hinten auseinanderstehenden Masche. (Rigelhaube) II 737

### Der Stock am Hemd

Hemdstock, Unterstock.
Der Rumpf daran, ohne die Ärmel. II 729

### Der Strumpf

Stumpf. Der Edelknabe, der in der Fronleichnamsprozession zu Fuß paradierte, mußte nach einer Anordnung von 1580 tragen: »ein weiß halbseidenes Paar Stimpf«.
Das hochd. Strumpf bedeutet eigentlich einen Strunk oder den unteren Teil der ehmals üblichen, aus einem Stück bestehenden Bekleidung des Schenkels und Fußes. Vor 200 Jahren hat noch nicht Einer unter tausend gewebte Strümpfe getragen, vor 100 Jahren noch nicht Einer unter fünfhundert. Jetzt ist kaum Einer unter tausend, der keine Strümpfe trägt, und doch konnte William Lea, der Erfinder des Strumpfrahmens, keinen Patron für seine Erfindung erhalten.
R.A. »Ziah d' Stimpf und d'Schuah aus und geh da Höll zua!«
Du kannst vom Beichtvater nicht absolviert werden, bist verloren. II 761

### Der Sturz

Weiberrock, der an das Mieder angenäht getragen wird. In Franken und Schwaben: Trauerschleier des weiblichen Geschlechts. Im Jahr 1518 vermochte Kaiser Maximilian die Frauen zu Augsburg, an einem Bürgertanz, ihm zu gefallen die Stürz, die sie trugen, und die hohen Schleier abzutun. II 786

### Der Tapphart

Mantel. I 613

### Das Tassel

die Mantelspange. I 627

### Das Tätzlein

Tatzl, Händchen, Hemdspitze, Hemdkrause, Manschette.
»Wenn außen her schon alles fein, und Spitz und Tatzeln bögelt sein, is werchi doch der Unterstock, man sieht's net unterm Unterrock.« I 634

### Die Traube

Weibspersonen sind »traupert anglegt«, wenn sie viele Röcke übereinander angezogen haben. I 672

### Der Trippschuh

Die Margareth, welche in der Fronleichnamsprozession von 1580 »an ainer rotseiden Pünden den Lindwurmb führt«, hat an: ein weißledernes Paar Trippschuh. I 672

### Das Tuch

Das eigentliche Tuch, aber auch jede Art von Leinwand.
Rupfas Tuach, harbas Tuach, Leinwand von Werg, von Flachs.
*Guttüchen,* ehmals beim gemeinen Mann vorzugs-

weise vom hellscharlachroten Tuch gebraucht. Ironisch von einem liederlichen Menschen: »Des is oana von de Guattüachana«, ein liederliches Tuch.
*Das Hochzeitstüchlein,* Schnupftüchlein, welches an einigen Orten als Ehrengeschenk dem einsegnenden Geistlichen, dem Brautführer, der Kränzeljungfer, den Geschwistern der Braut gereicht zu werden pflegt.
*Das Klagtüchlein,* weißes Tuch, das auf dem Lande zwischen dem Inn und der Salzach von Weibspersonen über den Kopf gelegt wird, wenn sie um einen Verstorbenen trauern.
*Das Kopf- oder Hauptentüchlein,* weiß linnenes, dreieckiges Tüchlein, welches so um den Kopf gebunden wird, daß zwei Zipfel am Nacken niederhangen. Ein Kopfputz des weiblichen Geschlechtes im Unterlande, welcher hübschen und selbst nur leidlichen Gesichtchen nicht weniger vorteilhaft läßt, als den Französinnen einiger Provinzen ihre coëffure en marmotte. I 582, 583

### Die Wat

mhd. wat, Kleiderstoff, Kleid. Die Spinnenwät, Spinnawett, Spinnwebe. II 1046

### Der Wettermantel

O. L. Ein Stück Zeug, das Bauersleute, besonders Weibspersonen an Feiertagen bei schlechtem Wetter über sich werfen. II 1051

### Der Widel

Älterer weiblicher Kopfputz. In der Kleiderordnung von 1626 werden den Töchtern der Nicht-vornehmen »die zum Teil von Gold gezierten Widen, die doppeltaffetenen Zöpf und die seidenen Nestel ins Haar« verboten. II 859

### Die Zesten

Zistel, ital. cesta, Handkorb. II 1159

### Der Zögger

Zecker, kommt wie die Moschen aus Böhmen. Sackähnlicher, aus Bast, Stroh, Binsen geflochtener Korb. »Was ich täglich einnimm, das verzehrt der Kuchelzecker«. P. Abraham. II 1081

### Die Zuckel

Obere Isar, Kärnt.: zokla, Holzschuh, ital. zoccolo. Holzschuh, dessen Übergeschirr aus Schienen von Legföhren geflochten ist. II 1084

# Stoff bezeichnungen

Ankinet
Aus nanquinet verstümmelt. Ein dem Nankin ähnlicher Baumwollenzeug. In der Umgebung der Stadt Nanking findet man in Fülle die gelbliche Gattung Baumwolle, die von Nanking ihren Namen hat. I 110

Der Arlas
Ein zu Arles in Burgund gewebtes Zeug. I 142

Der Arreis
Der Rasch, leichtes und geringes Gewebe aus Wolle, von der Stadt Arras benannt. I 121

Der Bamosin
Bombasin, Baumwolle. I 239

Der Barchant
Barchet, der Barchent. Bett-, Futter-, Schnürbarchent. Der Barchent kommt in der ältern Zeit als beliebter Preis für Wettlaufende vor.
R.A. »Den Barchent verstehn«, mit einer Sache umzugehen wissen.
»In den Barchet reißen«, Geld kosten.
»Löcher in den Barchet reißen«, schnarchen. I 268

Der Bliant
Ein seidener Stoff. I 328

Der Bubensammet
Trippsamt, Samt von Kamelhaaren in einen leinenen Aufzug geschlagen.
In einer Kleiderordnung von 1626 ist den Frauen erlaubt die »Präm auf ihre Röck und Schärkl von Wurschet, Sätin, Arrest oder Pubensammet zu tragen und zu gebrauchen«. In der Münchner Fronleichnamsprozession haben 1580 die hundert gerüsteten Bürger, welche den Schluß machen, »Partisanen mit schwarzem Bubensammet und gelben Börtlen auch schwarz und gelbem Gefräns geziert.« I 192

Der Damask
Damast (il damasco, von der Stadt Damaskus so genannt).
Ganz verschieden davon ist der Damaß, eine Art Unterfutterzeug. I 506

Der Drischämel
Woll- oder Leinenzeug mit drei Schemeln gewebt. I 563

Der Federitt
Geköperte, oft blau gestreifte Leinwand, die wegen ihrer Dichtheit besonders zu Unterbettziehen oder Federgefäßen gebraucht wird. (Inlett) I 691

Der Felber
Span. felba, samtartiges Gewebe von Seide und Garn; engl. velvet
»Einem den Felbel antreiben«, den Hut in den Kopf schlagen. I 711

Der Fritschal
Kostbarer Kleiderstoff. I 832

Der Fürgrat
Lat. gradus. Der Grädel, Gradl, im Oberland vorzugsweise die mit mehrern Schemeln gewobene Tischleinwand; ganz oder halbwollenes Zeug zu Weiberröcken. I 985

geschlacht
Ahd. gislaht, gleichartig. gerade, glatt, fein.
Geschlachtes, wullen Gewand, feines, gutes Wollentuch im Gegensatz von Loden oder grobem zottigm Tuch. II 500

Der Gingang
Gestreifter Baumwollenzeug in Oberschwaben auch Rumundnumm genannt. I 923

Der Inlaß
Inguß, Federitt, Bettfederbehältnis. I 1510

Der Kardiß
Zeug aus Schafwolle zu Weiberröcken. I 1290

Das Kuttenholz

Hundskutten, Stoffbenennung. »Mit dem Trippsammet, Fürgrat, Burat, Hundskutten und dergl. ist allhier zu München ein guter Anfang gemacht worden« 1612. I 1312

lindisch Tuch

Lündisch oder Scheptuch, feines Tuch, das von London in Schiffen nach Hamburg und andern Seestädten und von da nach Bayern kam. R.A. »Nicht von lündischer Tuch wegen mit einem handeln«, etwas Ungewöhnliches, Verdächtiges mit ihm abmachen. I 1488

Der, das Sait

Eine Art Gewebes oder Zeuges, vermutlich was in neuerer Zeit Sayet, d. h. dünner, leichter Wollenzeug. II 335

Schätter, Steifschetter

Schitter – dünn. Lockere, undichte Leinwand, wie die, welche durch Überziehen mit Leim oder Kleister steif gemacht wird. Siebleinwand. II 482

schielen

schiecken, schiegeln, mit schiefen, einwärts oder auswärts gesetzten Füßen gehen, schielen, von Farben: schillern. Der Schiageltaffet, Schillertaft. II 368

Das Schiertuch

Der Schier. Schier – glatt, glänzend, hell. Klare, durchsichtige, feine Leinwand. II 453

Das Siegel

Wohl eine Art Stempel. Dreisiegler, Viersiegler. »Sollen unsere Tuchmacher Kerntücher und Drei- und Viersiegler verfertigen, so müssen sie böhmische Wolle haben.« II 242

Der Stab

In mehreren Gegenden ist der Stab ein Maß für Schnittwaren, ja die Elle selbst als Werkzeug heißt der Ellenstab. An der oberen Isar wird die nur $^3/_4$ bayerische Ellen breite Leinwand (das Schmaltuch) nach Stäben gemessen, wovon es denn auch »Stabtuech«, genannt wird. II 716

Der Tabin

Gewässerter Taft. »Unsere Bürgerinnen und Bürgerstöchter in Städten und Märkten soll keine hinfür keinen Samt, Atlas, Damast, Tabin oder Scharlach zu Röcken oder Schauben oder Unterröcken oder Mänteln tragen.« 1501. I 578

Der Viergrad

Eine Art Zeuges. »Die Käuffl, Fragner und Höckler sollen den Bauersmann mit Geld bezahlen, und ihm nicht Parchet, Wurschet, Fürgrad und andere Waren einschwätzen.« I 844

Der Wifling

Wif, Schwung, schnelle Bewegung. Grobes, gewöhnlich schwarz gefärbtes Zeug, wovon der Zettel Leingarn, der Einschlag Wolle ist und der meist zu Weiberröcken dient. II 865

Der Wurschet

Halbseidener Zeug. Nach Worsted in England, einer jetzt wenig bedeutenden Stadt in Norfolk, wo sie unter Eduard III. zuerst verfertigt, wurden gewisse Wollwaren (aus langer Kammwolle oder auch nur zum Teil aus Wolle) benannt. Jetzt aber ist Norwich im Hauptbesitz dieser Art von Wollenmanufaktur. II 1003

Der Zidat

Cidat, Ziklat, kostbarer Stoff. II 1086

Zwist

Gewebe von zwiefachen Fäden, engl. twist. »Schamloth, Zwist und anderer sauberer und gemeiner Zeug«, nicht aber Sammet und Seide ist den Bürgersfrauen und Töchtern zur Kleidung zugelassen. II 1185

# Religiöses Brauchtum

### Angst

Unsers Herrn Angst läuten. An den Donnerstagen nach dem gewöhnlichen Aveläuten, den Gläubigen ein Zeichen geben, sich der Angst Christi am Ölberg zu erinnern, wo diese dann noch hie und da ein uraltes, von Petrus Canisius verfaßtes Angstgebetlein sprechen. I 105

### Antlaß

Ehmals die Lossprechung oder Entlassung öffentlicher Büßer von ihren Vergehungen und Kirchenstrafen und Wiederaufnahme derselben in die Gemeinschaft der Christen, welche gewöhnlich am Gründonnerstag als Einsetzungstag des hl. Abendmahls statt hatte. Es wurde daher der Gründonnerstag selbst Antlaßtag, Antlaßpfinztag genannt.

*Das Antlaßei*

Ein Ei, das am Gründonnerstag, (Antlaßtag) gelegt ist. Solche Eier werden vorzugsweise zur Osterweihe gebracht, um dann unter die Hausgenossen verteilt zu werden. Sie bewahren den, der davon genießt, das Jahr hindurch vor Leibschäden. Daher wird eine sorgsame Hausmutter, wenn sie unter den für ihre Hausgenossenschaft bestimmten geweihten Eiern nur einige Antlaßeier hat, sich diese wohl zu merken suchen, um sie vorzugsweise dem Hausvater und den Mannsleuten zuzuwenden.

*Das Antlaß-Kränzlein*

Kränzlein aus Raute, Feldquendel und andern Blumen, welches am Fronleichnamstag bei der Prozession gebraucht und als heiliges Mittel gegen den Blitzstrahl aufbewahrt wird. Antlaßtag ist der Fronleichnamstag, da der Ausdruck in Beziehung auf den Gründonnerstag größtenteils veraltet ist. I 1507

### Der Ausgespannte

Büßer bei den ehemaligen Karfreitagsprozessionen, mit einer Art Bußrock angetan, durch dessen beide Ärmel ein Stecken gezogen war, so daß er die Arme immer ausgestreckt halten mußte, während er mit anderen Vermummten, die sich mit schweren Kreuzen schleppten, einherging.
»Einen ausgespannten Rosenkranz beten« (mit ausgestreckten Armen). II 673

### Blasius

Blasi. Im Scherz: der Wind, und ein kleiner Rausch.
Blaseln, einblaseln.
Die Ceremonie des Einblaselns, welche am St. Blasiustag in den katholischen Kirchen statthat, besteht darin, daß der Geistliche jeder Person, die deshalb zu ihm hintritt, unter einer gewissen Gebetformel zwei brennende, übers Kreuz gelegte Wachskerzen unters Kinn hält. Nach einem alten und weit verbreiteten Glauben bleibt man dadurch vor dem Halsweh sicher. I 329

### Der Dreißigste

Zeit von dreißig Tagen, vom 15. August bis zum 15. September, d. h. von Maria Himmelfahrt bis zu Maria Geburt, welche auch insgemein der Frauen-Dreißigst genannt wird. Innerhalb dieser Tage pflegen schon seit 1683 die frommen Münchner nach der Kirche des benachbarten Ramersdorf zu wallfahrten, sowie sie vom 12. September bis zum 12. Oktober in dem sogenannten Annadreißigst die St. Annakirchen zu Harlaching oder auf dem Lehel besuchen.
*Dreißigst-Eier* sind Eier, die zwischen Maria Himmelfahrt und Maria Geburt gelegt werden. Sie eignen sich vorzüglich zum Aufbewahren im Winter und werden im Frühjahr gerne zum Ausbrüten untergelegt.
Zum Sammeln von wirksamen Kräutern, z. B. der Baldrianwurzel gegen kranke Kuheuter, sind nach dem Glauben der Zillertaler nur die drei Sonntage zwischen den Frauentagen (Maria Himmelfahrt und Maria Geburt), und zwar morgens bei Sonnenaufgang geeignet. I 562

### Die Fahne

Es gibt Männerfahnen, Weiberfahnen, und besonders sind die Dorffahnen zu bemerken, die bei Kreuzgängen aus einem Dorf ins andere oder wohl gar an entfernte Wallfahrtsorte gebracht werden und an möglichst langen Stangen befestigt sind. Es wetteifern

die Gemeinden förmlich um die Ehre, »den höchsten Fahn« zu haben. Solchen ungeheuren Fahnenstangen, auf Kosten andächtiger Kirchspiele von unten bis oben mit Wachs umwunden, sieht man an mancher Wunderstätte, z. B. in der Kirche zu Bogen, ex voto aufgestellt.
Der Fahnenstiefel, an einem um die Schulter gehängten Riemen befestigt, um das untere Ende der Fahnenstange zum Tragen darin ruhen zu lassen.
»A Fahnastang« ist im Scherz ein langer Mensch.
Das Kirchweihfähnlein wird von dem Turme einer Kirche, deren Weihefest gefeiert wird, die ganze Kirchweihwoche hindurch ausgehängt. Was heutzutage als ein sonst bedeutungsloses bloßes Freudensignal betrachtet wird, war früher das bei großen Volkszusammenkünften übliche Warnungszeichen zur Haltung des Landfriedens. R.A.: »Das Fähnlein haben«, u. a. in irgendeinem Stücke der Vorzüglichste sein; vielleicht vom Kriegsfähnlein oder etwa auch von dem Fähnlein hergenommen, welches mit Talern behängt, bei Wettrennen als Preis gegeben wird.
I 719

## fasten

In frühern Zeiten wurde die Fastenzeit so streng gehalten, daß man nichts, was von gewissen Tierarten herkam, nicht einmal Eier und Butter genoß, und auch in Bayern, wo doch kein Ölbaum vorkommt, bloß von Öl aß, bis 1480 der Papst Sixtus IV. die Befreiung von Ölspeisen erteilte. Länger dauerte die gänzliche Enthaltung von allen Fleischsspeisen.
*Fastenexempel* (noch vor einigen Jahrzehnten) waren nachmittägliche Predigten während der Fastenzeit, in welchen gewöhnlich Exempel von buß- oder unbußfertigen Leuten und die daraus fließenden Lehren vorgetragen wurden.
*Fastenvögel,* Wasservögel, die von Katholiken auch an Fasttagen gegessen werden dürfen (Fulica). I 773

## Das Ferkel (ferculum)

Heiligenbild, Figur, die in einer Prozession auf der Achsel herumgetragen wird. I 755

## Die Firmung

»Der Firmgod führt s'Kind zu der Firm und bindt eahm d'Firm um.« In bestimmten Bistümern war es üblich, dem Firmling nach erhaltener Salbung eine weiße Binde, das Firmbindlein um die Stirne zu binden. I 756

## Unsere Liebe Frau

»Liabe Frau von Hohen Bogen,
is ma eppas ins Augen gflogen.
Liaba Frau von Passau
tua ma 's wieder aussa.
Liaba Frau von Heiligen Bluat (zu Klattau)
mach ma d' Augn wieder guat.« I 802

## Das Heilige Grab

Am Donnerstag, Freitag und Samstag der Karwoche wird in den katholischen Kirchen durch eigene, besonders auf den Farbensinn wirkende Dekorationen das Heilige Grab dargestellt. An diesen Tagen ist in der Stadt wie auf dem Lande jung und alt auf den Beinen, um von Kirche zu Kirche seine Andacht zu verrichten, oder, wie man sagt: Die Gräber zu besuchen. Von einer bekannt groben Person, welche dieses tut, sagt der Münchner mit einem dialektischen Calembourg: »Der geht zu de Grebern« (Gröberen). I 982

## Der Himmel

Die Himmelfahrt Christi wurde noch im 19. Jh. in den Kirchen Bayerns durch Emporziehung eines hölzernen, als triumphierender Heiland angekleideten Bildes dargestellt. Nach dem Landgebot von 1611 hat man ehemals das Spektakel noch weiter getrieben; es wurde nämlich in den Kirchen auf dem Land eine »geklaidte und angezündte Bildtnus deß bösen Geists« von der Höhe herabgeworfen, um welche, heißt es in diesem Gebot, »das gemaine Volk sich fast reissen tut und die Stuck oder Fleck, welche sie darvon bekummen, im Feldt aufstecken, der Zuversicht, daß der Schaur daselbs nit schlagen soll.«
Regna, Regna Tropfa,
schö blüaht der Hopfa

schö blüaht s'Himmelkraut (Klee),
Liabe Frau, mach's Türl auf
lass'n Regen nein
laß raus an Sunnaschein! Kinderliedchen.
»Himmelhenn«, Betschwester,
»Der Himmelring«, der Regenbogen.
»Das Himmelringschüsselein«, Bracteat oder Münze von Goldblech, wie sie aus der alten Zeit hie und da noch gefunden werden. Nach einem frommen Kinderglauben braucht man nur den Punkt zu merken, wo ein Regenbogen auf die Erde stößt, um ohne Fehl einen solchen Schatz zu finden.
*»himmelläuten«*. Es findet am Beerdigungstage eines Verstorbenen nach dem gewöhnlichen Aveläuten um 12.00, in 3 Absätzen statt. Für einen verstorbenen Landesfürsten ist in allen Kirchen des Landes auch das Himmelläuten von 11–12 Uhr üblich. I 1111

## Das Hungertuch

Blaues Tuch, womit in katholischen Kirchen zur Advent- und Fastenzeit die Altarbilder bedeckt werden. I 1132

## Die Karen

Karin, Buße durch vierzigtägiges Fasten, lat. carana.
»Was ein karen sey. Ein Karen ist sieben Jahr zu fasten mit Wasser und Brot all Freitag und sieben Jahr nichts leinenes antragen, und sieben Jahr barfuß gehn und sieben Jahr nicht schlafen an der Statt wo er vor geschlafen hat, und in sieben Jahren nicht kommen unter ein Dach, es sei denn, daß er Meß hör, so soll er stehn auswendig der Tür und in sieben Jahren nicht essen aus einer Schüssel noch aus einem Assäch (Gefäß) trinken, und wer das alles tut, der hat nur ein Karen verdient.« (14. Jahrhundert) I 1277

## Das Kläpflein

Klepfl, Klapper, d. h. ein Brettchen mit einem darunter eingezapften Stiele zum Halten. Oben in der Mitte ist ein beweglicher hölzerner Hammer, der beim Hin- und Herbewegen auf dem Brettchen an beiden Enden anschlägt. Solche Kläpflein braucht man während der Karwoche in der Kirche, statt der sogenannten Klinseln (Glöckchen), um damit die üblichen Zeichen zu geben. Auch bei einem Treib- oder Klopfjagen muß jeder Aufgebotene ein Kläpfelein zur Hand haben. I 1337

## Die Kräutl-Weih

Die Weihe von Kräutern, welche am Maria Himmelfahrtstag in den ländlichen Pfarrkirchen statt hat und woran jede Haushaltung durch einen ansehnlichen Strauß teilnimmt, der dann das Jahr über im Hause aufbewahrt wird. I 1386

## Das Kreuz geht aus, geht ein

Die Bittprozession mit dem Kreuze und allerlei Kirchenfahnen zieht aus der Kirche oder der Ortschaft und wieder zurück.
R.A. »Mit der Kirchen ums Kreuz gehn«, es verkehrt anfangen.
»Des is dennasta a Kreuz und koa Herrgott dran!« I 1389

## Der Kreuzweg

Weg, an welchem die Hauptvorfälle aus der Leidensgeschichte Christi oder die sogenannten 14 Stationen durch ebensoviele Gemälde oder Gruppen von Bildhauerarbeit in einzelnen, von Entfernung zu Entfernung errichteten Kapellchen oder Figuren, vorgestellt sind, und der sich gewöhnlich von einer Ortschaft nach einer benachbarten, weithin sichtbaren Anhöhe zieht, auf welcher als einem Golgatha oder Kalvarienberge der zwischen den Schächern am Kreuz Erhöhte der frommen Andacht ausgestellt ist. Eine der vorzüglichsten dieser religiös romantischen, vermutlich zur Zeit der Kreuzzüge emporgekommenen Anstalten, ist sicherlich die bei Tölz, wo eine großartige Aussicht in die Gebirge auch im gemeinsten Manne zur Steigerung der Gefühle beitragen muß. I 1389

## lichteln

Sich mit Lichtern zu schaffen machen, Lichter aus

Andacht anzünden, wie besonders am Lichtmeßtag (»Liechteltag«) wo hie und da die Kinder bei der Abendandacht zu Hause auf Spänen eine Menge Wachslichterchen zu brennen pflegen. I 1431

### Das Lorettoglöcklein

Wetterglöcklein, geweihtes Glöcklein, womit in Häusern, in welchen sich noch die gute alte Zeit fortsetzt, bei Wettergefahren geläutet wird.
Das Vesperglöcklein, auch schnippisches vorlautes Mädchen. I 972

### Die Marter

Das Kreuz, Kruzifix als Zeichen des Leidens Christi, gewöhnlicher die Martersaulen, Säule von Stein oder Mauerwerk, wohl auch von Holz mit einem Kreuz oder sonst angebrachter Vorstellung irgend eines religiösen Gegenstandes, oder auch eines an Ort und Stelle begegneten Unglückfalles, im Freien, besonders an Wegen aufgerichtet.
R.A. »Dastehn wia a Martersauln«, unbeweglich.
In Welschtirol sind Martyri auf Holz gesteckte eiserne Kreuze, an Stellen, wo jemand ermordet worden ist. I 1655

### Der Ölberg

Malereien oder Gruppen von Bildhauerarbeit, welche eine Vorstellung dessen sein sollen, was sich im Garten Gethsemane oder auf dem sog. Ölberg zugetragen hat. Ehmals waren auf sehr vielen Kirchhöfen in eignen Kapellen oder Nischen solche Ölberge zu schauen. Daß sie auf den gemeinen Mann, besonders auf die Jugend, einen tiefen, religiös romantischen Eindruck machten, wird niemand leugnen, der selbst je solch eines Eindrucks fähig war. Sind solche sinnliche Erbauungsmittel ein stützender Stab für den Schwachen, so muß der Stab ihm nicht genommen werden, bis er ihn nicht mehr braucht; aber noch viel minder darf der Schwache um des Stabes willen in der Schwachheit erhalten werden.
I 62

### Das Osterlämmlein

Eierkäse in Form eines Lammes, welcher schön gezieret, nebst den Ostereiern und andern Eßwaren als Kren, Speck etc. am Ostersonntag zur Weihe in die Kirche gebracht wird. I 171

### Das Ostermärlein

Lustiges Märchen von der Art derjenigen, welche aus Anlaß einer Stelle des auf den Ostermontag angesetzten Evangeliums (et factum est, dum fabularentur; Luc. 24,15) ehmals in die Predigten dieses Tages mit moralischen Nutzanwendungen pflegten eingeflochten zu werden. Churfürst Max III. schaffte diesen Gebrauch ab, der übrigens cum grano salis gehandhabt, dem klaren Sinn der Menge gewiß besser zusagte, als die giftige Controverse, oder die wässerige Moral, oder haltlose Mystik neuester Zeit. I 1634

### Der Palm

Büschel von Zweigen der Palmweide, der Stechpalme, des Sebenbaums, der Mistel, welcher am Palmsonntag in der Kirche geweiht, und nicht nur bei den gottesdienstlichen Zeremonien dieses Tages gebraucht, sondern von den Kirchgängern auch nach Hause getragen und als eine Art Haussegen das Jahr hindurch aufbewahrt wird. Nach einem altererbten Wahne ist eine Partikel von so einem Palm, während eines Hochgewitters ins Feuer des häuslichen Herdes geworfen, der sicherste Blitzableiter. Einer freundlichen ländlichen Sitte gemäß wird der Palm, der für jedes Haus bestimmt ist, von der jüngsten Person desselben an einem langen Stabe in die Kirche und wieder nach Hause getragen und bis zum Ostertag im Gemüsegärtlein aufgestellt. An diesem Tag wetteifern dann sämtliche Hausgenossen, nach beendigtem Gottesdienst zuerst nach Hause zu kommen und das Gärtlein zu erreichen; denn es kommt darauf an, den Palm nun vollends ins Haus zu bringen, und sich dadurch das Vorrecht auf eine Extraportion vom »Osterlamm« zu erwerben, das gewöhnlich in geweihtem, geräuchertem Schweinefleisch, Meerrettich und roten Eiern besteht. Ehemals wurde von München jährlich ein

Kurier nach Mailand geschickt, um echte Palmen und Oliven zur Karwoche zu holen. (Hofrechnung von 1599)

### Der Palmbesen

Büschel von kleinen Zweigen der Palmweide, nach Art eines Besens zusammengebunden, die, an einen dünnen Stab gesteckt am Palmsonntag zur Weihe getragen werden. I 289

### Der Palmesel

Ein hölzerner Esel, der noch vor ein paar Jahrzehnten am Palmsonntag in feierlicher Prozession herumgeführt wurde. Daher mehrere Redenarten:

»Er laßt sich alle Jahr nur einmal sehen wie der Palmesel.«

»Er ist aufgeputzt, wie der Palmesel acht Tag vor Ostern, wie's Rößlein am Palmtag.« I 387

### Pinzgauer Wallfahrerlied:

»Grob san ma gnua, des wiß ma ja von eh.« I 4

### prangen

Geschmückt, geziert sein, besonders bei feierlichen Anlässen, Hochzeiten, beim Herabfahren mit dem Vieh von den Almen. Es wird vorzüglich von den Mädchen gesagt, welche mit dem jungfräulichen Kranz (dem Kranl) und allerlei Blumen und Bändern geziert, die Fronleichnamsprozession begleiten.

*»Der Prangtag«*, der Fronleichnamstag.

*»Die Prangbüchs«* (im Salzburgischen) Böller bei der Fronleichnamsprozession zu gebrauchen.

*»Pranggras«*, Rohrstengel, Schilf, vermutlich weil in einigen Gegenden am Prangtag die Gassen, durch welche die Prozession geht, damit bestreut werden.

*prangen*, sich zieren, aus Ziererei nicht zugreifen, langsam sein und tun. »uma prangsen«, zaudern.

*»Einen Pranger essen»*, vor der Mahlzeit etwas essen, um während derselben sich zieren zu können.

*»Die Prangkuchen«* der Nürnberger Hausfrauen. (culinae ad meram ostentationem compositae).
I 469

### Die Pumpermetten

Das Singen der Mette am Mittwoch, Donnerstag und Freitag der Karwoche in der Kirche, bei deren Schluß mit einer hölzernen sogenannten Ratschen gepumpert wird. I 391

### Scheyrer Kreuz

Um auch entfernte Fromme seiner Wunderkraft, besonders gegen Blitz und Hagel teilhaftig zu machen, wurden in der Form eines Kreuzes mit zwei übereinanderstehenden ungleich langen Querbalken, kleine Scheyrerkreuzlein von Messing und Silber gegossen und nach gehöriger Berührung mit dem Original manches Jahr zu mehr als 40 000 Stücken auf dem Handelswege vom Benediktinerkloster Scheyern ausgesendet über alle Lande. II 454

### Sebastian

Gewöhnlich in Wastl umbequemt, schwäb. Bastian, Basti. Es wurden in Regensburg am Fabian- und Sebastianstag »8 Köpf neuen Frankenwein ab St. Sebastians Pfeyl getrunken« (1520)

»Aus Bayern werden Pfeil geführt, da deine Hirnschal mit berührt; die solche Pfeiler tragen, nichts nach der Peste fragen.« II 208 (Ebersberger Sebastianspfeile)

### Segen

Wundsegen des Augustiners Br. Wernher von Friburg:

Christus wart geborn, Christus wart verlorn, Christus wart wieder funden, der gesegne diese Wunden im Namen des Vaters und des Sohnes und des hl. Geistes Amen.«

R.A. »Es einem eingsegna«, es einem fühlen lassen. II 239

### St. Johanni Segen

Was heutzutage unter dem Namen St. Johanns Segen bekannter ist, hieß früher St. Johanns Minn, nämlich das Trinken von Wein, welcher am 27. Dezember zum Gedächtnis Johannes des Evangelisten, der nach der Legende vergifteten Wein ohne Schaden zu sich genommen, in der Kirche geweiht worden ist. Auch wenn jemand aus dem Kreise der Seinigen in die Fremde ging, pflegte er zu Letze und gleichsam als Schutzmittel vor schädlicher Speise mit ihnen St. Johanns Minn zu trinken. Sogar der Scharfrichter trinkt wohl mit dem armen Sünder, dem er vorläufig einen Besuch im Gefängnis abstattet, damit das Werk besser von statten gehe, den Johannis Segen. I 1617–18

### Speispfinztag

Gründonnerstag, an welchem man vorzugsweise zum Abendmahl geht, oder speiset.
»Speisglöcklein«, womit man speisen läutet, d. h. das Zeichen gibt, daß ein Sterbender versehen wird. II 687

### Der Steffel

Stephanus. Der hl. Stephan gilt nebst St. Lienhard und Wendelin als Hauptpatron für das Vieh, besonders die Pferde. An seinem Feste läßt man diese zur Ader und reitet sie um die Kirchen herum in welchen er verehrt wird, damit ihnen die Steine nicht an den Hufen schaden, hält Wettrennen u.s.w.
Der steinen Steffan (Nürnberg), einfältiger, unbehilflicher Mensch, (wohl von einem Steinbilde).
»Der Steffel ruft« – sagen die Münchner, wenn das Geläute der, dem hl. Stefan gewidmeten Kirche am Leichenacker gehört wird.
»Beim Steffel sein, zum Steffel hinausgehen«.
Der »Stefflnachi«. Werktag nach 2 Feiertagen, der wie der nach dem Christ- und Stefanstag noch halb und halb gefeiert wird. II 735

### Das Tolentinbrot

Ein Brot, das in Bezug auf eine Legende vom Hl. Nikolaus von Tolentin ehemals durch die Augustinermönche gebacken, geweiht, und den Starkgläubigen als Mittel für allerlei ausgeteilt zu werden pflegte. I 601

### Untermärchlein

Am Paternoster sind die Vaterunser-Kügelchen gewöhnlich durch sie umgebende Untermärklein von anderer Farbe oder Materie von den übrigen oder Ave Maria Kügelchen ausgezeichnet.
R.A. »Ein Untermärchelein machen«, sich eine Abwechslung, eine kleine Erholung vergönnen. I 1645

### Die Wandelkerze

Eigene größere Kerze, die bei einem (Mess)Amte während der Stillmesse von der Wandlung bis zur Kommunion angezündet zu werden pflegt. Solche Kerzen (je größer und schwerer, so verdienstlicher) wurden und werden an sogenannten Gnadenorten (wie Andechs, Bogenberg, Altenötting) gewöhnlich von wallfahrenden Kirchgemeinden als Opfergaben mitgebracht. Der Schönen Maria zu Regensburg wurde im Jahre 1519 eine Wandelkerze geopfert, so ungeheuer, daß, um sie anzünden zu können, eine Leiter von 12 Stufen angeschafft werden mußte. II 936

### Eierweihen

Am Ostertag setzte man auf den Tisch »den gweihten Fladen mit den Eiern wie der Brauch ist in dem Land zu Bayern«.
R.A.: »Nicht geweiht sein zu etwas«, nicht dazu befugt, nicht dazu vermögend sein. II 882

### Das Zeichen

Wahrzeichen. »Du glaubst nit ehe, die Heiligen zeichnen dann. Man hält nur auf die Marterheiligen, als St. Velten (Valentin) St. Cyrin, St. Antonius; der eine brennet, der ander schändet und plagt, sonst opfern ihnen die Bauern nichts. Sie geben mehr auf Antonius Feuer, denn auf St. Josefs Hosen, oder St. Annen Kamm.« Seb. Frank. II 1075

# Taufe

## Der Einbund

Was man einem als Patengeschenk einbindet. I 250

## Frautaufen

Nottaufen. Was gewöhnlich in Ermangelung eines Geistlichen von einer der Frauen geschieht, die bei der Geburt zugegen sind. I 803

## fürhergehen

»Fürageh n« wird besonders von den Frauen gesagt, wenn sie nach dem Wochenbett zuerst wieder zur Kirche kommen, und vom Geistlichen förmlich eingeführt, fürhergesegnet werden. Dieses »Fürageh aus dem Wochenbett« ist dem »Hinterikemma«, in die Wochen kommen, entgegengesetzt, Vornehmere lassen sich zu Hause »füragsegna«, ehe sie überhaupt ausgehen. I 745

## Die Godl

Godn, Gotten, Patin. Das Gottengewändlein, das neue Kleid, welches der oder die Taufpate dem zur Taufe gehobenen Kinde machen läßt, wenn dieses etwa ein paar Jahre alt geworden ist. Im Unterland wird nur ein Hemd gegeben. Den Gottenlöffel mit dem Namen des Taufpaten schenken Wohlhabendere in München ihrem 2–3jährigen Taufkinde. I 962

## Der Heide

»Mach ma us 'n Hoadn an Christen«, sagt der Bauer wohl zum Pfarrer, wenn er ihm ein Kind zum Taufen (salzen und schmalzen) bringt. I 1052

## herfürgesegnen

Eine Wöchnerin segnen, die nach vollendeten sechs Wochen zum ersten Mal wieder zur Kirche kommt, wobei sie auf dem Lande ein Stück von einem Wachsstock mit dareingestecktem Sechser oder Zwölfer auf den Altar zu legen pflegt. Manche lassen sich nach 8 oder 14 Tagen, wenn sie aus dem Zimmer gehen und Geschäfte im Haus besorgen wollen, den »Haussegen« geben. II 239

## Der Kerzendreier

Eine gewisse Silbermünze, welche bei einer Kindtaufe den Hausgenossen vom Taufpaten geschenkt wurde, jetzt jedes Geld- oder andere Geschenk bei dieser Gelegenheit (Nürnberg). I 1298

## Das Kindleinmahl

Mahl für die Paten, die Hebamme etc. in dem Hause, wo ein Kind geboren ist, entweder am Tauftage oder an sonst einem gewissen Tage nach der Entbindung üblich. I 1582

## recken

Spieß recken. Bei Kindstaufschmausereien hölzerne Spieße zum Fenster hineinstrecken, um ein Stück Kuchen oder Fleisch anzuspießen (Fichtelgeb.). II 42

## einem weisen

Summen, leise singen, wie beim Einschläfern der Kinder, daher die Sause, ein an Stricken aufgehängter Korb als Wiege und die Interjektion suse, susa! II 330

## sausen

Sich bei gewissen Anlässen, besonders Hochzeiten, Geburten, Kindstaufen mit einem Geschenk bei ihm einstellen.
Dem Zins- oder Lehensherrn weisen, ihm zu gewissen, besonders festlichen Zeiten, als Weihnachten, Fastnacht, Ostern, Pfingsten bestimmte kleine Gaben, z. B. Hühner, Eier, Käse, Brote in signum recognitionis darbringen.
Der Kindbetterin weisen muß nach der Landessitte 14 Tage oder 3 Wochen nach der Entbindung die Gevatterin. Was sie weiset, besteht gewöhnlich aus Semmeln, Butter, Eiern, Backwerk, Bier, Wein, Kaffee, Zucker und dergl. An einigen Orten weisen alle diejenigen Personen, die bei der Kindstaufe zugegen waren. Wer Freunde oder Verwandte zur Kirchweih besucht, um ihr Gast zu sein, pflegt an der Würm Butter, Schmalz, Eier und dergl. mitzubringen, d. h. zu weisen.

# Taufe

»Ins Weisat gehn«, zu einer Kindbetterin kommen, wo denn gewöhnlich ein kleines Mahl statthat, welches ebenfalls Weiset heißt. Bei Begräbnissen wird Brot und Wein als Weiset für den Geistlichen auf den Altar gebracht. II 1027

## Das Wester

Abgeleitet von: Accipe vestum candidum (Taufformel). Das Chrisamhemd, welches dem Täufling bei der Ceremonie angetan wird. »Die Kinder die man dahin mit dem Westerhemetl verlobt, werden von der Fraiß erledigt.« Leben der drei elenden Heiligen zu Ötting bei Ingolstadt 1696. In Nürnberg pflegen die Gevatter dem Täufling oder vielmehr den Eltern einige Tage nach der Taufe Eßwaren und dgl. ins Wester zu schicken. II 1043

# Hochzeit

### abdanken
Der Hochzeitslader dankt ab durch einen besonderen Spruch im elterlichen Hause der Braut, wenn diese es feierlich verläßt, um in ein anderes zu heiraten, und abermals, ehe die geladenen Hochzeitsgäste vom Mahl aufstehen. Auch nach dem traurigern Vermählungsfeste mit der kühlen Erde, nach Leichenbegängnissen, wird feierlich abgedankt. I 522

### Anstand
Aufhalten durch Plauderei. Mit einem Anstandhemd als Geschenk pflegt sich eine Neuvermählte bei den nächsten Verwandten ihres Mannes einzustellen.
II 766

### Der Ärmelmann
In einigen Gegenden des Oberlandes der Heiratsstifter bei Unvermöglichen, weil er nämlich von der Braut seine Leinwand, wenigstens zu einem Paar Hemdärmeln zu Geschenk erhält, während eine reichere Braut ihrem Heiratsmann (Heiratstifter) ein ganzes Hemd verehren muß. I 144

### Das Bschoadessen
Das Bescheidessen, was von einem für das Haus geschlachteten Schweine und dgl. den Nachbarn, damit sie gleichsam Bescheid tun, zugeschickt wird, oder was die Gäste bei einem Hochzeit-, Kirchweih- oder dgl. Schmause üblichermaßen von ihren Portionen beiseite legen, und in einem Korb oder auf einem Teller zu demselben Zweck den ihrigen nach Hause schicken oder bringen. II 371

### Der Brautgulden
Eine ehemalige Abgabe von einem fl, die der Staat jedem neuangehenden Ehepaar abnahm. Das Guldenmahl, Hochzeitsmahl mit verschiedenen althergebrachten Zeremonien, bei welchem jeder Gast, deren nicht über 51 sein dürfen, einen Gulden Mahlgeld bezahlt.
R.A.: »Da kimmt der Gulden auf 16 Batzen«, d. h. es übersteigen die Kosten den Gewinn. I 900

### Die Brautsteuer
die eine ärmere Braut in Begleitung eines ehrbaren Weibes bittweise sammelt (bayerischer Wald).
II 776

### Der Brauttaler
2 bis 4 Krontaler, die der Bräutigam der Braut in die Hand drückt. I 371

### Der Ehrtag
eines versprochenen Paares ist der Tag ihrer Hochzeit.
Die Ehrmutter, der Ehrvater, Personen, die nach dem Hochzeitsceremoniell Altbayerns die Mutter oder den Vater der Braut vertreten. Den Ehrvater hat indessen nur das Oberland, und dieser ist daselbst gewöhnlich, was im Unterland der Hochzeitslader. Ehrmutter ist allzeit das Godl – Patin – der Braut oder falls diese nimmer lebt, eine nahe Verwandte. Der Ehrtanz wird nach vollendeter Ehrung am Schluß des Hochzeitsmahles vom Bräutigam mit der Braut eröffnet, worauf der Ehrvater mit der Ehrmutter und dann der erste Jungherr mit der ersten Jungfrau folgt. Im Unterland Bräuttanz. I 126

### Ehverlöbnis
Gegen den Aufwand bei diesem Anlaß wurden in älterer Zeit Gesetze über Gesetze gegeben. Nach einer Verordnung von 1553 durfte man laden zum Hafftlwein 20, zur Hochzeit 50, zur Nachhochzeit oder zum Goldenen Tag 20 Personen, zum Hafftlwein war nur ein Mahl erlaubt. Dabei durften sich Bauersleute weder Fisch, Krebs, noch süßen Wein gelüsten lassen und es sollte für das Mahl nicht mehr als 12 kr. zu bezahlen sein. I 1064

### Der Favor
Strauß von Gold- oder Silberdraht, Lahn, Seidenstükken, mit wahren oder falschen Edelsteinen besetzt, welchen die männlichen und weiblichen Klosterkandidaten, sobald sie in ein Kloster aufgenommen waren, zum Zeichen dieser Gunst und Gnade zu tra-

gen pflegten, bis sie die weltliche Kleidung förmlich auszogen.
Noch kommen diese Favore vor bei Hochzeiten und bei Primizen der Geistlichen. Auch Handwerker pflegen an ihrem sogenannten Dinzeltag, oder wenn sie auf Reisen gehen, solche Sträuße zu tragen. In England bezeichnet favour die Hochzeitsbinde.
I 779

### Die Füchselsuppe
Ausspeisung der Armen bei Hochzeiten. I 687

### Der Gagelhahn, die Gagelhenn
Hahn oder Henne, welche der Brautführer beim Abholen der Braut aus ihrem väterlichen Hause lebend in das des Bräutigams mitnimmt, wo sie am dritten Tag entweder mittels des sog. Hahnenschlagspieles oder sonst feierlich abgetan und verzehrt wird. Daher denn auch die Nachhochzeit, welche von den Verwandten der Neuvermählten im Hause dieser letztern mit Zechen und Tanzen gefeiert wird, den Namen der Gagelhenn führt. Im Bayerischen Wald ist die Gagelhenn das Frühstück, mit welchem so Braut als Bräutigam, jedes seine respectiven Hochzeitsgäste in seinem Hause zu bewirten pflegt, worauf dann beide Parteien mit Musik ins Wirtshaus ziehen und dort unter Tanzen den Ruf der Glocke zum Zug in die Kirche erwarten. Man weiß, daß die Henne in den Hochzeitsgebräuchen mehrerer Länder, vielleicht als Anspielung auf die künftige Hausfrau, figuriert. (Opf.) I 877

### Gunkel
Nacht- oder Vorhochzeit. Festlichkeit am Vorabend der Vermählung im Hause des Bräutigams, den die Nachbarn mit kleinen Geschenken von Milch, Eier, Butter, Semmeln besuchen. I 1045

### Der Handschlag
Stuhlfest, d. h. die feierliche Verlobung eines Paares, welche in Gegenwart der Eltern, Vormünder oder Verwandten zu geschehen pflegt. I 1124

### Der Hochzeitsbrauch
In meiner Heimat ist folgender Hochzeitsbrauch: Sowie die Brautleute die Kirche verlassen haben, wirft die Braut kleine Münzen zum Rappen aus. Dann hält der Zug still, weil einige gute Freunde des Hochzeiters einen Wettlauf anstellen und dieser Lauf heißt: »Ofenschüßl laufen«. Der »Erstl« von den Laufern hat das Recht, die Braut in das Haus zu führen, wo das Mahl gehalten wird.
Dort angekommen muß der Hochzeiter die Braut beim Obsieger durch ein Geschenk auslösen. Kann man da nicht sagen: Wer das Glück hat, führt die Braut heim? Soll die Ofenschüssel das Sinnbild der häuslichen Beschäftigung der Braut sein, oder soll man sie auf das gar andere Einschießen hinüberdeuten? Dahier, selbst in der Stadt noch, wird die Hochzeiterin während des Mahles von guten Freunden entführt, und der Hochzeiter muß sie dann aufsuchen und, wenn er sie gefunden hat, durch ein Geschenk vom Entführer einlösen. Wie hölzern sind wir gegen die gemütlichen Voreltern! Eine Sitte um die andere lassen wir abkommen. II 481

### Das Hochzeitsmahl
wird nach den kirchlichen Ceremonien von sämtlichen Gästen unter allerlei Gebräuchen und Sprüchen gewöhnlich im Wirtshaus eingebracht, wofür sie denn das ortsübliche Mahlgeld (16 Batzen oder mehr) zu erlegen und überdies das Brautpaar zu beschenken haben. I 1582

### Hochzeitspäße
In der obern Pfalz nehmen die jungen Leute eines ganzen Dorfes, wo eine Hochzeit statt hat, durch allerlei »Fänge und Raubereien« an derselben teil, indem sie in den Häusern die Türen ausheben, die Kamine verstopfen, ja ganze Wagen auf die Firste der Häuser bringen. Auf dem Weg zur Kirche, wo die Verbindung vor sich gehen soll, sucht man die Braut wegzuhaschen, wo sie dann der Bräutigam durch ein Lösegeld wieder befreien muß. Ein Freiherr v. Bodmann bemerkt sich in seinen Notaten von 1709 ein

paar solche Späßchen, wie sie damals unter den höhern Ständen beliebt waren. »Den andern Tag nach einer Hochzeit tuet man ex ioco mit einem angezündeten Licht in der Latern die Fle Hochzeiterin im ganzen Haus suchen, item zu Nacht vorher den Schlüssel zu der Brautkammer stehlen, sie gehlingen im Bett zu surprenieren (überraschen). Item legt man den andern Tag ex ioco ein Klagmantel an, die abgestorbene Fle zu klagen.
Item wann die Hochzeiterin mit einem weißen Fürtuch am Tisch sich zum Bräutigam setzet, tuet der nächst an ihr sitzende sein Tischserviet oder ein anderes langes Zwehlen (Handtuch), ihr unvermerkt unter dem Tisch an das Fürtuch binden und sein Tischserviet wiederum an das Tischserviet des nächst an ihm Sitzenden und etliche nacheinander fort, darnach ziehen sie gehlingen alle zugleich an und reißen die Braut dem Hochzeiter von der Seiten weg, oder sie muß ihr Fürtuch auflösen und im Stich lassen. Tuet sie das letztere, so vexieret man sie, sie habe schon das Fürtuch verloren, es seie sauber!«
Die Bauernhochzeit wurde bis 1765 alle vier Jahre an der Fastnacht bei Hof in München vorgestellt.
I 1045

## hofieren

Einen Hof, d. h. ein Kränzchen, Gastmahl geben oder besuchen. Noch hört man: Einen mit Branntwein hofieren statt traktieren. In einigen Märkten des Oberlandes ist es bei Hochzeiten Sitte, daß sich ein Teil der Gäste während des Hochzeitsschmauses und Tanzes in ein anderes Wirtshaus begibt, da eine Zeitlang zecht und dann wieder zurückkommt, um auf ein neues zu schmausen und zu zechen. Dies nennen sie hofieren gehn. I 1061

## Der Hungertanz

Tanz, der bei einer Hochzeit nach der kirchlichen Trauung und vor dem Mahle statthat. I 1132

## Der Jungherr

Ledige Mannsperson, die noch nicht Vater geworden ist. Auf oberländischen Hochzeiten wird vom Ehrvater die Ordnung bestimmt, in welcher die ledigen männlichen sowohl als weiblichen Gäste in der Kirche zum Opfer zu gehen haben. Dadurch ist der ersten Opfergängerin der erste Jungherr zugeteilt, der zweiten der zweite, mit dem sie zu tanzen und beim Schmause aus einem Teller zu essen hat. Fügt es sich, daß einer Jungfrau auf diese Weise ein Jungherr zuteil wird, mit dem sie schon vorher auf vertraulichem Fuße gestanden, so geht sie wohl noch obendrein des Nachts mit ihm nach Hause. I 1208

## Die Junghochzeit

Mittagsmahl, welches ein neuvermähltes Ehepaar am Sonntag nach dem Hochzeitstage im Hause der Eltern des Mannes oder des Weibes einzunehmen pflegt. I 1208

## Der Kammerwagen

Der Wagen, auf welchem die Ausfertigung der Braut zur Möblierung der ehelichen Schlafkammer, unter anderm namentlich in einem Bette samt Bettstatt und in einem grell bemalten Kasten oder Schrank bestehend, unter den richtenden Augen der weiblichen Nachbarschaft feierlich in das Haus des Bräutigams geschafft wird.
»A Ding des mi recht kindisch freut,
is ihra Kammerwagn,
von dem wern jung und alte Leut
langmächtig Wunder sag'n.« Volkslied I 1243

## Die Käswochen

Erste Zeit für neue Eheleute oder neue Dienstboten, wo noch Nachsicht und gelindere Behandlung gewöhnlich ist. I 1299

## Der Krampen

Gekrümmter Zacken, Kralle. »Es wird beim Hochzeitsmahl kaum etwas zerschnitten, so legen die Weiber schon ganze Turm hoch Bescheidessen zusammen, daß öfters in der Schüssel nicht ein einziges Hühnerkrämpel übrig bleibt.« I 1369

### Der Mähelring

Die Kleiderordnung von 1626 verbietet den Landleuten alles Gold und Silber mit Ausnahme des Mähelringes. I 1580

### Der Morgenstern

Ehrenmusik am Morgen der Brautnacht (Werdenfels). I 1648

### Der, die Nestel

mhd. nestel, Riemen, schmales Band.

Der Nestelkranz, die Hochzeitsnesteln. Kranz oder Büschel von rot gefärbten Lederriemchen, vom Brautpaar den Hochzeitsgästen verehrt, um ihn auf den Hut zu stecken. In dem Dank nach der Hochzeitsmahlzeit heißt es unter anderem: Dem ehrenreichen Bräutigam für den Ehren- oder Nestelkranz etwas geben, schenken oder verehren, es wär ein Taler oder drei, das steht ein jedem frei.« (Hazzi, Statistik) »Erstlich, da ich was Bräutgam worden, da fenstert ich schier alle Nacht, viel Nestelkränzlein sie mir macht«. Genestelt heißt um Nürnberg ein Kopfputz, mit welchem ledige Mädchen auf Hochzeiten gehen und der in einem Kopfkranz und herabhangenden, mit färbigen Nesteln durchflochtenen Zöpfen besteht.

R.A. «Er nestelt sich schon selber aus«, ist schon 7jährig. I 1767–68

### Die Polternacht

Mahl und Tanz, die im Hause eines Neuvermählten für das junge Volk gehalten werden, das die Braut zu begrüßen kommt. I 389

### Der Rosmarin

Die sinnbildlichen Gewächse der Vorwelt: Myrthe, Cypresse, Lorbeer, Palme, Ölzweig, Eichenlaub, Mistel etc. haben, wie natürlich, keine Bedeutung mehr für unser Volk; dagegen ist auffallend, daß es einer Pflanze, die ebensowenig als die meisten der eben genannten bei uns einheimisch ist, eine solche beizulegen scheint. Schon in einem Kräuterbuch des 14. Jh. werden »die 26 Tugent dieses vorzüglich edlen Krautes« weitläufig beschrieben. Bei Hochzeiten ist ein Rosmarinzweig ein unerläßlicher Schmuck an der Brust eines oder einer jeden, der oder die damit in irgend einer Verbindung steht. Auf bürgerlichen Hochzeiten wird dem Geistlichen und den Gästen gewöhnlich ein Zweig, in eine Zitrone gesteckt, zum Präsent gemacht. Stirbt eine Person unverehlicht, so wird ihre Leiche mit Rosmarin geziert. Im Zillertal tragen die ledigen Burschen an Festtagen ganze Rosmarinstöcke, Zeichen erwiderter Liebe, auf dem Hut. Der Sevenbaum wird (wohl ironisch) Jungfern-Rosmarin genannt. II 153

### Den Tisch rucken

Acht Tage nach der Hochzeit, gleichsam zum Schlusse, wieder eine Mahlzeit geben bei Musik und Tanz. (Opf.) II 49

### säen

Streuen. »Geld vosan«, Geld aus der zerrissenen Tasche verlieren. Der Weg vom Hause eines Mädchens zu dem seines entdeckten oder treulosen Liebhabers, um sie oder ihn zum Märchen der Nachbarn zu machen, wird in der Nacht mit Sägespänen oder Spreu »gsat«. Zwischen Dillingen und Lauingen soll dieses Wegsäen zum Hause einer Schönen in ihrer Brautnacht sogar von der Seite ihrer früher abgewiesenen Freier selbst geschehen. Je mehr solcher gutmütig gesäeten Wege, so größer die Ehre. II 197

### Die Schmolljungfer

Schmöllerin, Brautjungfer, Beiständerin der Braut am Hochzeitstag. II 549

### Die Schummelstube

Wenn in der Oberpfalz ein vermögliches Paar Hochzeit hält, so pflegt es in einem benachbarten Hause bei freiem Trunk und Tanz auch den nicht zur eigentlichen Hochzeit geladenen Teil der lebenslustigen Gemeindeglieder am Feste teilnehmen zu lassen. Dieses Nebenfest, sowie die Stube, worin es statt hat, führt den Namen Schummelstuben. II 420

## Die Sonntagssuppe

Mahl am Sonntag nach der Vermählung bei den Eltern der Braut oder des Bräutigams. II 297

## sperren

Bei Hochzeiten werden die Brautleute von den Armen »gesperrt«, d. h. es wird ihnen der Weg vertreten, den sie durch eine Gabe wieder zu öffnen haben. II 680

## Der Stopfer

Eine gewisse Mehlspeise der Holzarbeiter im Gebirge und jede dickgekochte Speise wie Suppe, Brei. (Vergleiche Sterz). »Auf den Stopfer gehen« (Opf), erst den zweiten Tag auf die Hochzeit kommen; von Kindern: dahin gehen, wo die Eltern bei einem Gastmahle sitzen, um gelegentlich auch etwas abzukriegen. II 774

## Die Suppe

Als bei uns notwendiges caput et principium jedes Mahles wird Suppe für (warme) Mahlzeit überhaupt genommen. Sprichwörtlicher Calembourg, (da Küm sowohl Kümmel als komm bedeutet): »a Suppn und brav Küm drauf«, eine gute Mahlzeit. In diesem Sinne hat der Landmann seine Morgen-, Mittag- und Nachtsuppen, wovon auch die erstere nicht immer eine bloße Suppe ist. Namentlich wird über die Morgensuppen, die im Hause einer Braut und dem des Bräutigams beim Abholen derselben zur Trauung eingenommen wird, schon durch ein Mandat von 1587 geklagt, daß sich bei ihr die Hochzeitsgäste also gütlich tun, daß sie »toller und voller Weis wohl erst um elf oder zwölf Uhr mit Poltern und Schreien und ander Ungebühr in die Kirche kommen und, wie leider aus übermäßigem Trunk allmalen geschieht, die Kirchen unehren«.
*Der Suppentanz,* der bei Hochzeiten gleich nach dem Eintritt ins Wirtshaus und vor dem Auftragen der Suppe üblich ist. II 318

## Der guldene Tag

Tag nach der Hochzeit. *Die drei guldenen Samstage* oder Samstagnächte, drei Samstage nach Miacheli, von einer an vielen Orten seit 1400 üblichen besonderen Kirchenandacht. I 896

# Beerdigung

## Der Dreißigste

Der dreißigste Tag nach der Beerdigung eines Verstorbenen, an welchem ehemals der letzte Seelengottesdienst für denselben gehalten zu werden pflegte. Heutzutage der letzte Seelengottesdienst, ob er nun mit der gewöhnlich damit verbundenen Schmauserei und Spende aus der Erbschaftsmasse eben am dreißigsten Tage gehalten werde oder nicht.
I 562

## einheben

Einem Sterbenden das Licht einheben, ihm eine Kerze unter Gebet vor's Gesicht halten. I 1037

## Das Freudenamt

Durch die Würzburger Trauerordnung von 1747 und 1783 wird verboten, für Verstorbene neben dem schwarzen Seelamt auch das sogenannte weiße Freudenamt zu halten. Es war Sitte, daß nach der Wandlung bei ersterem der Diakon und Subdiakon sich zum letztern verfügten. I 808

## Das Grab

R.A.: »Der Tod ist mir übers Grab gloffa«, es hat mich ein Schauer überfallen. I 982

## Die Klage

Trauer um einen Verstorbenen. »In der Klag sein«, Trauerkleider tragen. Diese sind in der Regel schwarz. Doch ist weiß z. B. das Klagtüachel, welches bei solchen Gelegenheiten von dem weiblichen Geschlecht im Chiemgau über die übrige schwarze Kleidung und unter dem breitrandigen schwarzen Hute getragen wird. »Die Klag anlegen, die Klag ausziehen, die ganze, halbe Klag«.
In der älteren ansbachischen Polizeiordnung wird gerügt, daß diejenigen, welche das Leid betroffen, lange Klagbinden von Taffet oder Flor bald bis auf die Erde schleifend tragen.
»Die Klag«, eine gespenstische Erscheinung in Gestalt einer feurigen Kugel, welche knarrend und schleifend vor dessen Türe hinkollert, der zum Tode reif ist.
Der Hauptkläger trägt entweder nach alter Sitte die Gugel, oder einen umflorten Hut, den er auch in der Kirche während der ersten Seelenmesse aufbehält. In München gehen Weibspersonen nie mit der Leiche, sondern erscheinen nur beim Gottesdienst, eine lobenswerte Sitte.
»Die Klagmutter, das Klagweiblein«, die Stimme des Käuzleins, welche von Abergläubischen als Verkünderin eines Todfalls gefürchtet wird.
»Wanns in zerfallnen Schlössern spukt
der Wandrer furchtsam eilt,
wenn d' Drud die Menschen quält und druckt,
das Klageweiberl heult.« I 1328

## Die Krone

Kronen heißen unter anderm die aus farbigem Papier, Federn und Silberflittern über ein Gestelle von Draht von den sogenannten Kranzlbinderinnen verfertigten hohen Ornamente, welche bei Leichenbegängnissen, oft in ganzen Reihen, auf die Särge von Kindern, unverehelichten Mannspersonen und Jungfrauen gestellt und von den nächsten Verwandten besorgt zu werden pflegen. Freundlicher ist das jungfräuliche, wenn schon nur von falschem Gesteine und Gold glänzende Kranl, welches auf dem Lande bei Kirchenfeierlichkeiten, besonders bei der Fronleichnamsprozession und auf Hochzeiten von unbescholtenen Mädchen auf dem Haupte getragen wird. I 1372

## Das Legbrett

Brett, das nach der Beerdigung an den Grabhügel gelehnt wird und worauf gewöhnlich ein Kreuz, die Jahrzahl und die Anfangsbuchstaben vom Namen des Beerdigten gemalt sind. I 1454

## Die Legmeß

Messe, die am Tag der Beerdigung vor dem ersten Gottesdienst gelesen wird. I 1454

## Die Leichkerzen

4–5 Kerzen, die am Seelgottesdienst für den Verstorbenen in der Kirche auf die Bahre, sodann vor der

Kirche in den frischen Grabhügel gesteckt, zu brennen haben. In die größte von ihnen werden 3, 7, 9 oder mehr Geldstücke gesteckt und diese wird dem Ortsgeistlichen verehrt, die übrigen werden entweder so wie sie geblieben, oder in kleine Stücke zerschnitten, an die Verwandten verteilt, die dem Gottesdienst beigewohnt haben, damit jeder sie brennen lassen könne, wann und wo er für den Verstorbenen betet. I 1298

Die Schidung läuten

Die Sterbeglocke läuten, auch das seit 1418 eingeführte Läuten am Freitag um 11 Uhr morgens zur Erinnerung an die Schidung, Hinscheiden Christi, wobei ein Gebet gesprochen wird, welches anfängt: Tenebrae factae sunt – Es sind Finsternuß worden. II 374

Das Seelhäuslein

Seelkerkerlein, Vorgebäude an ländlichen Kirchen zur Aufbewahrung von Schädeln und Knochen Verstorbener bestimmt. II 256

Seelentag.

An diesen Tagen gehen ärmere Erwachsene und besonders Kinder, die sonst nicht betteln, – die Seelenleut – an den Häusern der Wohlhabendern ihrer Gegenden herum, wo ihnen Brot mitgeteilt wird, das eigens auf diese Tage gebacken wird (Seelenbrot, -wecken, -zelten). »Was die Seelenleut für Weda ham, kriagn d' Schlenkla aa.« Besseren Stoffes ist der geflochtene Seelenzopf, den Kinder jährlich von ihrem Paten empfangen und (im Oberland) sobald sie verheiratet sind, ihrerseits diesem zusenden. II 257

Die Seeltruhe

der Katafalk bei Totenämtern. Die Spielleuttruhen, umgestürzte Getreidetruhen, welche auf ländlichen Tanzsälen die Bühne und den Resonanzboden für das Orchester bilden. I 659

Die Spende

An kirchlichen Jahrtagen für Verstorbene wird hie und da auf Kosten der Verwandten, jeder Person, die mit zu Opfer geht, ein Spendwecken (Brot) gereicht. II 677

Am Totensonntag

gehen noch die sogenannten Totenmägdlein herum, die eine Docke auf dem Arm tragen und ein sehr altes Lied auffallend monotonisch absingen. Es fängt an: »Heut is mitten Fasta, wohl ist das! wir tragen den Tod ins Wassa, wohl ist das!« I 632

Die Totensuppe

Das Totenmahl, welches nach dem Gottesdienst für einen Verstorbenen gehalten wird. Hie und da, z. B. im Landgericht Wasserburg, hatten die Hinterbliebenen nach dem Trauergottesdienst alle und jede, die ihm beigewohnt, im Wirtshaus zu traktieren. II 319

Nach dem Mahl, (das eines Vermöglichern kommt leicht auf 80–100 fl zu stehen), knien sämtliche Anwesenden auf den Boden nieder und beten laut für den Verstorbenen, der wie sie sagen »schön hinteri gricht wordn ist.« I 632

Der Übertan

Leinwand, die über den Körper eines Verstorbenen getan wird. I 606

# Weltliches Brauchtum

## Anastasia
Stasl, Weibername. Im 17. Jahrhundert standen am Hof zu München in besonderm Ruf von Wunderkraft die Anastasiahäublein, schwarztaffetne Häubchen, die während einer Messe dem Schädel der in Benediktbeuern mit ihrem Schädel verehrten heiligen Ana-

## Einen ansingen
Ihm zu Ehren oder um milde Gaben zu erhalten, ihm etwas vorsingen. Es geschieht dieses noch hie und da auf dem Lande, besonders in der Adventszeit, am hl. Dreikönigstag usf., wo ärmere Personen als Singer, Ansinger oder Ansingerinnen »ins Ansingen« gehen, d. h. vor den Häusern zwei- und mehrstimmig geistliche Lieder singen. Schon durch den Art. 5 des 6. Buches der Landesordnung von 1553 wird verboten, »die Leut anzesingen«, weil es gewöhnlich »mit solcher Leichtfertigkait und ungeschickten groben Reimen und Gsängen gschicht, das mer Ergernuß und Gespött, dann Gottes Ehr darauß erfolgt«. Die Münchner Hochzeitordnung von 1531 verbietet »furder die Hochzeitpad und den Ansingwein« (also wohl eine Mahlzeit) zu halten. Von diesem Gebrauch hieß auch der Advent die Singzeit.
Scherzhafte Redensart: »Einen ansingen um etwas«, ihn darum ansprechen, ihn ersuchen.
Beim Tanz »singt oa Bua den andern an«, singt Liedchen auf ihn, die dieser gehörig zu erwidern hat, wenn er nicht »abgesungen«, zur Belustigung der Hörenden mit Spottliedchen überhäuft werden will. (Chiemgau) II 313

## Das Aperschnalzen
Feierliche Begrüßung des schneeschmelzenden Frühlings auf den Voralpen durch Geißelgeknall. II 574

## Der Arsch
Der Letzte, namentlich in der Scherzsprache der Hirtenjungen einiger Gegenden derjenige unter ihnen, der am Pfingstsonntag mit seinem Vieh zuletzt auf die Weide kommt. »Arschdarm, Arschdarm, bist heut Nacht im Bett vodarbn«, rufen sie ihm zu. I 148

## Einen ausspielen
Ihn zum Scherz oder Spott nachäffen.
An der Ilm ist besonders zur Fastnachtzeit das Leutausspielen üblich, wobei einzelne lächerliche Begebenheiten, die sich das Jahr über im Orte ereignen, im Kostüme und mit den Gebärden derjenigen, die sich dabei bloßgegeben haben, zur Belustigung der Zuschauer szenisch vorgestellt werden. Das ist eine ländliche Kunstleistung, die sich besonders die jüngeren Bauernburschen angelegen sein lassen, und die ganz an die erste Entstehung der Komödie überhaupt, namentlich an die derben Fastnachtspiele des Hans Rosenplut und anderer erinnert. II 664
R.A.: ›Da liegt ein Spielmann begraben‹ sagt man im Scherz von einem Platz, wo jemand stolpert. II 665

## Der Barbarazweig
Zweig von einem Kirschbaum, der, um mit seiner Blüte das Christfest feiern zu helfen, drei Wochen vorher am Barbaratage abgebrochen und an der Ofenwärme in ein Gefäß mit Wasser gestellt wird. I 268

## Das Baum- oder Hutsteigen
Baumsteigat, Huatsteigat. Spiel, wobei die Jungen die Spitze eines aufgestellten glatten Baumes und den daran ausgesteckten Preis (einen Hut) zu erklettern suchen. II 742

## bercht
Glänzend, prächtig, ahd. beraht. Die Bercht, wie die Luz. In den Gebirgen um Traunstein pflegt man den Kindern am Vorabend Epiphaniae zu drohen, daß die Berche kommen und ihnen den Bauch aufschneiden werde, wenn sie bös sind. An diesem Tag sei es auch gewöhnlich, fette Kuchen zu backen und die Knechte sagen, man müsse sich damit den Bauch schmieren, dann werde die Frau Berche mit dem Messer abglitschen.
Der Steiermärker läßt in der Christnacht etwas von seiner Speise auf seiner Schüssel mit der lauterklärten Absicht zurück, daß es für die Persteln gehöre, damit

sie ihm nichts zuleide tun. In Berchtesgaden stellt man der Frau Berchten über Nacht einen Krapfen auf den Ofen. Die 1755 in Salzburg verbotenen Bachl- oder Weihnachtsboschen gehören als Berchtlboschen wohl ebenfalls hierher. Im Pinzgau ziehen in den Rauhnächten bei 100–300 Burschen bei hellem Tage in den possierlichsten Masken, mit Kuhglocken und knallenden Peitschen versehen und mit allen Arten von Gewehren bewaffnet, umher und dieses nennen sie das Berchtenlaufen oder den Berchtentanz, sich selbst aber die Berchten. I 269

### Der Briaschel

Sammlung von allerlei Eßwaren, die von jungen Burschen zu gewissen Zeiten in allen Häusern eines Dorfes gemacht und bei Sang und Klang und Tanz gemeinschaftlich verzehrt wird. (Nordoberpfalz)
Der Briaschelbrei, Brei aus allerlei Ingredienzien. I 366

### Der Bückelkirchtag

Kirchweih, die, was den dabei statthabenden Tanz betrifft, an Orten wo kein Wirtshaus vorhanden, auf einem Rasenplatz im Freien gefeiert wird. I 206

### Der Dienst

In den Dienst führen. Einen Dienstboten beim Eintritt in einen neuen Dienst begleiten und gleichsam aufführen. Wer dieses tut, hilft den bei solcher Gelegenheit üblichen Einstandrezl verzehren und bekommt den Einstandlaib zum Geschenke. Deshalb nimmt der Dienstbote meistens hausarme Leute zum Dienstführen. I 514

### Die staubige Docke

Steife, hochmütige Frauensperson. Der Name kommt von der in der Größe und Form eines Weibes mit untergestützten Armen aus Pappendeckel verfertigten und mit Sägespänen ausgefüllten Docke (Puppe), die bei Ochsenhetzen auf einem Brettchen mit 2 Rädern mittels einer langen Stange dem Ochsen entgegengeschoben worden sei, der sie denn im Grimme angefahren und zugerichtet habe, daß der Staub davon geflogen. (Nürnberg) II 719

### Das Dreilingsfaß

Weinmaß von 18 Eimern. Anno 1585 »hat bei einer Mummerei Johannes Gerl, lateinischer Schulmeister zu Wasserburg die Person Bachi vertreten, ist auf einem Dreilingsfaß gesessen, darin Leut gewest' und das auf einem Schlitten von 4 Pferden gezogen wurde.« I 561

### Die Drischellege

Mahl, das ein Bauer, sowie sein Getreide alles gedroschen ist, der Nachbarschaft zum besten gibt. Anderwärts heißt dieses Mahl die Drischelhenke. (Rottal)
»drischedeln, herum drischedeln«, mit dem Anschein der Geschäftigkeit umhergehen. I 570

### Der Ehrtrunk

Trunk der einem beim Eintritt in ein Wirtshaus zum freundlichen Willkomm gebracht wird.
»Den ham alle Leut gern, wenn der ins Wirtshaus kimmt, kunnt er scho vor lauter Ehrtrünk an Rausch kriagn.«
Heutzutag besteht die Ehrung aus dem, was der Hochzeitsgast außer dem bestimmten Mahlgeld gibt. I 126

### fitzen

Mit der Rute hauen. Das Fitzeln oder Pfeffern ist bei Protestanten wie bei Katholiken üblich. Es werden die Erwachsenen gewöhnlich von Kindern, manchmal auch von andern Erwachsenen, besonders Eheleute und Verwandte oder Bekannte, voneinander gefitzelt, d. h. mit grünen Rütchen oder mit Buchsbaum-, Rosmarin-, Lorbeer- und andern grünenden Zweigen um einen sogenannten Fitzelslohn an Geld oder Eßwaren auf die Hände geschlagen mit den Worten:
Schmeckt der Pfeffer gut? oder: Ist das Pfefferles Brot gut? Ist's gesalzen, ist's geschmalzen?
Vornehmer als das persönliche Fitzeln ist die Übersendung einer schönen Fitzelrute. I 781

## Der Fotzring

Der Stoßring, Schlagring, starker Fingerring von Messing oder Silber mit einem massiven Kopf.
Der Fotzring spielt bei den Kraftäußerungen der bayerischen Bravos eine bedeutende Rolle. I 793

## Der Freudensonntag

Der erste Sonntag nach Ostern, an welchem wieder Tanzmusik gehalten werden darf, die während der Fasten- und Festzeit verboten gewesen war. I 808

## Die Freinacht

in welcher es erlaubt ist, über die gewöhnliche Polizeistunde im Wirtshaus zu sein und zu tanzen. I 817

## Der Funkensonntag

am Lech und in Schwaben.
Der erste Sonntag in der Fasten, an welchem die Jugend auf dem Lande Feuer anzumachen pflegt und um dieselben tanzt, auch wohl glühend gemachte Scheiben von Holz in die Luft schleudert und daraus wahrsagt. I 732

## Fueßeitanzen

So nennt man auf dem Lande die erst in neuerer Zeit in Aufnahme gekommene, sittengefährdende Art, mit gegeneinander verschränkten Füßen und wechselseitig anliegenden Leibern zu walzen. I 769

## Die Gebnacht

Die am Dreikönigvorabend anfangende Dult oder Messe in München wurde im 18. und 17. Jahrhundert Gebnachtdult genannt. Am Oberinn werden unter den Gebnächten die Weihnachten verstanden. »Von Genachten bis Neujahr wachst da Tag um an Hennatritt, bis halinga drei Küni um an Hirschensprung, bis Liachtmessn um a ganze Stund«. In derselben Gegend wird der Sonntag nach Heilig Dreikönig der Gebnachtsonntag genannt, womit übereinstimmt, daß auch im Hd. die Sonntage von hl. 3 König bis an den Sonntag Septuagesima, mit welchem die 9 Sonntage vor Ostern anfangen, Dreikönigsonntage heißen. Übrigens vermute ich, daß der Ausdruck Gebnacht (vom ahd. geba, die Gabe) auf die, um die Weihnachts-, Neujahrs- und Dreikönigszeit herkömmlichen milden Gaben an herumgehende Leute der ärmern und dienenden Klassen Bezug (Ge-Nacht vom Herumgehen armer Leute) und insoferne mit der Klöpfels-, Kröpfels- oder Anglöckleinsnacht einen und denselben Ursprung habe. Oder wurde, was jetzt das Christkindlein oder der hl. Nikolaus beschert, früher schicklicher den Gaben bringenden drei Königen zugeteilt? Nach dem alten (julianischen, noch russischen) Kalender trifft der Christtag auf den Dreikönigstag des jetzigen gregorianischen. Erst unser 13. Januar ist dessen 1. Januar. Die alten Namen, Gebräuche und Aberglauben konnten leicht geblieben und nicht zugleich mit Annahme des neuen Kalenders versetzt worden sein. So glauben die Bauern in Devonshire, wie hie und da bei uns, daß das Vieh in der Christnacht in den Ställen auf den Knien liege. Diese Christnacht ist ihnen aber noch die alten Stils, also die jetzige Dreikönigsnacht. La Befana heißt in Rom das Geschenk, das man sich in der Nacht vom 5. auf den 6. Januar (Epiphania) zu machen pflegt, wie weiland und zwar am ersten Januar, die Strenae üblich gewesen. Die Befana in Rom, Geschenkbringerin für Kinder am Dreikönigsmorgen; Abends vorher der Befana-Markt. In Schottland heißt der erste Montag des Jahres Handselmonday, an welchem man sich einander, und besonders den Kindern, beschert. Die religiösen Beziehungen auf Weihnachten sind, wie im Kanton Bern, ausgemerzt. Der Christabend (24. Dezember) bis zum 16. Jahrhundert, in Böhmen der letzte des Jahres hieß štědry wečer (štědry, freigebig).
Dreikönigskuchen in Franken. I 867

## Die Geuwoche

Die letzte Woche im Jahr, in welche kein Feiertag fällt, und wo die weiblichen Hausgenossen um die Wette spinnen, welche von ihnen am meisten werde gelobt werden. I 862

## Die Geißtaiding

Am Faschingsdonnerstag spielt ein Bursche auf dem Feld oder in einer Scheune den Richter, der Geißhirt den Kläger, der in Reimen vorbringt, was das Jahr über in der Gemeinde Unanständiges oder Törichtes geschehen. I 946

## Einen gelten lassen

Ihm einen gastfreundlichen Trunk oder Bissen anbieten. Jener besteht gewöhnlich aus Kirschgeist, der im Oberland von vorzüglicher Güte bereitet wird, und wovon selbst jedes Mädchen ein Fläschlein in ihrer Truhe aufbewahrt, um allenfalls dem Buhlen am nächtlichen Kammerfenster gelten zu lassen. Indessen scheint hier gelten soviel zu bedeuten als: Ihn den Trunk durch einen heilbringenden Wunsch vergelten, erwidern lassen. I 904

## Das Haberfeld

Es war an vielen Orten Bayerns die Gewohnheit, daß, wenn ein Mädchen zum Fall kam, sie des Abends von den jungen Burschen des Dorfes unter unzähligen Geißelhieben in ein Haberfeld und von da wieder nach Haus getrieben wurde. Der Verführer mußte selbst mitmachen. I 1033

*Die Habergeiß*

Figur von Stroh, die einen Reiter auf einer Geiß vorstellt, welche die Burschen in der Nacht dem Bauern auf den Dachfirst pflanzen, der mit dem Einführen des Getreides, besonders des Habers, zuletzt fertig geworden. I 1034

»Auf die Haberhalm kommen«, ins Verderben, auf die Gant geraten.

## Das Haberfeldtreiben

Es ist dabei leider oft weniger aus sittlicher Entrüstung als aus Eifersucht oder Privatrache darauf abgesehen, eine Person, die sich irgend ein, den gewöhnlichen Gesetzen unerreichbares, wirkliches oder eingebildetes Vergehen hat zuschulden kommen lassen, recht förmlich in der öffentlichen Meinung ihrer Umgegend zu brandmarken. Dies geschieht durch lautes Ablesen einer derben, gewöhnlich in Reimen verfaßten Spott- und Strafrede, welche gegen diese Person nicht ohne gelegentliche Ausfälle auch auf manche andere, gerichtet ist. Die jüngeren Leute der Gegend, oft hunderte an der Zahl, die den Anordnungen eines unter ihnen, den sie Haberfeldmeister nennen, gehorchen und die sich, um unerkannt zu bleiben, im Gesichte gehörig entstellt haben, kommen gegen die Mitternachtstunden in der Nähe des Hauses, in welchem jene Person wohnt, zusammen und lassen derselben förmlich bedeuten, daß das, was nun erfolgen werde, ihr vermeint sei. Zum Beispiel:

»Bauer steh auf, es hat elfe gschlagn
jetzt werdn ma dei Hur ins Haberfeld jagn.
Schau zu deim Viech in Stall, daß vom Larma (Lärmen) koans ledi wird!«

Nun wird mit Juhschreien, Pfeifen, Dreschen auf Brettern, Rollen von Steinen durch Staubmühlen, Läuten von großen Kuhglocken, Schlagen an Kessel und Abschießen von Flinten etwas mehr Lärm gemacht, als gerade nötig wäre, um eine ganze weite Nachbarschaft aus dem Schlafe und als Zuschauer oder vielmehr Zuhörer auf die Beine zu bringen. Sofort stellt sich das wilde Heer an einem geeigneten freien Platze auf und wird unter lauter angenommenen, in der Gegend bekannten Namen, auch den von Geistlichen und Beamten verlesen. Die herbeigekommenen Neugierigen hält man durch rings ausgestellte, mit Flinten bewaffnete Posten in solcher Entfernung, daß sie das, was in schreiendem Tone abgelesen wird, wohl hören, die Akteurs selbst aber nicht unterscheiden können. Sowie die nächtliche Vorlesung unter wiederholtem Gejauchze und Gelächter zu Ende gebracht ist, wobei manchmal Fensterscheiben als Brillen, Wasserkübel als Laternen Dienst tun und in welcher auch mancher der dem Namen nach anwesenden Geistlichen und Beamten eins abbekommt, wird mit einem, womöglich die Einleitung noch überbietendem, betäubendem Finale der Schluß gemacht.

Wenige Minuten darauf hat sich die ganze schwarze Rotte nach allen Richtungen ins Dunkel der Nacht

verloren. Sie fahren wieder heim, so hört man wohl sagen, zu ihrem Herrn, dem Kaiser Karl im Untersberg. Dieser Brauch, der teils an das, was allerwärts als Chariwari oder Katzenmusik bekannt ist, teils an das Leutausspielen, das lungauische Kühtreiben und das Aschermittwochgericht zu Burgebrach mahnt (»12 auserlesene Jungfrauen saßen zu Gericht über eine Menschenfigur, die aller, das Jahr über begangener Skandale beschuldigt und am Ende verbrannt oder freigesprochen wurde«), war früher auf die dem Kloster Scheyarn gehörige Hofmark Fischbachau oder den sog. Elbacher Winkel beschränkt. Erst in neuerer Zeit hat er sich im Landkreis Rosenheim weiter und zum Teil auch in die Landkreise Miesbach und Ebersberg verbreitet. Demnach könnte man fast glauben, daß der Brauch von den dortigen Vätern Benediktinern als ein sehr wirksamer Pastoralbehelf, wenn nicht eingeführt, doch mehr als anderswo begünstigt worden sei. Auch anderwärts hat die Obrigkeit von solchen Zeremonien, da sie in der Regel ohne Beschädigung der Personen oder des Eigentums abliefen, und da sogar für zufällig angerichteten Schaden aus unbekannter Hand Ersatz geleistet wurde, wenig Kenntnis genommen, bis in den, ohnehin an Mißtrauen und Besorgnissen reicheren jüngsten Jahren, in vielleicht nur zufälliger Verbindung mit jenem Brauch solche Exzesse vorgekommen sind, welche die Einschreitung der Staatsgewalt veranlaßt und ihn weit über seine Heimat hinaus ins Gerede gebracht haben.
Im Juli oder August 1851 wurden mehrere Landgemeinden der Gerichte Miesbach und Aibling wegen eines im vergangenen Herbst stattgefundenen Haberfeldtreibens zu einer Geldstrafe von 50 fl verurteilt. II 851–852

### Der Hammer
In Mandaten von 1653 und 1668 wird dagegen geeifert, daß »die Bauersleute, wenn sie über Land gehen, gemeiniglich gar große Stecken, lange Messer und Schinnhamber bei sich tragen, daraus oftermalen Raufhändel und Todtschläg erfolgen«.
I 1106

### Die Hiefen
Neujahrsspruch: »Drei Hiefen (Hagebutten) zum neuen Jahr!« (von Kindern). I 1057

### Das Hofrecht
Musik, welche irgend einer Person zu Ehren gemacht wird, z. B. einem Tänzer bei seinem Nachhausegehen vom Tanzplatz, besonders aber ein Nachtständchen oder eine Serenade. »Nach jeder Viertelstunde klappert der Vorgeiger mit dem Bogenholz an der Geige, daß man bald wieder zahlen soll und beim Nachhausegehen locken einem die Spielleute mit dem sog. Hofrecht den letzten Zwölfer aus dem Sack.«
(Volkskalender von 1800) I 1060

### Die hohe Zeit
Die festliche Zeit, namentlich, Weihnachten, Ostern, Pfingsten, Allerheiligen.
»S' guate Gwand muaß ma auf houche Zeitn aufsparn«.
»Z' houche Zeitn eß ma aa a Fleisch.« I 1044

### Das Hutsingen
Um den Hut singen. Ein Spiel, wobei es darauf ankommt, mit Reimen, die aus dem Stegreif gemacht und gesungen werden, ein Thema zu berühren, auf dessen Erratung ein Hut ausgesetzt ist. II 312

### Der Huttanz
Hammeltanz, Tanz, bei welchem die Paare unter einem ausgespannten Seile, auf welchem ein neuer, mit Bändern gezierter Hut hängt, im Kreise herumtanzen; während des Tanzes wird in einiger Entfernung ein Schuß getan, und derjenige Tänzer, welcher sich in diesem Augenblick unter dem Seile befindet, erhält den Hut als Geschenk.
*Der Hüttanz,* Tanz an dem Tage, an welchem mit einem Hirten für den kommenden Sommer ein Vertrag im Wirtshaus geschlossen wird. I 1190

### Jackel
Ehemals hatten die Schlosser- und Schmiedjungen die

Gewohnheit, zur Fasnacht oder am Johannes des Täufers Tag eine ausgestopfte Menschenfigur, die wie ein Schmied gekleidet war, den sogenannten Jackel, mittels eines Leintuchs wechselweise in die Höhe zu werfen und wieder aufzufangen. Dabei sangen sie jedesmal einen Reim vom Kaliber der nachstehenden:

»Mir schutzen an Jackl in alle Höch,
daß eahm s' Weiß in Augn vogeht,
Oans, zwoa, drei.

Der Jackl der hat a große Nasn,
de taugt uns guat zum Fuier anblasn,
Oans, zwoa, drei.

Der Jackl ist gar houch geborn,
hat weni Hirn und lange Ohrn,
Oans, zwoa, drei.

Der Jackl macht's wia de groußn Herrn,
er hat de schöna Menscha gern,
Oans, zwoa, drei. I 1204

## Kalenderverbrennen

In Nürnberg konnte trotz aller Aufmerksamkeit der Polizei das Kalenderverbrennen in der Silvesternacht nicht abgestellt werden, es besteht auch noch heutzutage, doch nur vereinzelt, fort. I 1233

## Der Kathreintanz

Der letzte Tanztag im Jahre vor dem Advent, ehe die überflüssigen Feiertage aufgehoben wurden, der 25. November, jetzt der nächstliegende Sonntag. »Kathrei, stellt an Tanz ei.« In München muß jeder gutbürgerliche Liebhaber an diesem Tag sein Mädchen wenigstens zum Met führen, sonst appeliert sie auf den Spruch:
»Heint is Kathrein
hat an jeder de sein
wer's net hat –
der mag's net.« I 1309

## Die Kirmes

Kirchweihe, der Jahrmarkt, die Messe.
Der Kermesierer, Landstreicher, Bettler, der sich auf Kirchweihen und Jahrmärkten umtreibt.
»a guata Kirta
dauert bis zan Irta
es kann si schicka,
aa bis zan Micka.«
Der große Kirchtag, das eigentliche Kirchweihfest im Gegensatz des kleinen Kirchtags oder sog. Patrociniums.
Kirchtag bedeutet auch der Jahrmarkt, ob er nun am Kirchweihtag selbst oder zu einer anderen Zeit stattfindet. »Da theten die Bauernknecht mit Haufen den Bauernmaiden den Kirchtag kaufen (Kirchweihgeschenk). »Einen in den Kirta laden«, ihn mit einer gewissen äußerst schnöden Formel abweisen.
»Du kimm fei in Kirta!« lex mihi Mars!
»Was habt's denn da für an Kirta auszmacha?« ruft man Zankenden zu.
»Des is an anderer Kirta«, eine andere Sache.
»Mit dir is koa Kirta z'habm«, nicht auszukommen. I 1288
Weibspersonen sagen, sie haben den »Kirta«, oder »d'Jungfer Katl is in Kirta kema,« wenn ihre Regel eingetreten ist. I 1288

## Die Klöpfleinsnacht

»Der schöne Brauch der Knöpflensnacht, da man an dreien Donnerstägen einander bsucht und setzet dar Obst, Krapfen und noch mehr Naschwar.« (Augsburg)
Die ersten drei Mittwoche im Advent zündeten die Mädchen geweihte Lichter an und beteten, da sollte der ihnen bestimmte Bräutigam zum Vorschein kommen. (Tiroler Nationalkalender 1822) I 1352

## Klöpfleinslieder

Klepflnacht. Der Abend des letzten Donnerstags vor Weihnachten, ja dieser ganze Tag und in weiterer Bedeutung jeder der letzten drei Donnerstage in der Adventzeit, an welchen arme Leute und Kinder, die sonst eben nicht betteln vor den Häusern auf dem Lande herumgehen und indem sie mit hölzernen

Hämmerchen oder sonst an die Türen klopfen, und einen gewissen Reimspruch hersagen, sich eine Gabe ausbitten, die gewöhnlich aus Eßwaren, Brot, Kücheln, Kletzen und dergleichen besteht. Der hierbei gewöhnlichste Reimspruch heißt:

Holla, holla, klopf an!
D' Frau hat an schönen Mann.
Geit ma d' Frau an Küachel z' Lohn,
daß i an Herrn gelobt han,
an Küachel und an Zelten,
der Peter wird's vergelten
Der Peter is a heiliger Mann,
der alle Ding vergelten kann.
Oder:
Heint is Klepflsnacht
Wer hat's aufbracht?
Unser Herr Thoma
rumpelt ein der Kammer
lafft's Stiagl auf und a,
bricht eahm a Fiaßl a.
Wer muaß büaßn?
D'Frau mit'm Küachelspitz
d' Magd mit'n Stückl Brot.
S'Feuer hört ma kracha,
Küachl werd ma bacha,
d' Schlüssel hört ma klinga,
Küachel werd ma bringa.
Küachl raus, Küachl raus!
oder i schlag a Loch ins Haus! I 1337

Oder in Franken:
Klopfa, klopfa, Hämmerla
s' Brot liegt in'n Kämmerla
s' Messer liegt derneben
sollt mar eppas geben
Gutteil, Gutteil und mein Gselln aa an Teil. I 1338

Apfel raus! Birn raus!
Gehmer in an andersch Haus!
Oder:
Drauß in'n Tenna
laffen d' fasten Henna
droben in'n First
hanga die Würst
gebt ma die langen,
laßt die kurzen hangen!
Oder:
Klopf an! Klopf an!
Die Bäurin hat an schön Mann
Die Bäurin is a schöne Frau
was sie hat des gibts mar aa.
*Knopfnacht*
D' Goaß hat an Bock bracht,
der Bock hat si blaht,
hat eahm der Schneider s' Loch zuagnaht.
Kindersprüchlein am Thomastag vor Weihnachten.

In München ist es üblich, daß in der Klöpfels-, oder wie man hier sagt Kröpfelsnacht, die Mägde bei den Krämern, Metzgern etc., wo sie das Jahr hindurch einkaufen und die Handwerkslehrjungen bei den Kunden ihrer Meister eine kleine Gabe in Geld oder sonst erhalten, welche Gabe sie dann ebenfalls ihre Kröpfelsnacht nennen. Dieses Anklöpfeln heißt im Salzburgischen anglöckeln. Sollte es vielleicht gar von dem ehemaligen Gebrauch herstammen, nach welchem die Sundersiechen zu gewissen Zeiten, besonders an den Quatembern (wovon die letzte in die Woche vor Weihnachten fällt) mit einer Klapper oder Glöcklein in den Ortschaften herumgehen und Almosen einsammeln durften?

Es mag dieser Gebrauch auch eine Beziehung haben auf das in alten Weihnachtsliedern oft besungene vergebliche Herumwandern und Anklopfen Josephs und Marias an den Häusern der hartherzigen Juden in Bethlehem, um eine Herberge zu finden; wenn er sich nicht gar noch aus der vorchristlichen Zeit her schreibt. I 1338

## Der Kranz

In unserm Winterlande muß der natürliche Blumenkranz nur gar zu oft durch den künstlichen ersetzt werden, und hat so in vielen Fällen gegen diesen förmlich seine Rechte eingebüßt. So sind die Kränze, welche den Leichen von Kindern, Jungfrauen und unverheirateten Mannspersonen um Kopf und Arm gelegt werden, von Rechts wegen ein Werk der Kränzleinbinderin, welche das Verfertigen von künstlichen Blumen, Maibüscheln, Kränzen und Kronen als ein bürgerliches Gewerbe treibt.

*Das Kränzlein*
eine Mehlspeise, die auf ländlichen Hochzeitstafeln, vielleicht als Anspielung auf das Geschick des Jungfernkranzes, zum Besten gegeben wird.

*Die Kränzleinjungfrau*
Jungfrau, die auf Hochzeiten in der Kirche, bei Tisch und Tanz mit einem Kranz auf dem Kopf und am Arme als nächste Umgebung der Braut figuriert; hie und da ist eine, an einigen Orten sind zwo und mehrere Kränzleinjungfrauen üblich. Auch die Geistlichen, wenn sie ihre erste Messe lesen, haben ihre Kränzleinjungfern. Man sucht hiezu, da jede etwas Namhaftes zu Opfer trägt, Kinder reicher Eltern aus, je mehr, je lieber.

*Die Kränzleinpredigt*
Predigt bei der ersten Messe eines angehenden Geistlichen, wobei der Prediger einen Kranz um den linken Arm trägt.

*Der Kränzleintanz*
in einigen Gegenden des Gebirges ein Hochzeittanz, wobei den Jungfern von den jungen Leuten mit List der Kranz abgerungen wird. I 1376

## Der Langaus-Tanz

Ehmals üblichere Art zu tanzen, die durch das erst in den Städten, und endlich auch auf dem Lande allgemein in Schwung gekommene Walzen so ziemlich in Abgang geraten ist.
I 1489

## Laß ummi geh

Nach oder in der Reihe herumgehn.
Wenn in einer Tischgesellschaft irgend eine Speise das erste Mal im Jahr zum Vorschein kommt, pflegt man wohl seinen Nachbar am Ohre zu zupfen und ihn durch diesen Spruch aufzufordern, daß er dem neben ihm Sitzenden desgleichen tue, wodurch denn alle zu testes more Baiuvariorum per aures tracti der erfreulichen Tischbegebenheit werden. I 860

## Der Leblaib

Brot, das zu Weihnachten mit eingemengten Kletzen, Zwetschgen und Nüssen gebacken wird. Jedes Mädchen lädt ihren Liebhaber, der Wein und Branntwein mitbringt, zum Anschneiden dieses Brotes ein. Mißlingt das Gebäck (der Leblaib), so muß die Bäckerin das nachfolgende Jahr sterben. (Die Volksetymologie leitet nämlich das Wort von leben ab). I 1409

## Lienhard

Leonhard, ein im Oberland vorzüglich beliebter Viehpatron, auch das jährliche Dedikationsfest einer dem hl. Leonhard geweihten Kirche oder Kapelle, sowohl in dieser, als im Wirtshaus begangen. »Bring an Leonhard guat ein!« »Der Harmatinger, der Dietramszeller Leonhard«.

*Lienhardfahren*
Auf einem Leonhardsfest dreimal um die Kirche oder Kapelle fahren. Es geschieht dieses gewöhnlich in vollem Rennen und nicht ohne Kunst des Wagenlenkers. In der buntbemalten sogenannten Lienhardstruhen, welche zu diesem Zwecke auf dem Wagen befestigt ist, produzieren sich im schönsten Schmucke die jüngeren weiblichen Angehörigen oder Gäste des Wagenbesitzers. Auf mancher Lienhardsfahrt kommen aus der Umgegend 30–40 und mehr stattliche Wagen zusammen.
Die Lienhardstäg, die Sonntage des Julius, an welchen die Dedicationen der verschiedenen Leonhardskirchen zwischen der Ober-Isar und dem Inn gefeiert werden. Diese Feste liegen dem Volke dieser Gegenden so tief im Sinn, daß es dieselben in seine Zeitberechnung aufnimmt. Da wird man selten hören: im Juli, sondern »in Leonhardstagna«. Zu Aigen am Inn, wo St. Leonhard rastet, liegen in den drei goldenen Samstagsnächsten oder Dulten oft Tausende von Wallfahrtern oder Wallfahrterinnen, besonders aus dem Innviertel in den Wirtshäusern, Schupfen und Ställen durcheinander. (1823)

*Der Lienel*

Hölzerne Statue St. Leonhards, besonders der schwere Klotz, der hie und da unter dessen Namen durch die Wallfahrter um die Wette vom Boden in die Höhe gehoben oder gar in Prozession von einem Dorf ins andere getragen und dabei wohl auch mitunter in den Bach, in die Hecke geworfen zu werden pflegte.

Im Scherz: Männliche profane Statue überhaupt: »der Leandl am Brunnen«, Brunnenstatue, z. B. in Mühldorf, Ötting, Traunstein.

Figürlich: Mensch, der wie eine Statue, wie ein Klotz unbehiflich, schwerfällig, träge ist. »Des is a rechta Leandl«. I 1481

## Die Los

Die letzte in einer Reihe von Personen oder von Handlungen. Bei verschiedenen Kinderspielen wird von dem, welcher zuletzt an die Reihe kommt, gesagt, er kriege, habe die Los, auch er werde, er sei die Los. Ich kann nicht bestimmen, ob von diesem Ausdruck der nachstehende in einigen oberländischen Gegenden übliche Spaß Grund oder Folge sei. Wenn in einem Hofe das Dreschen zu Ende geht, wird acht gegeben, wer die Los kriege, d. h. wer den letzten Drischelschlag tut. Ihm ist beim Drischelmahl ein besonders großer Küchel, der Losküchel beschieden. Ist die Los einer Dirne zugefallen, so binden die Knechte eine schweinähnliche Figur aus Stroh zusammen, welche von der Dirne zur Tenne eines Nachbars, wo man noch zu dreschen hat, gebracht und der dort gewordenen Los zu weitern Spedition übergeben werden muß. (Vgl. Sau als letzter Preis des Rennens). I 1516

## Die Luz

Luzi, Luzel, eine mythische Person, die in der ersten Rauchnacht bösen Kindern den Bauch aufschneidet und Kieselsteine hineinsteckt. Anderwärts hat man dieses, wenn man sich nicht recht satt ißt, am Luzientag selbst, dem 13. Dezember (dem auch den alten nordischen Völkern bedeutungsvollen Mittwintertag) zu gewärtigen.

R.A. Bier-Luz, Weibsperson die gerne trinkt. I 1549

## Der Mai

Die Maie, die abgeschälte, mehr oder weniger hohe Fichte oder Tanne, welche mit allerlei Emblemen geziert, durch gemeinsames Zutun des lebenslustigen Teiles einer Landgemeinde gewöhnlich am ersten Sonntag im Mai bei Sang und Klang und Tanz auf dem Dorfplatz oder vor dem Wirtshause, oder auch vor dem Hause, wo das schönste Mädchen wohnt, errichtet, »gesteckt« wird. Zum Maienbaum gab jede Jungfrauschaft ein seiden Band. Dieses Maiensteckens der jungen Gesellen und Mägde wird als eines unflätigen, unchristlichen Dings gedacht in der oberpfälzischen Polizeiordnung von 1657, welche überhaupt jede Art freudigen Lebensgenusses verpönt. So soll auch nach dem Cod. Max. civil. dem zwar uralten, aber nicht als zum bloßen Bürger- und Bauernlust dienenden Gebrauch des Maibaumschlagens, Einhalt getan werden. König Ludwig hat seinem Volk, das ja keine Hoffeste, Bälle, Konzerte haben kann, auch diese bloße »Burger- und Bauernlust« gesetzlich wiedergegeben.

*Das Majengäßlein* in Nürnberg hat noch von dem bis 1561 auf dem Platz, wo jetzt ein Brunnen steht, jährlich aufgerichteten Stadtmaien den Namen. Außer diesem eigentlichsten Maibaum wird auch der so früh und zart grünende, in vielen Hinsichten wahrhaft poetische Baum unsers Nordlandes, die Birke, in mehrern Gegenden schlechthin ein Mai oder Maibaum genannt.

*Der Maibusch*

Blumenbüschel, Strauß, besonders ein künstlicher von der sogenannten Kränzleinbinderin aus Papier verfertigt, wie sie als Altarornamente aufgestellt werden. I 1549

## Der Männleinkalender

Bloß aus Bildern der Heiligen bestehend, ehmals bei dem des Lesens unkundigen Landvolke üblich. Es waren in diesen nun selten gewordenen Versuchen moderner Hieroglyphik die Tage jedes vorzüglichern Heiligen durch die Abbildung desselben, die, an welchen es z. B. gut Haarschneiden sein sollte, durch eine

Schere, die, für welche man Wind oder Kälte prophezeien wollte, durch ein paar Pausbacken oder Handschuhe bezeichnet. I 1602

## Die Metten

*Die Christmetten*

Der Gottesdienst, welcher am Christtag, nun wieder wie früher, in der ersten Stunde nach Mitternacht gehalten wird. Vor, während, und nach dieser mitternächtlichen Christmetten glaubte der große Haufe die Geister- und Hexenwelt ganz besonders in Alarm gesetzt und den Sterblichen zugänglich. Wer z. B., auf einem Stühlchen aus neunerlei Holz knieend, während der Wandlung sich umsah, erkannte unter den Anwesenden alle diejenigen, die mit dem Teufel im Bunde stunden.

*Die Pumpermetten*

Chorgesang, der jetzt an den Vorabenden des Donnerstags, Freitags und Samstags in der Charwoche statt hat, ursprünglich aber in den horae matutinae gehalten zu werden pflegte. Nach jedem Psalme, der abgesungen ist, wird immer eine von den 15 an einem dreieckigen Gestelle aufgesteckten Kerzen ausgelöscht. Ehemals sollen hierauf die Kirchgänger mit Stöcken, Hämmern, Steinen an die Bänke und Wände geschlagen und dieser Lärm soll dem Verräter Judas gegolten haben. Der Begriff des Lärmens ist mit dem der Metten so sehr verschwistert geblieben, daß dieses Wort in den meisten Fällen schlechthin statt Getöse, Gepolter, Geschrei gebraucht wird. »Des is aber a Mettn!«

*Der Mettenblock*

Der größte Block vom Brennholzvorrat eines Hauses, welcher gewöhnlich aufgespart wird, um in der Christnacht in den Ofen gelegt zu werden, damit die Heimkehrenden aus der Metten eine hübsch warme Stube finden.

*Die Mettenwurst*

Schmaus, vorzüglich aus Würsten bestehend, welcher auf dem Lande in der Christnacht nach der Metten gehalten wird. Er scheint mit zu den Leichtfertigkeiten zu gehören, gegen welche schon in der Landsordng. von 1553 und von 1616 geeifert wird, die aber immer noch in guter Übung sind. Selbst der Umstand, daß unter König Max die Christmette von der Mitternacht auf die fünfte Morgenstunde verlegt wurde, konnte die althergebrachte Nachtfeier nicht abbringen, die aber bei uns viel religiöser geblieben ist, als in einigen Südländern, z. B. in Spanien, wo die noche buena in mancher Rücksicht sogar die Fastnacht übertrifft. I 1689

## nackeln

Sich hin und her bewegen, locker sein, wackeln.

*Der Hosennackler,* ein Zillertalerischer Tanz, dessen seltsame Bewegungen sich gewissermaßen schon aus diesem sehr poetischen Namen erraten lassen. I 1721

*Der Nagelschmiedtanz,* eigne Art eines bäurischen Tanzes, der jetzt auch auf dem Lande aus der Mode kommt, nach der Weise des Schnaderhüpfleins:

»Heirat i an Krama, muaß i aufs Land,
heirat i an Schindta, is ma a Schand,
heirat i an Nagelschmied
hab i Tag und Nacht koan Fried,
gniglt, gnaglt, gnaglt muaß'sei.« I 1732

## Der Niederfall

Ländliches Fest am Schlusse der Getreide-, auch Hopfenernte, wenn die letzten Ähren auf dem Felde gefallen sind. (Franken). I 705

## Nikolaus

Der Mann, welcher am Vorabend des Nikolaustages als Bischof gekleidet oder in einer sonstigen Vermummung in den Häusern, wo Kinder sind, auf Veranstaltung der Eltern erscheint, jene, in dem, was sie zu lernen, examiniert, ihnen Lobsprüche oder Verweise und entweder eine Bescherung von Kleidern, Obst und einer Rute mit vergoldeten Nüssen, oder nach gewaltigem Schrecken bloß die leidige Freude zurückläßt, von ihm oder seinem Knecht nicht in den schwarzen Sack gesteckt und fortgenommen worden zu sein. I 1722

## Das Panzenstechen

Ein Fischerspiel auf dem Würmsee. Es wird nämlich im See ein Faß oder Panzen, der über und über mit Reifen beschlagen ist, mittels einer Stange so befestigt, daß er auf derselben leicht umzudrehen ist. Die Fischer stehen auf der hintern Spitze ihres Kahnes (Einbaums) mit einer Stange in der Hand, und werden von einem Ruderer, der sich im Vorderteil befindet, mit aller Gewalt nach dem Faß hin und vorüber getrieben. Entweder glitscht nun die Stange, mit welcher der Fischer nach dem Faß stößt, an den Seiten desselben ab, oder, wenn er selbes in der Mitte faßt, und die Kräfte nicht hat, es durchzustoßen, so fällt er rückwärts in den See. Dies wird von den nachfolgenden solange fortgetrieben, bis der Panzen durchstoßen ist. Wenn viele Einbäume zusammenkommen, soll das ein sehr belustigendes Schauspiel sein. I 397

## Pfefferleinstag

Am Unschuldigen Kindleintag pflegen die kleinen und wohl auch großen Jungen bei den kleinen und großen Mädchen herumzugehen und sie mit einem Rütchen von Wacholder auf die Finger oder um die Beine zu schlagen, in der Oberpfalz mit dem Spruch: ›Ist der Pfeffer raß, wollts'n leisen a? wofür ein kleines Douceur zu reichen ist, das vielleicht ursprünglich ein Pfefferzelten sein mußte. I 422

## Pfingsten

Das bekannte liebliche Fest. Fast im ganzen Land ist es gewöhnlich, daß am Pfingsttag die Kühe, durch die Hirten mit Blumen bekränzt, von der Weide nach Hause kehren, daß aber diejenige, welche an diesem Tage am spätesten zur Herde gekommen war, nicht von Blumen oder Zweigen, sondern von Stroh einen Kranz trägt, dem faulen Knecht oder der faulen Dirne zum Spott, die später als die übrigen aufgestanden und fertig geworden war. Hieraus erklärt sich die Redensart: »Schlafen bis auf Pfingsten«, statt sehr lange. Verschiedene andere Volksbräuche an Pfingsten: In der Nacht vor dem Pfingstsonntag die Hexen austuschen, das Hausgerät heimlich fortschleppen und das Vieh aus den Ställen treiben, das Pfingstlrennen am Pfingstmontag zu Pferd. Der Pfingstling, Pfingstlümmel, an einigen Orten der Strohmann oder die ausgestopfte Menschenfigur, welche am Pfingstmontag von den jungen Leuten in Prozession herumgetragen, und in der Nacht gewöhnlich vor dem Hause, worin die faulste Dirne wohnt, abgestellt, oder auch rittlings auf den Dachfirst desselben gesetzt wird. Hie und da wird die, an diesem Tag am spätesten zur Herde getriebene Kuh auserwählt, um den Pfingstling daraufzusetzen, und ihn der Dirne, welche die Kuh zu besorgen hatte, als Bräutigam processionaliter zuzuführen. Wieder an anderen Orten muß sich der am spätesten zurechtgekommene Bursche in eigner Person als Pfingstlümmel oder Pfingstling und, wo ein Teich oder ein Bach ist, als Wasservogel produzieren. Er reitet, wenn der Nachmittagsgottesdienst vorbei ist, in der Mitte seiner Kameraden in den nächsten Wald, wo er um und um mit Laub und Zweigen oder Schilf eingebunden wird. Dann wird im Triumph das Dorf durchritten und, alles was junge Beine hat, folgt dem Zug zum Teich oder Bach, wo der Pfingstlümmel oder Wasservogel vom Pferd herab feierlich ins Wasser geworfen wird. Nun folgt eine Kollekte von Eiern, Butter, Schmalz, auch Geld, wovon man ein gemeinschaftliches Abendmahl mit Sang und Klang und Tanz im Wirtshaus veranstaltet. Vor allem auf die Kollekte scheint es abgesehen zu sein mit dem »Hans und der Gredl auf dem Rad« (ausgestopften Figuren, welche an den entgegengesetzten Enden eines umlaufenden Rades befestigt, sich wie zum Tanzen die Hände reichen), die am Pfingstmontag unter allerlei Sprüchen von Trüppchen reitender Bauernburschen herumgeführt werden und sich ehmals sogar in der Stadt München produzierten. I 436

## Die Pfründe

Auf dem Land heißt Pfründ besonders die Nahrung von Seite der Kinder, welche sich Eltern ausbedingen, wenn sie denselben das Hauswesen übergeben, oder wie man sagt, in den Austrag kommen, wo man sie dann Austrägler oder Pfründner nennt.

»sich rumpfreandn« sich durch Almosen fortbringen. I 454

## Der Platz

In oberpf., fränkischen Dörfern namentlich der Platz oder Plan zum Tanzen unter freiem Himmel, Dorfplatz, wo der Maibaum steht, der Tanz selbst.

»Den Platz aufführen«, am Kirchweihfest im feierlichen Zug sich auf den Tanzplatz begeben. Die Platzburschen, Platzmaidlein sind besonders erwählte und geputzte Tänzer und Tänzerinnen. Der Platzmeister, der von den jungen Burschen als solcher aus ihrer Mitte erwählt ist, regelt und ordnet den Tanz, holt die Mädchen ins Wirtshaus, wirbt Tänzer etc. Am Tag nach dem Tanz sammelt er im Dorfe das Tanzgeld, Kuchen und dgl., wobei ihn seine Gehilfen, die zwei Platzknechte und die drei Musikanten begleiten, die in jedem Haus drei Reihen aufspielen. I 464

## Der Prädikant

Eine Maske, wie sie im Fasching bei Tage herumlaufen und besonders den Mädchen zusetzen und diesen mit einer Rute auf die Finger schlagen, wenn sie ihnen auf ihre Fragen nicht die gehörige Antwort geben. Ihnen schreien die Kinder zu: »Prädikant, scheiß a d'Hand, und geh damit as Unterland!« I 468

## Die Rauchnächte

Die 12 Nächte zwischen Christi Geburt und Dreikönig, die der Volksglaube für besonders geeignet hält, sich mit der Geisterwelt in Verbindung zu setzen; namentlich der Vorabend oder die Nacht zum Christtag, zum Neujahrs- und zum Dreikönigstag.

Von dem, was in diesen Nächten Schauerliches und Geheimnisvolles vorgeht, weiß sich die junge und alte Kinderwelt viel zu erzählen. In der Rauhnacht kommt z. B. im Bayerischen Wald der Semper, schneidet den unartigen Kindern, die er findet, den Bauch auf, und legt Kieselsteine hinein; in Franken kommt die Hulde (Hulla) oder der Hullapöpel über den Rocken der unfleißigen Mägde und zeichnet ihn auf eine unsaubere Weise.

Im Bayrischen Wald wird metonymisch eine vermummte, stark verhüllte Weibsperson selbst »a Rauhnacht« betitelt: »Das is a rechte Rahnacht«. Die Waldlerinnen hüllen sich gern (wie die Damen in Shawls), in ihre sogenannten Tischtücher von schöner Leinwand, mit einem roten Streifen in der Mitte und roten Troddeln an den Ecken und hängen sie über den Kopf. Einige machen aus dem wetterlichen Zustand dieser 12 Nächte zuversichtliche Schlüsse auf den der 12 Monate des kommenden Jahres, was in Island Jôlaskrâ heißt. Weit und breit ist das Loßeln (Wahrsagen) aus der Herdasche, gegossenem Blei etc. üblich.

Auch in den deutschen Gemeinden bei Pergine im Tridentinischen enthalten sich zur Zeit der Rauchnächte die Männer der Jagd, die Weiber des Spinnens; Vieh wird nicht am Brunnen, sondern im Stalle getränkt.

*Der Rauchwecken*

Besonderes Brot, das zur Zeit der Rauchnächte gebakken wird (München). Die Erklärung der Benennung dieser Nächte aus dem um hl. Dreikönig üblichen, kirchlichen Beräuchern, Besprengen und Beschreiben der Wohnungen ist natürlich genug.

»ins Rauchen gehn«

Zum Ausräuchern der Häuser herumgehen.

Auch das »Zeltenbrot« (Kletzenbrot) muß in den drei Rauchnächten eingeraucht werden (O.L.) II 14, 15

## reisen

Sich erheben, aufmachen, aus dem Hause gehen.

Mit dem Rocken reisen, oder bloß rockenreisen, mit dem Spinnrocken aus dem Hause in Gesellschaft gehen.

»awi roasn«, von der Alpe ins Tal gehen. (Miesbach) In der dortigen Gegend heißt »roasn« überhaupt: von einem Ort zum andern gehen, sei die Entfernung auch noch so kurz. II 138

## Die Reiter

Das Sieb, ahd. rîtra.

R.A. »Die Wasserreitern aufriegeln« – tut der liebe Gott, wenn er regnen läßt.

Ein gewöhnlicher Spaß beim Schroten der weißen Rüben zu sogenanntem »Kleinen Kraut« besteht darin, daß man eine arglose jüngere Person des Hauses zu einem einverstandnen Nachbarn um eine Krautreitern schickt, um das Kraut dadurch zu sieben. Groß ist dann das Gelächter, wenn sich der diensteifrige Abgesandte wieder einstellt, keuchend unter der Last eines wohlzugebundenen Sackes mit – Steinen.
R.A. »De kunnt's Geld reiden« – verschwenden. II 179

### Das Rennen

Das Pferderennen, eine in Bayern, besonders auf Kirchweihen, Jahrmärkten und dergleichen sehr beliebte Volksbelustigung, die unter der Regierung Herzog Albert III. von dessen Gemahlin, einer braunschweigischen Fürstentochter, nach Bayern verpflanzt worden ist. Das erste Rennen in München wurde im Jahre 1448 während der Jakobidult gegeben. Das »vordrist Pferd gewann ein Scharlachtuch, das ander darnach ein Sperber mit seiner Zuegehörung, das dritt ein Armbrust und das letzt Pferd ein Sau. »Indessen ist schon in einer älteren Urkunde die Rede von solchen,« die ihr Roß lassent laufen um Gewinn, als laufen oder rennen um den Scharlach«. So waren auf dem Rennen zu Augsburg von 1474 »ein Scharlach, ein Armbrust, ein Schwert und ein Sau« (die Rennsau) als Preise ausgesetzt. Die Landts- und Policeyordnung von 1616 will, daß die »Rennet in der hl. Fastenzeit, die man zu etlichen Orten schier wöchentlich anstellet, abgeschafft werden sollen.« Das Häuter-Rennend, Rennen mit Ackergäulen. II 109

### Der Robler

Bursche, der sich auf seine Stärke und Gewandtheit im Ringen und Raufen was zu gute tun darf. Raufheld.
»Und führen soll ich deinen Roblerchor« sagt Andreas Hofers Geist zum Lande Tirol in einer Ode von Alois Weißenbach.
Die Bayrisch Zell war weiland ein Hort für großartiges Robelhandwerk.
*Roblerin,* die tüchtigste Almkuh. II 10

### Rosensonntag

Lätare oder Mitfastensonntag, wo wenigstens weiland, der Papst vor seiner Messe eine Rose zu weihen pflegte, die als bedeutsames Geschenk versendet wurde. Eine solche Rose, von Papst Felix V., dem Herzog Albrecht III. verehrt, figurierte unter den Andechser »Hailtumen«. Am Sonntag Lätare »do het der Papst Meß, und weihet den Rosen und zaigt dem Volk in der Hand den Rosen«; Konzil von Konstanz. An diesem Tag fand an einigen Orten das sogenannte Todaustragen und das Winter- und Sommerspiel statt. II 150

### rumpeln

Ein dumpfes Geräusch machen, sich mit Ungestüm bewegen. Die Rumpelnacht – Christnacht. In der Rumpelnacht pflegen die Mädchen ihre Liebhaber mit dem sog. Klotzenscherzen (einem Stück Kletzenbrot) zu beschenken.
*Der Rumpelstilz-,* Rumpelgeist, Poltergeist.
*Die Rumpelsuppe* – erste Speise, die der Wöchnerin nach der Geburtsarbeit gereicht wird.
*Die Rumpumpel* – Spottbenennung eines alten Weibes. II 99

### Salzlecken

Gemeinschaftliches Salzlecken war ein Verbrüderungssymbol salzburgischer Landleute, z. B. noch derjenigen, die im Jahr 1731 des Glaubens wegen auswanderten, sowie derer, die im Jahre 1525 sich mit Gewalt der Hauptstadt bemächtigten. Abgemalt auf einer Tischplatte im Wirtshaus zu Schwarzach.
»ins Salz schenken«, der Köchin schenken.
»im Salz liegen«, im Wochenbett.
»Ein Kind salzen und schmalzen«, es nach katholischem Ritus taufen. II 273

### Der Samtregel

Kollekte von Eiern, Butter, welche am Pfingsttag die Hirten und Pferdejungen von Moosach und Neuhausen bei Gelegenheit eines possierlich feierlichen Herumreitens in diesen Dörfern und im Lustschloß

Nymphenburg zu machen pflegen. Man nennt die Jungen, die diesem Aufzug beiwohnen, Santrigl Buam und Santriglspruch die Verse, welche ihr Anführer vor jedem Hause hersagt. Ganz so das Pfingstlrennen am Pfingstmontag. I 657

## Die Schar

Die Reihe, ahd. scara, im Oberland namentlich die Tanztour.

»A Schar aufmachen«, zu einer Tanztour aufspielen.

Es gilt daselbst die schöne Sitte, daß bei jeder Schar, nachdem den Musikanten (gewöhnlich zu 12 kr) bezahlt ist, in der Regel nicht über 4 Paare tanzen dürfen. Ist die Schar zu Ende, so zahlen und tanzen andre vier, oder auch nur drei, zwei oder ein Pärchen. Un so mögen die genügsamen Tänzer alle nacheinander an die Reihe kommen. Für Ungenügsame, in welchen jede Schar nur neue Lust nach einer nachfolgenden zweiten, dritten entzündet, ist, und zwar mit Recht, bei steigender Taxe das Nachzahlen erlaubt. Auf solche Art recht viele Schar, während welchen Andere die ungeduldigen neidischen Zuschauer spielen müssen, mit seinem Deanderl allein zu tanzen, gehört mit unter die heftigsten Wünsche des ländlichen Ehrgeizes. II 443

## Scheiben treiben

Abschnitte von hölzernen Brunnenröhren, die man glühend gemacht, mittels Stecken in die Luft schleudern, ein Spaß, welcher in den Bergen von Werdenfels in den Osternächten von jungen Leuten vorgenommen wird unter dem Sprüchlein: »Diese Scheibe will ich treiben dem oder der«. II 356

## Scheiblein

Scheublein, scheibenähnliche Form.

Die Juden mußten um 1452 in Regensburg an ihren Kleidern, Mänteln und Röcken gelbe Scheublein tragen. In der Tiroler Polizeiordnung von 1603 ist sogar so ein gelber Ring abgebildet. II 358

## Die Schellen, die Glocke

ahd. scella.

*Der Schellenrührer.*

Der mit Schellen behängte Zugführer beim Fastnachtlaufen.

*Der Schellenbub,* zu öffentlicher Arbeit oder Schellenwerk verdammter junger Mensch.

*Der Schellenkönig.*

R.A. »Dasitzen wie der Schellenkönig«, steif, affektiert.

»Einen über den Schellenkönig loben«, gewaltig, überaus.

Von Max Emanuel heißt es in Melisantes geographia novissima (1713)

»Zum Herzenkönig hat Venus dich längst gezählt,
zum grünen König hat dich Ludwig erwählt,
zum Eichelkönig hat dich Bayern schon gemacht,
bis dich der Schellenberg zum Schellenkönig macht.«
II 396, 397

## Der Schimmel

An den Fastnachttagen reitet ein Bursche auf einer ausgestopften Figur, die einen Schimmel vorstellt, oder einem bloßen Steckenpferd, mit mehrern Kameraden vermummt vor die ländlichen Wohnhäuser, wo sie dann in kurzen Szenen allerlei lächerliche Begebenheiten, die sich das Jahr hindurch an dem Orte zugetragen haben, vorzustellen suchen. Den Hauptakteur dieser Komödie nennen sie den Fastnachtschimmel.

R.A. »Wer weiß, wem der Vater den Schimmel schenkt«, wie es für diese oder jene Partei noch ausgehen werde. II 420

## Der Schiß

Die Dienstboten auf dem Lande nennen die 1–3 Tage, welche sie im Hause, das sie zu verlassen gedenken, noch über den Termin Lichtmeß bleiben, gleichsam um die durch Scheißen verlorene Zeit hereinzubringen, die Scheißtage oder den Schiß.
II 475

## schlenkeln

Schlanken – müßig herumgehen, ist namentlich der technische, vermutlich zuerst von den Herrschaften gebrauchte Ausdruck für das Austreten der Dienstboten aus einem Dienst, welches auf dem Lande von Jahr zu Jahr am Lichtmeßtag stattzuhaben pflegt.
Die Schlenkelweil, die Zeit zwischen dem Austreten aus einem Dienst und dem Wiedereintritt in einen neuen, welche der Dienstbote verwenden mag, um »etwan sein Gewand zu bessern, oder sonsten anders zu seiner Notdurft zu verrichten« und die aus nicht mehr als 4 Tagen, 2 vor und 2 nach Lichtmeß, bestehen soll, aber nicht selten, besonders auf dem Lande, eine größere Ausdehnung erhält. Wenn sogar die ganze Zeit zwischen Lichtmeß und Faßnacht die Schlenkelweil genannt wird, so scheint sie wohl hie und da auch als solche benutzt zu werden. Der Schlenkellaib, Brotlaib, der dem abtretenden Dienstboten gegeben zu werden pflegt, wenngleich die Policeyordnung von 1617 jede solche Gabe verbietet. Überhaupt läßt sich keine Klasse, von der niedrigsten bis zur höchsten, herkömmliche Vorteile leicht und gern verkümmern. II 528

## Das Schnitterhüpflein (Schnaderhüpfl)

Als metonymische Benennung für ein kurzes, aus einem oder zwei Reimpaaren, jedenfalls aus 4 Abschnitten oder Zeilen bestehendes Liedchen, das nach gewissen landläufigen Tanzmelodien gesungen und häufig vom Sänger oder Tänzer aus dem Stegreif gedichtet wird. II 587

## Die Schön

Schönheit
»O Deandl dei Sche,
de werd aa bald vergeh.«
Am weißen Sonntag pflegen die Burschen ihre Mädchen zum Met zu führen, damit sie das Jahr über schön und stark bleiben. Sie nennen diese Galanterie »D'Sche und d'Sterk zahln«.
Die Schön und Stärk ist auch ein gewisser Teil der Eingeweide einer Gans. II 427

## Den Schuh werfen.

In der Christ- oder Thomas- oder Dreikönigsnacht einen Schuh rückwärts über den Kopf werfen, um aus der Lage, in die er auffällt, auf gewisse Dinge in der Zukunft zu schließen, einer der abergläubischen Gebräuche, die in den sogenannten Rauchnächten statthaben. II 390

## Die Schusterweil

Das halbe Stündchen, welches der Schuhmacher und andere Handwerker, wenn sie auf der Stör sind, ausruhen, sobald das Tageslicht zu ihrer Arbeit nicht mehr hinreicht, bis Licht in die Stube gebracht wird.
»hinter der Schusterweil« in der Dämmerung.
II 393

## Die Schwieger

*Die Schwiegermutter*
‹In der Stadt Läptin war ein Brauch, daß den ersten Tag, wann die Braut in ihres Bräutigams Haus ging, sie mußte einen Kessel oder Hafen von der Schwieger zu entlehnen begehren, aber daß die Schwieger ihr solches abschlug. Dies geschahe, damit sich das junge Weib ihrer Schwieger Ungestümigkeit alsbald zu ertragen gewöhnen sollte.› Albertin's Guevara
»I moa i muaß mi henka«,
sagt die alte Schwieger.
»Säh, da hast an Strick,
häng di auf damit«,
sagt die Jung glei wieder. (Altes Volkslied.) II 629

## Singold

Alter Mannesname. Singolding, Name eines Weilers bei Erding, bekannt durch einen, am dritten Sonntag im August gehaltenen Viehmarkt und den dabei statthabenden Erntetanz, welcher gewöhnlich bloß der Singeldinger genannt wird. II 314

## Die Sitzweil

Solange man zu sitzen pflegt, vornehmlich aber die Zeit von 6–9 an den Winterabenden, wo die Landleute beim Span-, Kien- oder Öllicht zusammensitzen, und solche Arbeiten vornehmen, die sich in der Stube abtun lassen. Daß diese ländlichen Soirees durch lebhafte Unterhaltung bestmöglich gewürzt werden, versteht sich am Rande. Da vorzüglich teilt eine Generation der anderen ihren Schatz von Erfahrungen und Vorurteilen und Lebensansichten mit; da wird der ganze Vorrat an volksmäßigen Dichtungen, Erzählungen, Märchen, Liedern durchgangen, und mitunter durch neue Zugaben aus der Zeitgeschichte vermehrt. Bei keiner anderen Gelegenheit, selbst beim Bierkrug nicht so sehr als da, kommt das reiche Kapital an natürlichem Witze in Umlauf, mit dem das Volk ausgestattet ist. II 889

### Sommer und Winter spielen oder singen

Solvitur acries hiems, milde Frühlingslüfte wehn, und alle Herzen werden milder. Diese Stimmung zu benutzen, und das allerfreuliche Ereignis recht anschaulich zu feiern, finden sich wohl hie und da ein paar arme Teufel zusammen, die der eine als Winter in Pelz eingehüllt, der andre als Sommer, einen grünen Zweig in der Hand führend, in den Häusern der Wohlhabenden herumgehen, einen gereimten Wettstreit über ihre Vorzüge absingen und damit enden, daß der Sommer den Winter zur Tür hinauswirft, wofür ihm dann natürlich eine kleine Gabe nicht versagt werden darf. Ähnliche dramatische Wettstreite gab es früher zwischen Lieb und Schön, Wasser und Wein. II 281

### Sonntag

Außer dem Fasten- und dem Weißen Sonntag gibt es noch den Bock-Sonntag, der zweite Sonntag nach Ostern, bis zu welchem die Sündenböcke ihre österliche Beichte verschieben.

Am Freudensonntag, dem weißen oder ersten Sonntag nach Ostern darf seit Fastnacht das erstemal wieder getanzt werden und die Burschen führen ihre Mädchen zum Meth, um ihnen »die Schön und die Stärk« zu zahlen.

Der Hutzelsonntag auf der Rhön, der Sonntag vor Fasten.

Der Funkensonntag am Lech und in Schwaben.

Der erste Sonntag in der Fasten, an welchem die Jugend auf dem Lande im Freien Feuer anzumachen pflegt und um sie tanzt, auch wohl glühend gemachte Scheiben in die Luft schleudert und daraus wahrsagt.

Das Sonntagskind, ist an einem der vier güldenen Sonntage nach dem Quatember geboren. Es ist ein glücklicher Mensch, der Geister sieht, Schätze findet und was dergleichen Dinge mehr sind. II 297

### Das Sonnwendfeuer

Das Feuer im Freien, über welches an Johann des Täufers Tag gesprungen wird. Die Ceremonie des Springens über ein Strohfeuer gehörte ja auch zu der altrömischen Palesfeier, welche schon Ovid (Fast. IV, 775) auf seine Weise zu erklären und zu deuten sucht. Ägypten: Alexandria, 6. Juli 1844: »Man hat hier eine Ceremonie am Vorabend des Johannisfestes, wo die Pest verbrannt wird, heuer hat die Ceremonie das Übel nicht zu bannen vermocht.«

In Rußland brannten ehemals am 22. Juni heilige Feuer, Kupalnitzy genannt, einer Göttin zu Ehren. In der Johannisnacht verwahrt der russische Bauer die Fenster mit Nesseln, deckt die Speisen in Töpfen mit Nesseln, bringt die Kälber zu den Kühen.

Mögen diese Sonnwendfeuer unter den Superstitionen und Paganien der fränkischen Capitularien von 742 und 743 gemeint sein, oder nicht, sicher ist es, daß sie seit Jahrhunderten, früher als unchristlich, in neuester Zeit als feuergefährlich oder holzvergeudend verboten werden – und noch immer, wenn auch nicht mehr an allen Orten, zu ihrer Zeit auflodern. Früher wurde das »Sunnwendfeur« selbst im Inneren größerer Städte angezündet. So tanzte auf dem Reichstag zu Regensburg anno 1471 König Friedrich mit schönen Frauen um das auf offenem Markt angezündete Feuer. 1428 verbot der Rat das Sonnwendfeuer in der Stadt München. Noch durch die Münchner Feuerordnung von 1751 wird »das sogenannte Johannes- oder Sommerwendfeuer in denen Häusern und auf denen Gassen der Stadt« ernstlich verboten.

»An St. Johannstag machen sie (in Franken) ein Sinetfeuer, tragen auch sondere Kränz auf, von Beifuß und Eisenkraut gemacht, und hat schier ein jeder ein blau Kraut, Rittersporn genannt, in der Hand. Welcher dadurch ins Feuer siehet, dem tut das ganze Jahr kein Aug weh. Wer vom Feuer heim zu Haus hinweggehen will, der wirft dies sein Kraut in das Feuer, sprechend: Es gehe hinweg und werd verbrennt mit diesem Kraut all mein Unglück. Das bischöflich Hofgesind wirft auf diesem Tag bei ihrem Freudenfeuer auf dem Berg hinterm Schloß feurige Kugeln in den Fluß Moganum, so meisterlich zugericht, als ob es fliegende Drachen wären.« (Seb. Frank, Weltbuch) II 298

Das Büchlein von 1679 über die Mirakel der Mutter Gottes von Bogen erzählt, daß man in der Gegend »das Sonnwendfeuer nit bälder anzindet, bis selbes auf dem Bogenberg flammend gesehen wird, wo denn die gebenedeite Mutter Gottes von der Jugend mit von Sonnwendgürtlen (Beifuß) geflochtenen Kränzen gegrüeßet wird, und der jungen Mägdlein Chor und Flor vieler Orten um das Sonnenfeuer einen Reihen mit Gesang oder Tanz schließet.«

Volkssagen:

In der St. Johannisnacht öffnet sich die von Gold und Edelsteinen strotzende Halle im Schoße des Ochsenkopfs am Fichtelgebirg, überfließt von gediegenem Gold die silberne auf dem Pechhorn der Reuteralpen im Salzburgischen und es haben Kräuter, an diesem Tage gelesen, ihre ganz besondern Wunderkräfte. II 301

In fränkischen Dörfern wurde beim Einsammeln des Holzes zum Johannesfeuer von den Jungen unter Vortragung eines geputzten Baumes gesungen:

Da kommen drei Herren gegangen
mit Spießen und mit Stangen
Florian, Florian, Florian,
zünd dem Mädle den Rocken an,
daß sie nimmer spinnen kann!
Ist ein guter Herr im Haus
lang ein Scheitlein Holz heraus!
Ei du lieber Six!
gib uns fein ein dicks!
Ei du lieber Hans, gib uns fein ein langs!
Ei du lieber Thuma,
laß ein Scheitlein kuma!
Wir hören drei Schlüsselein klingen
und uns ein Scheitlein bringen,
Tür und Tor ist aufgegangen.

Nach empfangenem Holz bedanken sie sich mit dem Versprechen:

Wenn wir übers Jahr wieder rumsingen,
wolln wir der Frau einen Pelz mitbringen.

In Altbayern singen die Jungen:

Haliga Sankt Veit
schick uns a Scheit
haliga Sankt Wendl,
schick uns an Bengl,
haliga Sankt Florian,
kent uns des Feuer an! II 300

»Was machts es denn da«? fragte ich am Abend des Johannistages 1847, vom Walde beim Fasanengarten zurückkommend, einen Haufen Auer Jungen, die am Wege zwischen Feldern um einen Stoß gesammelter Holzstücke sitzen. A Summafeuer! heißt es. Sie singen mir im Chor den Spruch, womit sie die Holzstücke von Haus zu Haus gesammelt:

Auf, auf Rappei
a Tuach is a Kappei
a Kappei ist a Tuach
an Adler is a Ruach
a Ruach is an Adler
a Stoa is a Kalder
a Kalda is a Stoa
a Rippn is a Boa
a Boa is a Rippn
schnell muaß ma stippn
stippn muaß ma schnell
der Kürschner hat a Fell
a Fell hat der Kürschner
d'Sau san de Bürschtna
Bürtschtna san de Sau
der Müller hat a Frau
a Frau hat der Müller
de Hund de san de Billa

Billa san de Hund
der Wagen der geht z'Grund
z'Grund geht der Wagen
mit Eisen is er beschlagn
beschlagn ist er mit Eisen
de Blinden muaß ma weisen
weisen muaß ma die Blinden
Küachein muaß ma schinden
schinden muaß ma Küachein
an Schmarrn muaß ma murfein
murfein muaß ma an Schmarrn
und wers net glabt de san Narrn.
Haliga Sankt Veit
schick uns a Scheit
Haliga Sankt Fix
a langs und a dicks
Haliga Sant Taschendeckel
schick uns a Batzenweckl
halger Sant Florian zünd der Frau an Kropf net an!
haliger Sankt Jakob
schick uns an Hackstock! Aus is!
(Heute, den längsten Tag von 1843, zünden wir das Sunnwendfeuer im Stubenofen an. Der Thermometer weist 13° Réaum., und noch wenige Tage dieser mindern Zahl hat er mehr gewiesen.) II 300

## spacken, specken

Mit der Spitze eines Eies wider die eines anderen stoßen, bis eines von beiden bricht, ein Spiel, das besonders mit Ostereiern getrieben wird und wobei immer das gebrochene dem Eigentümer des ganz gebliebenen heimfällt. Beim Plätteln, Schussern und dergleichen Spielen wird ein schon ausgeworfenes Plättlein oder Schnellkügelchen von einem nachher geworfenen getroffen oder gespeckt. II 657

## Der Spatz

In der Mitte des vorigen Jahrhunderts waren die guten Tierchen öfter ein Gegenstand der Regierungssorgen. Es wurde jeder Haushaltung die jährliche Einlieferung von einer Anzahl Spatzenköpfen – wie das Volk sagt – eine Spatzensteuer auferlegt. II 691

## Der Spieß

Noch jetzt kommt auf den Dörfern der Wachtspieß vor, welcher tagweise von Haus zu Haus wandernd, dem Besitzer die Pflicht auferlegt, als Polizeiwächter zu agieren. »Auf das Bettelmandat wird nicht gehalten. Da stecken die Bauern einen Spieß hin ans Eck vom Dorf, und weil der Spieß nichts sagt, so gehen vagierende Schinder, bettelnde Patres, Deserteurs und alles Gesindel wie vor und eh«.
R.A. »Umgekehrt – wie die Bauern den Spieß tragen«, im entgegengesetzten Sinne.
R.A. »Die Spieß hüten«, auf einen Tänzer wartend dastehen. II 688, 689

## Das Spitzwecklein

Kinder, die »in die Seelenwecken gehn«, sagen den Spruch:
»Sei's Christus gelobt um a Spitzl
Mei Vatter is a Kitzl,
mei Muatta is a Habasack
gebts ma, was i tragn mag,
gebts ma fei net z'viel und z' weng,
daß i mein Sackerl net z'spreng.« (Cham) II 693

## springen

Die 7 Sprüng, ein Tanz, der sich abwechselnd im 3/3 und 2/4 Takt bewegt.
»Drum nimm i a jungs, frisch Ding und mach halt mit ihr die 7 Sprüng.«
Bei der jährlichen Springprozession von Echternach zum Grabe des hl. Willibrord werden immer drei Schritte vorwärts und drei rückwärts gemacht. Kämen vier der ersteren auf drei der letzteren, so gälte es auch hier sieben Sprünge. Der Anfang des Liedes, das dabei gesungen wird: »Adam hatte sieben Söhn«, paßt im Metrum völlig zu dem des wenig erbaulichen bayrischen. II 703, 704

## Mein Tag

Das Fest meines Namenspatrons, mein Namenstag.
R.A.: »Dem ist sein Tag zweimal in einer Woch«, der bildet sich was ein.

»Einem Mädchen den Tag ansingen, ausrufen«, junge Burschen singen am Namensfeste, ehe es noch tagt, vor ihrem Haus ein geistlich Lied, gewöhnlich zu Ehren ihrer Namenspatronin.
»Den Tag anläuten« (auf dem Lande), oder anblasen (z. B. vom Petersturm in München schon 1448), an festtäglichen Morgen vor dem gewöhnlichen Ave ein besonderes Zeichen geben. I 592

### Der Tanz

*Der Sautanz,* Mahl, wobei meist Schweinefleisch aufgetragen wird.
*Schicketanz,* ein Teufel.
*Das Tanzhaus,* eigens für die öffentlichen Hochzeitstänze bestimmtes Haus, in Städten und Märkten hie und da jetzt noch bestehend.
(in ländlichen Gebieten Norwegens teilweise heute noch erhalten. Anm. des Herausg.)
Im Oberlande haben sehr viele Landwirtshäuser ihr eigenes Tanzhaus, nämlich eine abgesondert stehende Wagenremise, deren oberes mit Brettern beschlagenes Stockwerk den Tanzplatz bildet.
Daß es ehedem beim Tanzen selbst in Städten oft nicht säuberlicher zugegangen sei als jetzt noch auf dem Lande, zeigt das Amberger Stadtbuch von 1554, welches einmal sagt: »An den Abendtänzen soll sich ein jeder des Umschwingens, Umdrehens oder Umwerfens der Maid oder Tänzerin und auch in bloßen Hosen oder Wammes zu tanzen gänzlich enthalten.« I 611, 612

### Der Teller

ital. tagliere, franz. tailloir, zunächst ein hölzernes Brett, um die Speisen darauf zu schneiden. R.A. Einem aufs Teller reden, beistimmen.
I 598

### Das Tellerlaufen

Eine Art Wettlauf, wobei jeder Teilnehmer mit einem hölzernen frei auf den Kopf gestellten Teller und mit einer Anzahl runder Rüben oder dergl. auf dem Teller, das Ziel zuerst zu erreichen sucht. I 599

### Der Tellertanz

»Im Nachspiel wurde von zwei Bauernknechten der hölzerne Tellertanz gemacht, deren jeder zwei an Händen, zwei an Ellbogen oder Armen, zwei an Knien und eins am Hintern attakiert (befestigt) hatten und allezeit in den Hauptkadenzen, die an den gleichen Orten gebundenen Teller zusammenschlugen.« (Frh. v. Bodman, Ms. v. 1709) I 599

### Der Thurner

Türmer. Durch ein Mandat von 1671 wurde den »Thurnern und Stadtpfeiffern« im Advent das Herumziehen, oder das neue Jahr anzublasen verboten. Geschieht noch heutzutage. I 623

### Der Trümmertanz

Ein Kirchweihtanz unter freiem Himmel, bei dem die Tanzpaare auf grünem Plan einen großen Kreis bilden, in welchem jedes seine Tour ganz allein herum macht, und den Beifall des zuschauenden Kranzes vor anderen zu verdienen strebt. I 664

### Die Trutzfeder

Spielhahnfeder, die der rauflustige Bursche als eine öffentliche Herausforderung für jeden, der es mit ihm aufnehmen will, auf den Hut steckt. Hat er deren zwei oder drei, so gilt dies als ein Zeichen, daß ers mit zweien oder dreien zugleich aufzunehmen bereit ist. Das Trutzgesänglein, Schnaderhüpfl, das zugleich ein Spottliedchen auf andere ist und daher meist Ursache zu Raufereien und Schlägereien wird. So gibt es besonders für Heimgehende aus dem Wirtshause auch ein Trutzjuchezen, ein herausforderndes Jauchzen. I 682

### vierfach tanzen,

d. h. indem man beim Walzen mit Füßen und Händen den Takt schlägt. I 844

### Der Wasservogel

Seit 1447 war in Adeldorf an der Vils der Wasservogelumritt mit dem Amtmann (Gerichtsdiener, welcher

Eisen und Bande neben sich auf dem Pferd hatte), dem Gerichtsverwalter und den vier ältesten Gemeindegliedern an der Spitze, um die Markung üblich. Er hatte am Pfingstmontag statt und hier wenigstens augenscheinlich zum Zwecke, die Grenzmarken in frischer Erinnerung zu behalten, wenn auch anderwärts aus demselben Akt ein bloßer, nichtssagender Spaß geworden sein mag.
II 1019

### Der Weckauf
Das Läuten in der Christnacht eine Stunde vor dem mitternächtigen Gottesdienst. II 846

### Die Werkwoche
Die Werkwochen, die aus lauter Werktagen besteht, namentlich die letzte Woche vor Weihnachten. An ihrem Montag pflegen an der oberen Isar die Besitzer von Bauerngütern ins Wirtshaus zu gehen, um, wie sie sagen, die Werkwoch anzutrinken oder anzudingen oder »der Bauern Dinzeltag« zu halten. II 836
In dieser Woche pflegen an der oberen Isar die ärmeren Hausbesitzer Getreide in natura bei den Bauern zu betteln.
II 986

### Der Wickel
Soviel an Flachs oder Wolle als jedesmal zum Abspinnen um den Rocken gewickelt wird.
Im salzburgischen Thalgau wurden Spinnwickel zum Verspinnen an die Nachbarn verteilt. Zum Lohn wird ein Mahl nebst Tanz gegeben, wobei der und die ihr Gespinst zuerst eingeliefert, als Braut und Bräutigam figurieren. (Hübner) II 847

### Der Wolf
Heutzutage gehört in Bayern der Wolf zu den seltenen Naturalien. Noch um 1665 werden die Untertanen von Zeit zu Zeit zu förmlichen Wolfsjagden aufgeboten. Es gab eigne Sprüche, um das Vieh beim Austreiben gegen den Wolf zu segnen, sogenannte Wolfsegen: »O Herr Vater Jesu Christ, wie ein heilger Mann du bist, als wenig dir kein Mensch mag gleichen, als wenig soll mir kein Wolf noch Wölfin das Vieh nimmer beißen«. Die sogenannte Wolfskugel scheint die Tugend besessen zu haben, vergrabene Schätze entdecken zu helfen.
Zu Weihnachten bäckt man an der rauhen Ebrach aus Teig allerlei, besonders Tierfiguren, unter dem Namen Hauswolf. II 902

### Die Wurst
Bei dem seit 1350 üblichen Schembartlaufen der Nürnberger Metzger in der Fastnach spielte die Hauptrolle eine Wurst, (sie war anno 1658 nur 658 Ellen lang und 514 Pfund schwer) die an einer Stange in der Stadt herumgetragen wurde.
Das Spr.W. »Wurst wider Wurst« scheint sich auf das nachbarliche Zusenden von Würsten, wenn man im Hause geschlachtet, zu beziehen.
»Das ist mir Wurst«, das ist mir gleichgültig.
»Den Sack oder wohl gar den Dreck mit der Wurst binden«, eine Sache verkehrt angreifen, sich unnütz Mühe machen. II 1004

# Ortsnamen

## Die Ach

Die Achen, im Hochland noch immer ein Appellativ für jedes größere fließende Wasser, das sich aus kleinern Quellen und Bächlein nährt. So heißt die Salzach wie die Saalach in den Bergen schlechtweg die Ache, insbesondere die Pinzger Achen.
»Wia rauschen net die Achern
wia saust net der Wald«.
Andere haben durch Vorsetzung verschiedener, oft von der Farbe hergenommener Bestimmungswörter einen mehr eigentümlichen Namen erhalten: Die Rotach, Schwarzach, Weißach, Niedernach, Obernach. Besonders deutlich hat sich Ach erhalten in dem Ausdruck die Altach, das Altwasser, Flußarm, der ehmals Hauptrinnsal war. Die Klöster Altaich hießen von solchen Altwassern der Donau ursprünglich Altaha. I 21

## Der Affalter

Apfelbaum. Affalterbach (Ortsname). I 41

## Aschau

heißt oft ein hoch auf den Bergen liegendes Geräumt. I 167

## Die Asten

Aßen, Weideplätze, besonders an den Vorbergen, auf welchen sich das Vieh aufhält, sowohl eh man es auf die eigentlichen Alpen führt. (gewöhnlich von Pankrati bis zum Veitstag) als auch nachdem man es von den Alpen zurückgebracht hat. I 157

## Der Brand

Platz, der durch Brand ausgereutet worden ist, Neubruch.
»Einem ein Brändlein schüren«, ihm Verdruß, Unheil bereiten. I 360

## Das Bremstall

Gehölz oder Waldort, das sich in der Nähe eines Weideplatzes oder einer Ortschaft befindet und dem Vieh zum Schutze vor zu großer Hitze und lästigem Ungeziefer dient. I 356

## Der Bruech

Bruch, Moor, Sumpf. I 347

## Gastein

Gesträuch, Gehölz, dichter Wald. I 954

## Gemund

Gemunden ist der Eigenname mehrerer Ortschaften, welche da, wo sich zwei oder mehrere Wasser miteinander vereinigen, oder voneinander trennen, gelegen sind. So liegt ein Gmund an der Ausmündung des Tegernsees sowie des österreichischen Traunsees. I 1622

## Der Gern

Keilförmiges Stück in einem Kleide, Falte, Schoß.
In der Oberpfalz: kürzeres Ackerbeet, das wie ein Zwickel oder Keil zwischen längeren liegt: Auf der Gern bei Berchtesgaden. I 930

## Die lutherische Haid

So soll ehemals die Gegend von Weil am Kochelsee geheißen haben, weil man da eine Zeitlang lutherisch gewesen ist. I 1051

## Der Heuwinkel

Himmelsgegend, welche beim Wiedereintritt schönen Wetters am ersten heiter und wolkenfrei zu werden pflegt und welche im Flachlande gewöhnlich die westliche ist. I 1029

## Die Hül

Die Höhlung im Boden, mit Wasser angefüllt, Lache.
Die Grashül, Lache, worin die Weiber das durch Jäten gewonnene Unkraut zum Verfüttern waschen und reinigen. I 1084

## Das Irl

Viehweide, Name von verschiedenen Moos- oder Moorgründen. I 143

### Der Kamp
Der Kamm, auch Bergkamm. Kampenwand. I 1250

### Das Kar
Talähnliche, zur Weide benutzbare Vertiefung auf höherem Felsgebirge. I 1277

### Heidnische Kirche
heißen meist große Höhlen im Gebirg. I 1288

### Der Kniebeißer
Jede zu besteigende, etwas beträchtlichere Anhöhe. (vom so steilen Steigen, daß Knie und Mund sich nahe kommen?)
Daher der Bergname Kniebis. I 1343

### Der Kopf
Bergkuppe. Koppe. Daher mehrere Bergnamen: Adlerkopf, Hennenkopf, Geierkopf, Schartenkopf, Karkopf, Hirschkopf ... Kufstein ist im Mund des Volkes gewöhnlich Kopfstein. I 1273

### Der Kunterweg
Eigenname, der in verschiednen Gegenden vorkommt, und einen eigentlich bloß für Vieh, besonders für Ziegen, Schafe, recht gangbaren oder überhaupt gefährlichen oder nicht geheuren Felsenweg anzudeuten scheint. Auf Riesenhaftes, auf Uraltes, nicht Geheures deutet der vom Volk sogenannte »enterisch Weg« im Salzburg. Lungau, der in der Vorzeit über die Taferneralp geführt hat. II 874

### Lahn
Lichter, gewöhnlich baumloser Streifen, der an einem Berge von oben nach unten herabzieht und in der Regel der Weg der herabrutschenden Schneemassen ist (Oberlan und Lana bei Meran).
Ist dieser Streif mit Gras bewachsen, so heißt er »a Graslahna«. Das Lahnaheu, als besonders zart, ist ein beliebtes Lager der Gebirgsleute. Öfter zeigen sich diese Länen als Gräben, in welchen nach starkem Regen Wasser herabrinnt (Lain). I 1400

### Die Leiten
Seite eines Hügels oder Berges. Die Summerleiten liegt gegen Süden und wird von der Sonne beschienen, ihr Gegenteil ist die Winterleiten. I 1534

### Das, der Loh
Der Busch, das Gebüsch. Hasel-loh, Hesseloh. Das Wort Loh ist heutzutage mehr als Eigenname von Wäldern und Waldparzellen oder Orten, wo ehmals solche gestanden, gebräuchlich, z. B. das Loh bei Aubing, bei Harlaching, der Ochsenloch, der Lutenloch, Straßloch. Hierher gehören eine Menge Ortsnamen auf loh-lohe-lach: Eschenlohe, Keferlohe, Perlach, Straßlach. Dieses Element an Ortsnamen geht durch ganz Deutschland, die Niederlande und wie es scheint, bis nach Fankreich: Hohenlohe, Waterloo, Boulay.
Die Loh oder Lohen, nasse, sumpfige Stelle im Boden, Sumpfwiese.
So gibt es auch ein Loh bei Dietramszell, ein anders mit römischen Mosaikböden bei Tacherting an der Alz. I 1465

### mannigfältig
Die Manigfalt, jetzt gewöhnlich Mangfall, Ausfluß des Tegernsees, der bei Rosenheim in den Inn fällt, vermutlich als eine Vereinigung von verschiednen (mannigfachen) Moorwassern und Bächen, die z. T. größer sind als jener Seeausfluß. I 1605

### Das Männlein
Eigenname von weithin sichtbaren Bergkuppen, z. B. das Ettaler Mannl »Er geht davon wie's Sprichwort sagt, wie's Manndl geht von Sterz« (betrübt). Etwa gar das Männlein von Sterzing – an der Krücke – gemeint? Dafür kann leider seit September 1847 der Schreiber dieses gelten. I 1602

### Die Mantel
Die Föhre. Vergl. die Ortsnamen Mantel bei Weiden, Manteln bei Neunburg, Mantelkam bei Landshut. I 1631

Der Nock
Nocken, Hügelchen, das in einer Pfütze, Fels, der aus dem Wasser hervorsteht, wie namentlich der Nocken in der Salzach bei Laufen, der, solange das Wasser nicht über ihn ausgeht, gutes Schiffsmannswetter anzeigt. I 1723

Der Ofen
In der Gebirgssprache ein emporragendes, durchklüftetes Felsenstück. Das Lambrechts Ofenloch, eine Berghöhle im salzburgischen Bezirk Lofer, wo nach einer weit ins Bayern heraus verbreiteten Volkssage die sog. Loferer Jungfrau einen großen Schatz bewacht, dessen Erhebung schon mancher Pilger vergebens versucht hat. I 44

Der Palfen
Balfen, Felsenstück, das etwas überhängt und eine Art von Höhlung oder Schutzdach bildet. Dieses Wort gehört mit in die Klasse der vorgermanischen, wie Alpen, Bennen, Isar. I 236

Radstatt
Handelsplatz, wohin die Waren bloß zu Wagen, nicht zu Wasser gebracht werden können. II 50

Der Rain
Der gegen ein Moor oder gegen ein Wasser-, besonders Flußbett abhängige Rand des höheren Terrains, Uferhang. Der Moos-Rain von Moosinning bis gegen Moosburg, der Isarrain, der Lechrain. II 104

Der Rang
oder Rangen (Franken, Opf.), Rank, Ranken (Altbayern), Halde, Rain. Der Trichtelrang bei Pfaffenreut im Fichtelgebirge, Sachrang, südl. des Chiemsees. Etwa als Amper-Rang auch der Ampfrang bei Ettal? II 119

rauh
Gegensatz des Glatten und Nackten.
Von Bergen: Mit Holz oder Wald bestanden. Der Rauhe Kulm im Gegensatz des schlechten (glatten, nackten). Dasselbe ist wohl auch vom Rauchen Lechsberg zu halten.
raucher Zaun – lebendiger Zaun. II 82

Das Ried
Ausgereutetes Buschwerk, Holz. Eine Ansiedlung auf solch einem ausgereuteten Platze wird im bayrischen Oberland als Ried oder Riederschaft noch meistens vom größeren Dorf unterschieden. Von ihrem ursprünglichen Zustand haben unzählige größere und kleinere Ortschaften den Namen behalten. Daher die vielen Ried in Bayern. II 60

Sankt
Früher Sant vor Heiligennamen. Aus Sant Marien Kirchen ist durch Zusammenziehung Samarienkirchen, Samareinkirch, Samarei, und endlich in gänzlichem Mißverstehen der ersten Bestandteile Semmerskirch geworden. II 315

Der Schachen
ahd. scaho.
Stück Waldes, das einzeln steht, Waldrest. II 363

Die Scharten
Scharfe Vertiefung in einem Bergrücken und in diesem Sinn im Namen einzelner Berge vorkommend, z. B. Schartenkopf. II 471

Die Stute
Der Stuetgart, Gestütgarten, was wir jetzt Fohlenhof nennen, z. B. Schwaiganger. Aus einem solchen ist die schöne Nachbarstadt Stuttgart erwachsen. II 799

Sunder
In älteren Zusammensetzungen dem Norder- wie Oster-, dem Wester entgegenstehend, aber wie diese, der gemeinen Sprache fremd geworden und in ältern Namen, wo es sich erhalten hat, gewöhnlich als Sunna-genommen, womit es durch die Aussprache und zum Teil durch den Sinn zusammentrifft. Sunderhalb südwärts, Sunderwind, Südwind. Ortsnamen: Sunder-

reut, Sunderwiechs neben Norderwiechs, jetzt Sonnenreut, Sonnenwiechs. Vergl. Sundgau im Elsaß. II 309

wachs

Scharf.

Wachseck, Wachsenstein, Namen von Bergen. II 839

Der Wag

rhein. Woog, Wasser in einem Graben, Teich, See. Im Ortsnamen Waging, Wageck (Lustschloß der Fürstäbte von Kempten, an einem weitläufigen Teiche gelegen), Wagrain. II 867

Wald

Ein Wald, besonders ein Waldgebirge ist eine weit naturgemäßere Landesgrenze als ein Strom, der, ja selbst eine Lebensdauer, verbinden, nicht trennen soll. Und so wurde Wald ehmals, auch wo er's wirklich nicht mehr war, lange noch als figürlicher Ausdruck für Grenze gebraucht. »Für den Wald schaffen«, einen über die Grenze verweisen. II 895

Zu den verschiedenen Ortschaften und Dörfern, welche Wald heißen, sind vermutlich auch die zu rechnen, welche Waal, Wal und Wahl geschrieben werden.

Um den Sauwald, den alten Grenzhüter Bayerns herum – vielleicht haben wir von diesem bei unseren östl. Stammbrüdern den Titel Sauboarn erhalten – ist auch ein Waldland, das von den Innviertlern Wald genannt wird und wo sich auch ein Neukirchen im Wald befindet und dessen Bewohner von den Nachbarn die Wallner genannt werden, während die Gegend jenseits des Hausrucks Landl und ihre Bewohner Landler heißen.

R.A. »Der Wäldler und der Stier sind ein Tier.« (Straubing) II 897

Die Wand

R.A.: »Einen an die Wand drucken«, ihn mit Gewalt zu etwas anhalten. »Die lange Wand«. Eine Stunde oberhalb Kehlheim drängt sich die Donau gewaltsam und schäumend zwischen großen Felsmassen hindurch, welche senkrecht und in wunderlichen Formen auf beiden Seiten aus den tiefen Fluten aufsteigen. Das Volk nennt jene Felsmassen die »lange Donauwand«.

»Das Gewänd«, schroffe Felsenwände, steiles zerklüftetes Gebirg.

Frisch auffi auf'd Alm, frisch eini ins Gwändt
Und daß mi mei Deandal am Juchatzn kennt. II 939

Der Wang

Ein von Natur mit Vegetation bestandenes Terrain, etwa im Gegensatz zu angebautem oder steilem und ödem.

Bei Höfer: ein weites eingeschlossenes Feld.

Graswang, Straßwang, Wangen. II 956

Der Wind

Die Ausdrücke Ost-West-Nord-Südwind unvolksüblich. Dafür der vördere Wind, der hintere Wind, (Ostwind, Westwind), der untere Wind (Nordwind) der Birgwind (Südwind), auch wohl der Österreicherwind, der Schwabenwind, der Donauwind, der Tirolerwind. Auf der Rhön heißt ein Wirbelwind Säunagel (Sauschwanz). »Der Hofwart und der Wind selten gute Freunde sind.« II 950

Wind, Winden

Benennung von verschiedenen Ortschaften besonders in Franken. Daß nach Franken seit Karl dem Großen gezwungen und freiwillig, von jenseits der Elbe viele slawische Ansiedler gekommen, ist bekannt.

Windsberg, Windsbach, Geißelwind. II 953

Der Wörth

Werd

An der oberen Isar wird Werd für jede trockene und mit Holz bewachsene Stelle des ehemaligen Rinnsals gebraucht, während die kahlen und sandigen Strecken und Inseln Gries heißen. II 988

# Personennamen

## Der Name

Unsre, ich will nicht einmal sagen frühern, sondern selbst die nähern Voreltern scheinen bei der Wahl von Taufnamen nicht so ängstlich wie wir bloß unter den Kalenderheiligen gesucht zu haben. Auch die Namen der Helden und Heldinnen ihrer poetischen Romane galten ihnen etwas. So finden sich unter den bayerischen Adelsleuten mehr als ein Parcifal, Wigules, Tristram, Gabain, Gamuret, Gramoflantz mehr als eine Melusina, Sigaun, Isolde, Herzeloy. Sonderbar ist der Name Cabame, zusammengesetzt aus den Anfangssilben der Namen der hl. drei Könige. Aus den ältesten Personennamen sind großenteils auch die Ortsnamen entstanden. Aus diesen zumeist ergaben sich hinwieder, als mit dem 12. Jahrhundert die Lehengüter erblich wurden, für den Adel bleibende Geschlechtsnamen: Eschenbeck, Griesenbeck, Mühlbeck, Schwarzenbeck, Windsbeck, Wittelbeck. Im 14.–16. Jahrhundert bekamen auch für die mit dem vorschreitenden Staatsleben immer mehr in ihre unveräußerlichen Rechte eintretenden Bürger- und Bauersleute die bis dahin meist nur persönlichen Zunamen eine auf Kind und Kindeskind forterbende Stetigkeit. Viele dieser erblichen Geschlechts-, Zu- oder Schreibnamen sind noch deutlich als bloße Personen-(Tauf)namen erkennbar, zu manchen indessen ist die ursprüngliche, unentstellte Form nicht mehr leicht aufzufinden. Besonders scheint bei den kernbayrischen auf l ohne vorangehenden Vokal dieses l oft die Verstümmelung eines ganzen bedeutsamen Wortteiles zu sein.

Dietl (Dietrich), Eberl (Eberhard), Gerl, Gierl (Gerhard), Haindl (Heinrich), Hiltl (Hildebrand), Öttl (Odilo), Sippl (Sigiboto) . . .

Damit sind zu vergleichen die Diminutivformen auf z aus zusammengesetzten männlichen Eigennamen wie Benz (Bernhard), Buz (Burkhard), Diez (Dietrich), Kunz (Konrad), Lenz (Leonhard), Manz (Manhard) . . .

Selbst manche spaßhaft charakteristische Anredeformel wurde zum erblichen Geschlechtsnamen: Baldauf, Bschlagngaul, Blaichshirn, Greifzu, Habenschaden, Hauenschild, Klingseisen, Scheuchenpflug . . . I 1738

## Antonius

Das St. Antonischwein, Tönlschwein, privilegiertes Schwein, deren im 15. und 16. Jh. in verschiedenen Städten Deutschlands, z. B. in Memmingen und Regensburg auf Kosten der Gläubigen zum Besten des Klosters St. Antoni im Delphinat unter Aufsicht eines zu diesem Zwecke exponierten Antoniermönches oder Antoniers eine gewisse Zahl gehalten und gemästet zu werden pflegte. I 115

## Bartlme

Bartholomäus.

R.A. »Laurenzi tuat 'Bian (Kartoffel) salzen, Barthlmä schmalzen.«

»Bartholome machen« aus dem Brot, vom Brot die Rinde essen und die Brosamen liegen lassen. I 283

## Gallus

Ein besonderer Tag im Kalender.

»Gallus laßt fragen,
ob Kraut und Ruben sand eintragen;
er wird mit am großen Schnee zum Land herfahrn.«
I 890

## St. Gertrud

Die Patronin der Herbergsuchenden. Im Mittelalter stand vor den Toren vieler Städte, gewöhnlich in der Nähe eines Hospitals, eine Gertrudenkapelle.

»Um Gertraud geht die Wärm von der Erd aus.«

»Am Gertraudtag läuft die Maus am Rocken hinauf und beißt den Faden ab«, (fängt auf dem Lande die Arbeit außer dem Hause an). I 943

## Gidi

Ägidius. Ein unbesonnener, sich übereilender Mensch: »Strumpf-Gidi«. »Ich habe den Gidi, so oft ich auf dem Theater auftreten muß«. I 873

## Görg

Georg. »Armer Görgel, reicher Jackel, reicher Görgel, armer Jackel«. So wird vom Stande der Saat um Georgi auf die Ernte um Jakobi geschlossen. I 936

### Hans

*Methansl,* Johann Baptist, weil an diesem Tage die Burschen ihre Mädchen zum Met führen.
*Weinhansl,* Johann Evangelist, weil an diesem Tag der Johanniswein getrunken wird.
*Hansl* (auf dem Lande), weiblicher Unterrock.
»Ihr Kerl heißt Hansl« sagt man ironisch von einem Mädchen, das keinen Liebhaber findet. Der Tanzhänsel, der bloß zum Tanze angezogen wird, muß besonders bunt und farbig sein. I 1134

### Heiß

Hisel, Matthias.
*Hois,* Matthäus. I 1179

### Kirei

Kreil, Quirinus, der Hauptheilige des ehemaligen Klosters Tegernsee. I 1284

### Kölbel

Coloman, ein Taufname. I 1239

### Krazl

Pankratius. I 1388

### Kunz

Konrad.
Das Kainzenbad zu Partenkirchen, der Familienname Kaindl sind auf Kuenrad zurückzuführen. I 1267

### St. Larg

Hilarius. I 1501

### Lindl

Linl, Wendelin I 1480

### Lipp, Lippel

Philipp. Ungeschickter, dummer Mensch. I 1496

### Maria

Die Mariannel feiert ihren Namenstag am 26. Juli, die Annamirl zu Maria Lichtmessen. I 1637

### Hias

Hiasl, Madheis, Matthias.
»Madheis bricht's Eis,
findt er koans, so macht er oans.« I 1686

### Nickel

Vielleicht ein Spottname gegen die Slawen, deren Hauptpatron Nikolaus war und ist, und der als solcher in Bayern selbst die Kinder schreckt, was den Schwaben der altfränkische Märte, Märtel, Nußmärtel tut. Ebenso wird für Spottnamen der heiligen Patrone gehalten der deutsche Michel, der irländische Patrik, der bayerische Hiesel, der österreichische Thadädel, der schwäbische Jackel, der welsche Stoffel.
I 1722

### Resel

Theresia. »Die ungarisch Resel«, die Kaiserin Maria Theresia, Königin von Ungarn – bei älteren Leuten noch in gutem Andenken. – II 141

### Ruep

Ruepel, Rupert. »Der Ruepel kommt über die Milch«, sie stockt. (Miesbach) Ruepel, Person von schwarzer Hautfarbe, Schimpfwort: grober, roher Mensch. II 130

### Ulrich

Der heilige Ulrich galt als Schutzpatron gegen die Ratten. R.A. »Den heiligen Ulrich anrufen«, sich erbrechen. I 63

### Waldhauser

Eine alte Entstellung von Balthasar. II 898

# Geschichte

### abmäcken

Gemeiner Ausdruck für umbringen.

»Mei Voda hat mar oft erzählt,
wie er hat Boarn gschossen.
Sie purzelten vom Bley geföllt
von machtig hoachen Rossen.
Und was das hoasse Bley verschont,
dermaggeten die Stoaner.
Ich selber sach im Oberland
an Haufen Todtenboaner.«

Tirolerlied im Franzosenrummel 1796. I 1565

### ästimieren

Als im Jahr 1836 König Otto von Griechenland mit seiner Gemahlin durch Kaufbeuren gekommen, sagte ein Bauer auf die Frage, ob er sie gesehen: »Sui wol, aber ihn ästmier i nit« (auf ihn bin ich nicht neugierig). I 168

### ausschießen

Zum Kriegsdienst auswählen.

Nach der Instruktion für die Musterung und Rüstung des Landvolks von 1512 hatten die hiezu Verordneten in jedem Bezirk den 20. Mann »auszuschießen und zu erwählen« und von den Ausgeschossenen allweg unter zehn Mann fünf mit langen Spießen, zween mit Büchsen und drei mit Helmparten zu versehen. Jeder Ausgeschossene mußte seinen Degen oder langes Messer selbst haben. Dann sollten sie mit der Zeit mit einem Hut und kurzem Rock in gleicher Farb bekleidet werden, auch ihrer jeder einen Krebs, ein Schulterl, Armschienen, ein Goller und ein gutes, förmliches Hirnhäubel haben, über ihrer Zehn sollte ein Zehner, über hundert ein Rottmeister und über tausend ein Hauptmann gesetzt werden. II 476

### bequartieren

Einem zur Strafe Soldaten ins Quartier legen, ein etwas deutscherer Ausdruck für: mit Exekutionsmannschaft belegen – zwar österreichisch-kurhessische (Graf Leiningen-Hassenpflugische) Erfindung, aber leider zuerst in Bezug auf baierische Soldaten (am Schluß des ersten Jahrfünfzig) angewendet, wird leider auch in einem baierischen Wörterbuch ebenso wie »Strafbaier« anzuführen sein. »Da die Baiern ausschließlich zu der Bequartierung verwendet wurden, (die Österreicher hielten sich für solchen Schergendienst zu edel) ist durch ihren (der Baiern) Abgang vielen hiesigen Bewohnern eine große Last abgenommen.« (Kassel, 4. Jan. 1851, Allg. Ztg.) Die Baiern also als wahre Eten (edones = Fresser), den guten Hessen auf den Hals geschickt. I 1396–97

Dazu als Erklärung:

Unter dem Druck von Unruhen in Hanau, Fulda und Kassel übertrug Wilhelm II. die Regierungsgeschäfte dem Kurprinzen Friedrich Wilhelm. Die inneren Kämpfe gingen weiter; die Landtage in heftiger Opposition gegen den Minister Hassenpflug wurden aufgelöst oder vorzeitig verabschiedet. Nach einem kurzen Zwischenspiel, während dessen liberale Reformen und Gesetze durchgeführt wurden, schloß sich der Kurfürst Österreich an, Hassenpflug wurde zurückberufen und ein reaktionärer Kurs gesteuert. Nunmehr versagten Gerichte und Behörden den Gehorsam, das Offizierskorps reichte seine Entlassung ein. Von Hassenpflug angerufen, griff der Bundestag ein, österreichische und bayerische Truppen besetzten Hanau, Preußen ließ Kassel und Fulda besetzen. (Anm. d. Herausgebers)

### fahnden

»Berlin, 30. Jan. Vor einigen Tagen ist vom Ministerium des Innern an alle Polizeibehörden des Königreichs der Befehl ergangen, auf den Dichter Herwegh zu fahnden, wenn er sich in dem diesseitigen Lande betreten läßt. (Allg. Zeitung 1844, S. 331) Nicht lange darauf wurde auch auf den Dichter Freiligrath gefahndet. Zugleich vernimmt man, daß auf den Dichter Hoffmann von Fallersleben gefahndet werde, der, obgleich man nirgends eine Spur von ihm hat, mit jener Verbreitung in Verbindung gebracht wird.« (Es wurde einem Flugblatt von K. Heinzen nachgeforscht). (Allg. Zeitung 1847, S. 852.) Dieser Artikel wurde in den folgenden Nummern widerrufen. I 724

## fechten gehen

Der Ausdruck, womit Handwerksburschen das Sammeln eines milden Zehrpfennigs bezeichnen, stammt vermutlich noch aus der Zeit, wo namentlich in Nürnberg und Breslau eigne Fechterspiele und Fechtschulen für Handwerker bestunden, zu denen diese hin- und herreisten. R.A. »Es stinkt in der Fechtschule«, die Sache geht schief. I 688

## Flinte

Militärische Strafe: Flintentragen, Eselreiten und Pfahlstehen. I 494

## Der Geier

Diese Geier haben in der Oberpfalz einige Teiche oder Weiher, wo sie sich jedes Jahr einfinden, um in den Binsenstöcken derselben ihre Jungen auszubrüten. Dahin gehört der Weiher bei Hirschau und bei Thumbach. Ehe die Jungen noch flügge sind, werden sie als eine in der Gegend beliebte Fastenspeise ein Gegenstand der Jagd. Man fährt auf Kähnen in den Teich, und während die Alten zu tausenden dicht über den Köpfen der Jagdlustigen ängstlich und mit einem durchdringenden Jammergeschrei umherfliegen, werden die Jungen aus den Nestern getrieben, und im Wasser schwimmend mit Stangen totgeschlagen. Diese Belustigung heißt darum »der Geierschlag«. I 932

## Gnaden

Durch ein Mandat von 1615 mußte das Prädikat Gnaden auf geborne Grafen, Freiherren, Geheime Räte, Kammerer und Vicedome beschränkt werden. Seitdem ist besonders in größern Städten und bei der dienenden Klasse das »Ihr Gnadn« ein bequemer, alle nur einigermaßen mehr als bürgerlichen Titel ersetzender Ausdruck geworden. Den schon ums Jahr 1683 vorkommenden Höflichkeitsplural Sie haben wir Deutsche vermutlich dem ellipsierten Plural Euer Gnaden zu verdanken. I 1725

## Die Griechen

Bei Gelegenheit der im Jahre 1826–27 veranstalteten Sammlungen ist dieser Name, sonst nur dem kleinen Häuflein der Gebildetern bekannt, auch in abgelegenen Bauernhütten mit Teilnahme ausgesprochen, sind die Helden von Missolunghi auf ländlichen Jahrmärkten von Volksrhapsoden und Bilderpritschern besungen worden. Und nun gar, da ein Bayer König von Hellas sein soll (September 1832). I 984

## Auf den alten Kaiser hinaufsündigen

Zechen, ohne an die Bezahlung zu denken, wie die Leute aus des Kaisers Gefolge bei dessen Anwesenheit in Nürnberg, Augsburg, Speyer, Straßburg, die in den Wirtshäusern einquartiert waren, wo dann die Stadtkassen, Juden und Welschen sie auszulösen hatten. I 1300

## Der Lackel

Beliebter Name für größere, besonders Metzgerhunde, vielleicht statt Melackel (vom franz. General Melac, der unter Ludwig dem Großen den deutschen Rheinbewohnern hundisch genug mitgespielt), junger Mensch, nicht der feinsten Art, Zierbengel. I 1432

Als Commandant von Landau hatte Melac immer ein Cortege von grimmigen Hunden um sich, wenn er spazieren ritt, es unterhielt ihn sehr, sie die Leute anfallen zu sehen. Er selbst soll so soldatisch ausgesehen haben, daß die Leute von seinem bloßen Anblick die Flucht nahmen. I 1587

## Landzwinger

nannte man im 15., 16. und 17. Jahrhundert die herren- und heimatlosen Leute, besonders abgedankte Kriegsknechte, welche auf eigne Faust im Lande herumfuhren und sich gegen die Bewohner manche Gewalttätigkeit erlaubten. II 1179

## Die Liesel

Lisi.

Bund Stroh, worauf sich die Soldaten legen mußten, wenn sie weiland Stockschläge erhielten. »Allon, d' Lisel raus!« I 1513

### Der Moppel

Der Mops. Die Krieger der in den Jahren 1813–1815 aufgebotenen mobilen Legionen der Landwehr nannte der Volkswitz »Moppal-Soldaten«. I 1633

### Das Oberland

Eine sehr relative Benennung. Für München z. B. liegen Tölz, Lengries im Oberland. Der Tölzer, Lengrieser selbst aber versteht unter Oberland die ehemals freisingische Grafschaft Werdenfels. Das ehmalige Herzogtum »Bayrn« wurde in Oberlands- und Unter- oder Niederlandsbayrn unterschieden; jenes begriff die sogenannten Rentämter München und Burghausen, dieses die Rentämter Landshut und Straubing. I 1483

### Der Oberpfälzer

Sollte es, was ich übrigens in Abrede stelle, Grund haben, daß der Oberpfälzer bei seinem undankbaren Boden im Durchschnitt betriebsamer und nachdenkender, aber auch verschlossener und eigennütziger sei, als der Bayer, so wäre besonders der letztere Umstand nur mit ein Beweis, daß die Schicksale eines Volkes nicht ohne bedeutenden Einfluß auf seinen Charakter bleiben. Bei einem Völklein, das der Willkür so vieler und so oft wechselnder Herren heimgegeben, noch dazu von allen Kriegsübeln doppelt getroffen wurde, das auf das Machtgebot seiner Fürsten binnen hundert Jahren bald lutherisch, bald chalvinisch, bald wieder gut katholisch werden mußte, das also im Öffentlichen wenig Halt finden konnte, wäre es wohl verzeihlich gewesen, wenn sich ein jeder mit mißtrauischem Blick in sich selbst zurückgezogen und sich gewöhnt hätte, soviel als möglich nur für sich und die nächsten Seinigen zu leben. I 426

### Pandur

ist ein beim gemeinen Volk in Bayern von den Kriegen des vorigen Jahrhunderts her übel berüchtigter Name, an den sich zunächst die Crawaten und Schlowaken reihen. Die Banduren sind in Slowenien das, was in Ungarn die Haiducken der Herrschaften oder Comitate sind, bewaffnete Dienstleute, welche eine besondere nationale Livree tragen und immer mit 2 Pistolen und einem langen türkischen Messer (Handschar) bewaffnet sind. Der Pandurenkorporal heißt Harambascha, welches Wort auch einen Räuberanführer bedeutet, so wie Haiduck in Slawonien ein Räuber heißt. Im Jahr 1741 erbot sich der berüchtigte Trenck, 1000 solche Panduren auf seine Kosten ins Feld zu stellen. Die bekannte türkische Musik rührt von diesen Panduren her, die die ersten damit durch Wien und ins Feld rückten. I 248

### Passauer Tölpel

Ungeheurer Kopf einer steinernen Bildsäule, die ehemals auf einer Kirchenfront gestanden und bei einem Brand herabgestürzt war, welcher Kopf unter diesem Namen in einem Wirtshaus zu Passau aufbewahrt wird, ein Spottname, der den aus Passau Gebürtigen oft zuteil wird. I 408

### Der Prinz

Gewisse Bettler wurden türkische oder arabische Prinzen genannt. Bettelmandat von 1770 gegen liederliche Vaganten, Steig- und Wallfahrtsbettler, ausländische Musikanten, asiatische Prinzen (gewisse Bettler), welsche Mönche, Bärentreiber und Schattenspieler, Komödianten, Gaukler, Tänzer, abgedankte Soldaten, Convertiten, Studenten und Schreiber. I 470

### schmiegen

sich zusammenziehen, klein machen. Von Hufeisen, die man auf der Ampfinger Walstatt ausgegraben, bemerkte mir der Mesner zu Wimpasing, wie gar geschmogen sie aussähen und daß die Rößlein der ehemaligen Ritter gar geschmogne Füßlein gehabt haben müßten. Auch die für Freund Mettingh bei Possenhofen am Würmsee ausgegrabenen sind so klein. II 545

### Der Schwed

Der Schwed war bei unserem Volke noch vom 30jährigen Kriege her in lebhafter Tradition.

»Bet Büabli bet,
morgen kommt der Schwed,
morgen kommt der Oxensterna
wurd des Büabli bete lera.«
Rieser Kinderspruch

Hie und da heißt ein Acker, eine Wiese, der Schwedenacker, die Schwedenwies, etwa von da begrabenen? Eine Reihe Bäume bei Ramersdorf nennt man, vielleicht von der Zeit, in der sie gepflanzt worden, die Schwedenbäume. In Augsburg: der schwedische Berg, Schwedenberg. Noch zeigt man am Münchner Marktplatz die drei Kronen am Hause, das Gustaf Adolf bewohnte, im Ingolstätter Zeughaus den Schimmel, der dem Schwedenkönig vor dieser Festung unterm Leib erschossen worden sei. Sogar die bei Ampfing ausgepflügten kleinen Hufeisen schreibt man daselbst wohl den Schweden zu.

»Seithero aber da seint kommen zu ins
die drei Majestäten, begehrten den Zins
nämlich schwedisch, kaiserisch und spaniolen
die seint doch über die Maßen verstohlen
diese haben so geschwinde und diebische Tatzen,
daß sie auch haben gestohlen die Katzen
und alles was sie treffen an,
das lassens alls mit ihnen gahn;
man sagt wer bälder kommt, der millet ehe
also täten auch die Schwedische.« II 624

## steif

Tüchtig, tapfer.

»Der Churfürst aus Bayern, a rechtschaffna Mo
is lang net 30 Jahr, hat viel dabei to.
Ma sagt ja er tuat scho seinm Ähnl nachpfeifa,
und wenn er net aufhört, so wird er no gsteifa.«
Bayerisches Bauernlied über die Entsetzung von Wien. 1685. II 736

## Der Steinbruder

Vertrauter Freund, besonders Saufbruder. Zur Zeit des Krieges mit den Tirolern hörte man diese, wohl mit ironischem Bezug auf ihre Felsen »Stoabrüderln« nennen. II 763

## streng, gestreng

Ehemaliges Ehrenprädikat des Adels. »Dem alten Adel ist auf dem jüngst gehaltenen Landtag gnädigst verwilliget worden, daß denenselben von den Privatis Wohl – Edel und Gestreng zugeschrieben, auch ihre Töchter Fräulein tractiert werden sollen.« (Mandat von 1669).

Den Pflegsverwaltern, Kastnern, Mautnern oder andern Beamten, die nicht Patricii, Doctores oder Licentiati, war durch das Mandat von 1651, obiges Prädikat von ihren Ehehalten anzuhören bei Strafe von 10–20 Reichstalern, und den letztern, es freventlich auszusprechen, unter öffentlicher Geigen- und Schandsäulenstrafe verboten. Sonderbar, heutzutage sind es gerade Beamte dieser Art, die, gleichviel ob Doctoren oder nicht, von ihren Haus- und Amtsuntergebenen Streng oder Gestreng tituliert werden. Es wird dann dieses Prädikat dem höherstehenden Gnädig gewissermaßen entgegengestellt, und während z. B. ein adeliger Gerichtsherr, der gnädig Herr, ist sein Verwalter oder Gerichtshalter der Gestreng Herr und seine Frau die streng Frau. II 816

## Das Tirol

So heißt dem bayerischen Flachländer nicht bloß das politisch sogenannte Tirol, sondern auch das daran grenzende bayerische Gebiet oder, wie es ehemals hieß, das Land vor dem Gebirg, von welchem noch vor wenigen Generationen die Ämter Kufstein, Rattenberg und Kitzbühel einen Teil ausmachten.

»Troler«, Tiroler, wofür häufig spottweise Kropfeter gesagt wird.

»Tiroler, Küahhola, es Glabmstreiter, es Posthausrauber, es Hungerleider,« Reime der Mittenwalder, die sich noch auf die im Jahre 1809 daselbst verübten Plünderungen beziehen. I 618

## Der Totenbaum

Dieser schweizerische, schwäbische Name für Sarg erklärt sich ziemlich durch die, im Sommer 1845 bei Oberflacht in der Baar (Württemberg) ausgegrabenen massiven, einige Zentner schweren Särge, die aus dem in der Mitte zerspaltenen und ausgehöhlten Stamm einer Eiche bestehen. Man fand darin neben vermoderten Leichenresten einen gut erhaltenen Bogen, einige Pfeile und ein hölzernes Gefäß mit Haselnüssen. I 240

### Der Tremel

Knüttel, Prügel. Ulrich von Reichental beschreibt in seinem »Concilium zu Konstanz« als Augenzeuge den Zug, in welchem der Papst Martinus nach seiner Weihe aus dem Münster nach Hause ritt. Der Papst saß mit der Kron und mit seinem ganzen Habit auf einem weißen Pferd, das war rot verdecket, und ginge unser Herr, der König (Sigmund) zu Fuß darneben und neiget sich auf sein Knie und nahm das Pferd an einer Seiten bei dem Zaum und hatt ein Tremel in der Hand und wehret dem Volk. Es war ein altes Recht der sogenannten römischen Kaiser, des Papstes Stekkenknechte zu sein. I 662

### Volk

Im Jahr 1848 war auch von einem Volk der Deutschen viel die Rede, – neue Redensart in einem Lande, wo es seit fast tausend Jahren nur Herr-schaften, Grafschaften, Fürsten-, Herzog-, Erzherzog-, Churfürstentümer, König-reiche gegeben. I 841

### Der Waibel

Gerichtswaibel. Nach älterm Kriegsregiment waren bei jedem Fähnlein von 400 Mann zween gemeine Waibel (Sergents), die, dem Feldwaibel untergeordnet, von den Landsknechten monatlich gewählt und gesetzt wurden. Sie hatten doppelt Sold und trugen, statt der Spieße, Hellebarden und Schlachtschwerter. II 824

### Der Walch

Der nicht deutsch Sprechende, von romanischer, insonderheit italienischer Geburt, Welsche.
Im Fichtelgebirg denkt man sich unter dem Namen Walchen vorzugsweise venetianische Bergleute, wie sie ehmals in den Gebirgen herumzogen, um edle Metalle zu suchen. Die von solchen Walchen herrührenden, aufgeschriebenen Traditionen und Märchen stehen unter dem Namen der Walchenbüchlein bei dem gemeinen Manne der Gegend sehr in Kredit. II 904

### Der Wallischer

le chevau-leger.
Einer von der erprobten und ruhmvollen Waffe zu Pferd, an welcher alles, nur nicht der Name, echt bayerisch ist.
»Nix schöners nicht auf Erden, als was ein Schwolische.« II 886

### Der Zapfenstreich

Eigentlich wohl nur der Schlag auf den Zapfen oder den Spund des Fasses, das nicht ferner laufen soll und sodann figürlich das Zeichen, das zu diesem Zweck im Feldlager mit Trommeln und Trompeten gegeben wurde und auch in unsern friedlichen, kaum noch durch Tor und Wall an ein Lager erinnernden Städten, oft nicht nur Kranken zur Qual üblich geblieben. Den bayerischen Zapfenstreich läßt der Volkswitz also predigen:
Lump, Lump, Lump
liadaliga Lump
liadaliga, liadaliga Lump, Lump, Lump!
den Österreichischen:
Gehts hoam, gehts hoam es Lumpashund (repet. in aeternum). II 1142

### Der Zechschrein

»Zechschreingeld und ander Münzen
klaubt ma zsam für unsern Prinzen.
Was ma gfunden hat allhie
mußte in das spanisch Flandern
zum Churfürsten hinein wandern.
Kaum bleibt etwas übrig schier.«
Bauernklage beim Todfall des Churprinzen Joseph Ferdinand 1699. II 1078

# München

## Die Beckelhauben

Blechhaube, ein Teil der ehemaligen Bewaffnung gemeiner Kriegsknechte, die bei der Münchner Scharwacht bis zum Anfang dieses Jahrhunderts vorkam. Sie soll aufgesetzt für den Grind der Kinder helfen. Der Name deutet vermutlich auf die Ähnlichkeit mit einem Becken. Im Laufe der 1840er Jahre ist die Pickelhaube von Preußen aus bis nach Bayern (unsere Bürgerwehrmänner prangen 1849 darin) wieder zu Ansehen gekommen. I 202

## Der Bettgeher

heißen bei den ärmern Wohnungsinhabern in München die einzelnen Personen, an welche sie ihre entbehrlichen Winkel, Kammern oder Zimmer mit Betten vermieten. I 302

## Bier verleit geben

»Die Münchner Bierbrauer haben erklärt, das Sommerbier um den Schenkpreis von 6 Kreuzer die Maß verleit zu geben, welches hiemit zur allgemeinen Kenntnis gebracht wird.« (4. Mai 1844) So lese ich, von Prof. Hocheders Beerdigung und sodann von der Auerdult heimkehrend, an allen Straßenecken, während in der Au sowohl als im Tal und auf dem Platz vor dem Theater Abteilungen Kürassiere mit Vedetten nach allen Richtungen, auch Abteilungen von Fußregimentern und der bürgerlichen Landwehr im Tal, am Schrannenplatz usw. aufgestellt sind. Alles in Folge davon, daß man vom ersten Mai an, dem Tag der Feier einer Doppelhochzeit in der königl. Familie, den Soldaten die bisherigen 2 Pfennig Teuerungszulage und den Arbeitern bei den königlichen Bauten 4 kr von den bisherigen 48 ihres täglichen Lohnes weniger geben, die Maß Sommerbier aber von 6 kr. auf 6 kr 2 Pfennig erhöhen zu müssen geglaubt hat – und sofort in Folge davon, daß an diesem ersten Mai abends in den Häusern beinahe aller Bräuer der Stadt (namentlich Knorrs, des Grafen Butler, Pschorrs) arge Zertrümmerungen statt gehabt haben und bis zum 3. 4. Mai (im Bockkeller, wo die Maß nun ebenfalls von 10 auf 9 Kr. zurückgebracht ist, auch bei einigen Bäckern) fortgesetzt worden sind. I 1535

## Der Brater

Der Brätleinbrater, der Fleisch zum Verkaufe brät.
Die Vorrichtung zum Braten, besonders der Bratenwender, welcher bald »a Huatß, bald a Feder-, bald a Gwichtbrater« ist. Der gemeine Haufe in München nennt auch die Maschine, wodurch Kinder und wohl auch Erwachsene auf Sitzen, die gewöhnlich die Gestalt von Pferden oder Wagen haben zur Ergötzung im Kreise herumgedreht werden, einen Prater und denkt dabei zunächst an den Hutprater in der Küche. Indessen rührt diese Benennung wohl daher, daß in München eine solche Maschine, vor andern, auf dem sogenannten Prater, einem seit etlichen Jahren zum Vergnügungsorte umgeschaffenen Inselchen der Isar errichtet wurde. I 368

## Die Brezen

Salz- oder Fastenbrezen, sehr stark mit Salz überstreut, sind in der Fastenzeit beliebt. Am ersten Mai wurden ehmals in München zum hl. Geist die sogenannten Wallerbrezen (Wadlerbrezen) gebacken. Es ritt an diesem Tage morgens fünf Uhr ein Mann auf einem Schimmel durch die Straßen und rief: »Gehts zum hl. Geist, wo man d'Wallerbrezen ausgeit!« I 376

## Der Britschenmeister

Ehemals bei Schützengesellschaften eine Art Diener, welchem unter anderm auf dem Schießplatze die Polizei über lästige Gaffer und mutwillige Buben übertragen war, und der gewöhnlich im Kostüme eines Hanswurstes und mit der Britsche in der Hand seine, auf solche Art niemandem anstößige, und durch die Waffe des Lächerlichen verstärkte Amtsgewalt übte. Vielleicht traf ursprünglich seine Britsche auch diejenigen Schützen, die die Scheibe verfehlten. Bei Gelegenheit machte er seinen Schützengönnern und anderen Honoratioren Gratulationsverse. Noch findet man in München hie und da dergleichen Schöpfungen des letzten Britschenmeisters Fundus Reputius, die der Göttin Cloacina zufällig entgangen sind. I 375

### Der Buchführer

Mensch, der mit Gebetbüchern und geistlichen Andachtsschriften handelt und sie wohl von Haus zu Hause feilbietet. Buchführerwaren: Gedruckte oder geschriebene Literaturgegenstände. I 197
Kunstführer, Kunsthändler. Im Jahr 1618 waren in München 3, anno 1636 und 1649 zween bürgerliche Buchführer, anno 1618, 1633 vier dergleichen Kunstführer vorhanden. Die bürgerlichen Bierführer in München haben den Namen vom hin und her Führen der Bierfässer. I 749

### Die Burg

Ursprünglich das Umgebende, Bergende, und dann erst das ganze Umgebene. Der Name wird nur noch auf Schlösser und schloßähnliche Gebäude älterer Zeit angewendet. In München heißt die an den Alten Hof stoßende Gasse noch Burggasse. Auch wird der Maxpalast mitunter die Maxburg genannt. I 275

### bürgerlich

Welcher in einer Stadt oder in einem Markt das Bürgerrecht besitzt und kein bloßer Gäu- oder Landkramer ist. Wer in den Städten Altbayerns ein Recht zu diesem Prädikat hat, unterläßt nicht leicht, es auf seinem Aushängschild anzubringen. »Bürger und Handelsmann«. I 277

### Der Gawalier

Der Edelmann, Cavalier, »Gabalier«.
Das »Gawalierfüederlein«, (München) kleines Füderchen Holz, etwa ein Viertelsklafter, das von einem armen Bäuerlein (Gawalierbauern) mit einem oder ein paar schlechten Pferden (Gawalierrösseln) herumgefahren und ausgerufen wird. Anton Baumgärtner im Münchner Tagblatt vom 18. und 19. Febr. 1830 spricht von einem ehmaligen gutherzigen alten Knaben von Cavalier, der auf diese Weise durch seinen Bedienten armen Familien im Winter Holz-Portionen zugewendet habe, ohne erkannt sein zu wollen. Das *Gabalierkreuz,* Kreuz, wie es nach dem Prediger Selhamer, ein Edelmann schlägt: »Erstlich so streicht er sein Haarschopf in die Höh, alsdann dreht er sein Knebelbart auf beede Seiten hinaus, drittens, so druckt er das Trutzerl wohl hinab«. I 863

### dingen

Unter dem Namen Der Hindingerinnen gibt es in einigen Städten, z. B. in München, eigens verpflichtete Frauen, welche die dienstlosen und dienstsuchenden Mägde bei sich aufnehmen, und ihnen Diensthäuser verschaffen, sie verdingen, wofür ihnen vom sogenannten Haftgelde ehemals der dritte Teil, jetzt wohl das Ganze gebührt. I 517

### Die Dult

Anno 1481 hat Papst Bonifaz IX. der Kirche zu St. Jakob auf dem Anger vermittels eines Indulti den Ablaß Portiuncula auf Grund der auf dem Berg am Andechs gefundenen und in das Clarissinnen Kloster Anger transferierten heiligen Reliquien bis auf die Oktav St. Jakobi erstreckt. Zur Gewinnung dieses Ablasses hat sich eine unzählige Menge des Volkes daselbst eingefunden, es ist auch täglich öffentlicher Markt gewesen; daraus ist endlich ein privilegierter Jahrmarkt aufgekommen. Von dem Indulto hat man ihn in deutscher Sprach Münchner Jakobidult genannt.
*Ware,* die man zum Verkauf auf eine Dult bringt: »Des ist heuer mei ganze Dult, i hab net mehra mitschleppen mögn«, sagt der Krämer.
Ware, die man auf einer Dult für sich oder andere kauft.
Männer, die zu leben wissen, pflegen ihren Ehehälften, Eltern ihren Kindern, Liebhaber ihren Geliebten, Herrschaften ihren Dienstboten eine Dult zu kaufen.
R.A.: »Des ist a Dult«, ein Spaß.
»Z'Alm oben is lusti
is gar allaweil Dult,

wenns Dirnal koa Jungfrau is
bin i net schuld«. I 502, 503

### Figurenstadel

Weiland im Alten Hof zu München, wo die Figuren zur Fronleichnamsprozession und andere Komödienrequisite aufbewahrt wurden. II 732

### Das Gaßlliad

Lieb-, Lob- oder Spottlied, das vor dem Kammerfenster eines Mädchens gesungen wird. Einen ähnlichen Ursprung dürfte auch der Ausdruck: Gassenhauer haben.
*Die Ends-Gassation,* Nachtmusik beim Fackelschein, die ehemals in München von den Studierenden ihren Schulvorständen und Professoren gemacht zu werden pflegte. I 945

### Das ewige Geld

Der Zins von einem (in München seit dem Brand von 1327 besonders auf Häusern) aufliegenden Kapital, das entweder für immer unablöslich ist, oder vom Darleiher nie aufgekündigt werden kann.
Die ursprüngliche Bedeutung des Wortes Geld, nämlich gelten erscheint noch in Benennungen wie Ewiggeld, Weggeld, Holzgeld, Bruckgeld.
Sprichwort: »Wo a Geld ist, ist der Teifi, wo koans ist ist er zweimal«.
»Allaweil a kloans Geld brauchen«, ironisch, ein Verschwender sein. I 906

### gemein

Herablassend, leutselig, populär.
»Unser Küni is a recht a gmoana Herr«, sagt der Landmann, der von München heimkehrt, wo er froher Zeuge gewesen von dem leutseligen Benehmen seines Fürsten, das durch die Höflinge bis zum gemeinen Mann dringt, und ihn erquickt und erhebt. I 1612

### Die Halle

In München gab es ehemals für den Tuchhandel drei Hallen, deren jeder ein Hallmeister vorstand. I 1074

### Hausausläuten

»Übrigens ist gegenwärtig in allen öffentlichen Häusern die Polizeistunde 10 Uhr abends, wozu noch im Jahre 1727 mit Ende Mai das sogenannte Hausausläuten das ganze Jahr hindurch in München geboten wurde, wie es in einigen bayerischen Landstädten noch üblich ist und nach altdeutscher Mundart Hußausläuten heißt«. Burgholzer, S. 119. I 1182

### Herberge

Der Gebrauch des Wortes Herberg in der Bedeutung eines Hauses, wo Reisende aus Pflicht oder für Geld oder aus gutem Willen aufgenommen und verpflegt werden, fängt an aus der Mode zu kommen. Selbst die bisher kurzweg sogenannte Schneiderherberg wird auf einer Aufschrift in München »Kleidermachergesellenwohnung« betitelt, während noch im 15. und 16. Jh. die Absteigquartiere der bayerischen Fürsten in den Städten, wo sie nicht für beständig wohnten, ohne weiteres ihre Herbergen genannt wurden. Es pflegten die meisten Abteien des Herzogtums in München eigene Häuser oder Herbergen für ihre dahin versendeten Konventglieder zu besitzen. Die kalte Herberg, ein Wirtshaus bei München.
I 1150

### Die Herberg

In einigen Orten, besonders Städten und Märkten, gehören die verschiedenen Stockwerke mancher Häuser nicht einem, sondern verschiedenen Besitzern eigentümlich an und werden Herbergen (Hirwarn) genannt.
R.A.: »Am Teufel d'Hirwan aufsagn«, beichten.
I 1149

### Himmelfahrtstag

»Als man nun den Non gesang, sollt der Herrgott gen Himmel fahrn (am Christihimmelfahrtstag), aber Liendl Leutenschlager hatte ihn vom Altar ins Wirtshaus genommen, um sich noch vorher mit ihm zu letzen.« (München) Hans Sachs IV, III, 60. 1650.

Daselbst ist auch beschrieben ein andrer Münchner Brauch, am Auffahrtabend üblich, wo der Teufel (von einem Bachanten agiert) von etlichen Truden (agiert von Schreibern in Bäuringewand mit Ofengabeln) durch die Stadt in des Fürsten Hof und in der Burger gejagt wird; da gibt man ihnen zu saufen. »Darnach schoppens mit Heu und Stroh, daß er wird groß und dick, henken den an einem langen Strick zu unser Frauen Kirchturm naus und lassen ihn die Nacht henken drauß.« I 1749

### klengen

Klenken, klengezen, an eine Glocke anschlagen, d. i. so läuten, daß der Klöpfel immer nur auf einer Seite der Glocke anschlägt, was bei einer Brunst oder sonst geschieht, wenn die Leute sollen zu Hilfe gerufen werden. »Alle Viertelstunden mußte die Schildwache auf Hohen-Salzburg klenken.« I 1333

### kriechen

Kressen. Um München gehen arme Leute auf abgeerntete Getreidefelder ins »Ehan« (Ährenlesen) und auf abgeerntete Kartoffel- und Rübenäcker ins »Kressen«. Vielleicht ist das Herumkriechen auf dem Acker gemeint, wobei, was noch stecken geblieben, ausgegraben wird. I 1381

### Auf den Marktkorb schlagen

in München die Mägde, wenn sie das Eingekaufte der Herrschaft mehr als der Wahrheit gemäß ist, verrechnen. »O ihr zu geduldige Marktkörb, daß ihr so oft auf euch schlagen laßt! In feurigen Flammen werdet ihr einst umgehen müssen, bis ihr auf das Moos hinaus verschworen werdet. Da werden in euch braten ganz bezahlte Kälber, wovon ihr nur ein Vierteil nach Haus gebracht habt, da werden in euch sieden lauter tote Fische, die man für lebendige blutteuer eingeschrieben hat« Fastenexempel. II 513

### Der Marmor

Schlehdorfer Märblstein zum Residenzbau 1613. I 1653

### Der Maulkorb

Daß in München den Sommer und Herbst 1842 hindurch den Hunden, kleinsten wie größten, wenn man sie nicht an der Leine führen wollte, Maulkörbe angelegt werden mußten, schrieb man der Apprehension einer hohen Person zu. Als kurz vor der Eröffnung der Ständeversammlung (20. November) dem Münchner Hundevolk diese Pönitenz erlassen wurde, machte man den Witz: das gescheh deswegen, weil man nun die Maulkörbe für die Herren Landstände brauche. – Unnötige Sorge! Die allenfalls bellen und beißen konnten, die Advocaten, Bürgermeister und andere, die man als der Rede mächtig fürchtete, hatte man schon früher zu Staatsdienern gemacht und so der höhern Bestätigung ihrer Wahl unterworfen. I 1586

### Der Metgarten

Den Münchner Mägden wohlbekannt. Der Methänsel, im Scherz: Johann Baptist, an dessen Tage die Burschen ihre Mädchen zum Met führen.

Die Metsemmel, Semmel mit Met angetränkt. I 1688

### Der Metzgersprung

Eine etwas kalte und gefährliche Taufe, durch die ein ehrsames Handwerk der Metzger in München seine ausgelernten und freizusprechenden Jungen in die Gemeinschaft der Knechte aufzunehmen pflegt. Am Fastnachtmontag eines jeden Jahres, in welchem eine gehörige Zahl solcher Täuflinge vorhanden ist, ziehen sie in Begleitung sämtlicher Handwerksgenossen festlich geschmückt von der Zunftstube nach dem Fischbrunnen auf dem Schrannenplatze. Jedem folgt zu Pferde sein Gevatter, nämlich ein Söhnchen irgend eines Meisters, das er sich als solchen erbeten hat. Sämtliche Täuflinge ziehen nun eine Art weißer Felle an, die emblematisch um und um mit Schwänzchen von Lämmern und Kälbern behängt sind, und stellen sich auf den Rand des Brunnenbeckens, unter sie mit gravitätischer Miene ein Altgesell, welcher gleichsam die Taufhandlung verrichtet. Nachdem dieser die Gesundheiten der königlichen Familie, des Magistrats etc. mit großem Geschrei ausgebracht und mit den

Täuflingen getrunken hat, sagt er ein paar Sprüche her, unter denen er die Jungen wiederholt und derb auf die Achsel schlägt. Mit einemmale sieht man nun alles, was Kälberschwänzchen anhat, ins Wasser springen. Jetzt kommt auch die ringsum stehende gaffende Menge mit ins Spiel, indem sie durch ausgeworfene Nüsse und dgl. wechselweise gelockt und mit eiskaltem Wasser bespritzt und begossen wird, wobei sich denn ein vielstimmiges Gelächter und Schreien erhebt. Nach der Zeremonie läßt sich jeder Getaufte von seinem kleinen Gevattersmann eine Anzahl Taler als Patengeschenk an einem roten Band um den Hals hängen und das Ganze schließt auf der Herberg, wie billig, mit einer gesegneten Mahlzeit.
Am Fastnachtmontag 6. Febr. 1837 nach der Cholera führten die Brauer zu dieser Zeremonie viele Fässer voll heißen Wassers in das Brunnenbecken. Am 19. Febr. 1849 wurde im Gedränge ein Knabe tot gedrückt. Dem Ursprung dieses immer noch beliebten Fastnachtspukes nachzuspüren, würde wohl verlorne Mühe sein. Man möchte glauben, er beziehe sich auf die, mit dem Aschermittwoch beginnende vierzigtägige Enthaltung vom Fleisch, indem er auf die Fische verweiset, welche bekanntlich an diesem Brunnen feilgehalten werden. Man weiß übrigens, daß man sich ehmals, und gerade in der blindgläubigsten Zeit, kein Gewissen daraus machte, z. B. im bekannten Eselfest, die heiligsten Religionsgebräuche zu parodieren. Nicht sehr glaublich ist, daß sich einst, nach einer großen Pest, als sich noch kein Münchner auszugehen getraute, die heldenmütige Metzgerzunft dieses geistreiche Spektakel ausgesonnen habe, um so die Neugierigen aus den Häusern zu locken, bei denen also schon damals das »panem et circenses« gegolten haben müßte.
Der Brunnensprung der Metzger ist auch außer München im Oberland gebräuchlich wie der Schäfflertanz, so auch in Tölz, also früher Zunftgebrauch der Metzger überhaupt. I 1703

### murren
Murrkopf, ein Gefängnis im Hospital zum hl. Geist, wo ehmals zänkische Spitalbewohner eingesperrt wurden. I 1642

### Der Nachtkönig
Abtrittreiniger, Nachtkübelaustrager.
»Man soll den Künigern, die des Nachtes die Zuber tragen aus den Priveten in den Pach kain Laid tun«, Münchner Zunftgesetze. I 1258

### »Der Nasenpatscher«
Nasendrücker (Nürnberg), Totensarg mit flachem, ungewölbtem Deckel, der auf der Nase der Leiche aufzuliegen kommt. Leute, die ihre bürgerliche Abgabe nicht reichten, durften keine andern als solche Särge haben (München) »a Nasntruha«. I 1758

### Der Pappenheimer
Nürnberg.
Arbeiter, der bei Nacht die heimlichen Gemächer ausräumt und den Unrat – nicht etwa in ein Düngerdepot – sondern in die Pegnitz führt. I 398

### Der Pfeffer
Ein Pfund Pfeffer, zwei weiße Handschuh und ein weißes Stäblein überreichte ehemals dem Magistrat von München derjenige Kaufmann, der als erster zur Dult am Tore ankam. I 421

### Das Rockelein
Namen einer Örtlichkeit in München (Garten, Gasthaus auf dem Rockerl) zwischen dem Hof- und Englischen Garten. Burgholzer's Wegweiser glaubt, p. 441, daß das Münchner Rockele von Grottenwerkmachern, Roccailleurs, Rokelieren oder ihrer Arbeit (Rocaille) für den Hofgarten und die Residenz den Namen habe. Indessen konnten an diesen Erhöhungen früher italienische Roccoli (Lauben und Vorrichtung zum Vogelfang) gestanden haben. II 47

### Rococo
Ein erst um 1835 der eleganten Münchner Welt aufge-

gangenes Adjectiv (franz? ital.? vom Namen eines Bedienten) für altfränkisch (von Meubeln, Porzellan und andern Geschirren). Dieses Altfränkische in Facon ist gerade wieder die vornehme Mode. II 47

### rutschen

»Irgend wohin rutschen«, im Scherz fahren. An Feiertagen rutscht das lebsüchtige München gerne auf Föhring oder ins Hesseloh. Brettleinrutschen, im Scherz: sterben, weil man den Sarg hie und da noch jetzt mit einem Brett ins Grab rutschen läßt. II 191

### Saat

Wer auf seinem Felde zwischen dem Getreide eine Furche brach liegen läßt, oder mit Klee bebaut, verliert in demselben Jahr noch ein Familienmitglied durch den Tod. Man nennt den Fall »D' Intersaat«. Heutzutage laden die Münchner Brauer ihre Hauptkunden auf den Sathan, d. h. zum festlichen Vertrinken des letzten Bieres vom jährigen Vorrat ein. II 333

### Das Salvatorbier

Starkes Doppelbier weiland von den Paulanern oder Franz von Paula-Mönchen zu St. Salvator in der Vorstadt Au (jetzt Strafarbeitshaus), nun von den Besitzern ihres Brauhauses (Zacherl) jährlich in der Octava vom 2. April (Franz von Paula) gebraut und groß berufen. (Nach Beneficiat Geiß: Von einem aus England gebürtigen Paulaner P. Salvator, der das Bier gebraut habe, benannt).
Die Salvaterwurst, cervellato. II 272

### Der Salzsender

Ehemals ein eigenes, neben dem Salzstößel bestehendes Gewerbe zu München: Salzspeditor. Nach dem Privilegium, das anno 1332 der Stadt München von Kaiser Ludwig erteilt wurde, durfte das Salz auf der ganzen Strecke von Landshut bis nach Tirol nur bei dieser Stadt über die Isar gehen. Die »Salzsendtner« hielten jährlich am Weißen Sonntag auf dem Rathause eine Zusammenkunft, worauf ein Mahl folgte, um die Fasten mit gutem Essen und Trinken anzufangen. II 305

### Der Sand

Die Sandhosen (im Scherz) die schmutzgrauen Beinkleider, die unter der Verwaltung des Grafen Rumford zur Ordonnanz des bayerischen Militärs gehörten, und, so wohlfeil und zweckmäßig sie sonst sein mochten, doch nicht eben ein elegantes Aussehen gaben. II 304

### Der Schäfflertanz

Tanzspiel, welches die Münchner Böttchergesellen (im ersten Regierungsjahre eines neu angetretenen Landesfürsten und dann alle 7 Jahre in der Fastnachtzeit) vor den Häusern gewisser Herrschaften und vor den Häusern ihrer Hauptkunden, der Bräuer, Bier- und Kaffeewirte und zwar vermöge eines kaiserlichen Privilegiums, in der ehemaligen Tracht der Edelknaben, nach der Melodie eines eigenen Liedes, welches anfängt: »Gretl in der Buttn, wia geist du deine Oar? Um oan Batzn achte, und um oan Kreuza zwoa«, aufzuführen pflegen.
Es ist dies eine Art Contretanz, der große Achter genannt, wobei sie große, mit Buchs und Bändern gezierte Reife in den Händen halten und dabei verschiedene Figuren bilden. Vor dem feierlichen Gesundheittrinken werden die vollen Gläser, womit sich vor jedem Hause der Auftritt schließt, auf die innere Fläche der Reifbogen gestellt, mit diesen im Kreise herumgeschwungen. Nach Abzug der Kosten auf Kleider traf 1844 auf jeden Teilnehmer 70 fl. (Ob ich ihn noch einmal sehe?) Schäfflertanz und Metzgersprung sind auch außer München im Oberland gebräuchlich. Auch in Salzburg pflegen die Küfer und Kleuzer alle sieben Jahre ihren Reifleintanz zum Besten zu geben. II 376

### Die Scheiten

Abfall beim Holzbearbeiten.
In München werden die Abfälle von Zimmerholz von den Scheitenweibern büschelweise in die Häuser ver-

kauft, wo man dieses leicht entzündliche Material zum Heizen der Öfen und zum Kochen benützt. II 483

schlenken

Schwingen, schwenken. Im Jahr 1783 war nach Westenrieders Beschreibung von München bei der sogenannten Roßschwemm daselbst als ein Denkmal früherer Zeit noch die Bäckenschlenk vorhanden, eine Art Schnellgalgens, mittels dessen straffällige Bäcker aus einem Korb ins Wasser geschlenkt und wieder herausgezogen wurden. II 526

Die Schranne

Der Getreidemarkt, eigentlich wohl der zum Aufstellen und Abmessen des verkäuflichen Getreides bestimmte, mit Untersetzen und anderen Einrichtungen versehene Platz. Auf dem Schrannenplatz Münchens, wo heutzutage dieser wichtige Handel alle Sonnabende bei Sonnenschein und Regen unter freiem Himmel gepflogen wird, sieht man sich freilich nach derlei besondern Einrichtungen vergeblich um. Früher aber scheinen die sog. Lichten Bögen eine darauf bezügliche Bestimmung gehabt zu haben. Es mögen mehrere derselben als eigentliche Schrannen (Meßstätten) eingerichtet gewesen sein, und zu ihrer Zeit noch hinlänglichen Raum geboten haben. Es wurde vorgeschrieben, Korn nicht mehr in Plachen, in Schüsseln oder in Geren, sondern nur in Säcken zum Verkauf zu bringen.
Die »Breinschrannen« in München fallen auf die Samstage vor den beiden Hauptpfarrkirchweihen. Sie sind vorzüglich besucht, und es wird an denselben auch Hirse (Brein) verkauft.
*Der Schrannentaffet,* im Scherz: grobe Sackleinwand.
Am 28. Februar 1847 wurden auf der Münchner Schranne 14199 Scheffel verschiedenen Getreides verkauft: Weizen zu 29–30 fl., Korn zu 21 fl., 50 kr., Gerste zu 17 fl. 34 kr., Haber zu 8 fl. 31 kr. II 602

Die Schütt

Schett – älteres Getreidemaß. Bündel ausgedroschenen, nicht zerrütteten Strohes, auf welches in der Regel anderthalb Garben von ungedroschenem Getreide gehen.
*Der Einschütt*
Ort wo Unrat und dergl. ins Wasser geschüttet zu werden pflegt. So heißt ein Platz in München »Auf der Einschütt«. II 488

Das Seelbad

Bad, das jemand zum Heil seiner Seele für Arme gestiftet. Es ist entweder ein einzelnes, am Jahrestag seines Todes zu bestreitendes, oder eine fortwährende Anstalt. Noch jetzt geben einige Zünfte in München zu Quatember- oder andern Zeiten für die Seelen ihrer Abgeschiedenen solche Bäder zum Besten. »Morgen läßt das ehrsame Handwerk der bürgerlichen Loderer dahier beim Bader am Radlsteg ein Seelbad halten« (kirchliche Verkündigung).
Der *Seelgottesdienst* für einen Verstorbenen, in Seelmeß oder Seelamt bestehend. Es wird dabei, besonders am sog. Dreißigst, hie und da der Seelnapf, eine Schüssel mit Mehl und Eiern nebst einem Brotlaib als Opfer auf die Bahre gelegt, zuhaus auch wohl ein Seelmahl gehalten. II 256

Das Seelhaus

Haus oder Wohnung, die jemand zum Heil seiner Seele für ärmere unverehelichte Personen gestiftet, die unter dem Namen Seelnonnen, Seelfrauen, Seelweiber in Gemeinschaft darin lebend, für die Abgeschiedenen zu beten hatten. Heutzutage pflegen sie in München die Toten zu reinigen und anzukleiden, die Leichenbegängnisse und den Seelendienst zu besorgen. Bei ersterem Geschäft machten sie früher Anspruch auf das Bettuch, über welchem der Tote verschieden war, sowie auf die Ohr- und Fingerringe, die er anhatte. Im Jahr 1851 bestanden zu München 3 gestiftete Seelhäuser: Das Schlutt-Kaiß'sche Hofseelenhaus, das Pienzenauer'sche und das Barth'sche. II 257

## Söldner

Besoldeter Kriegsknecht. Noch vor ein paar Jahrzehnten waren beim Münchner Magistrat vier Stadtsöldner angestellt. Sie erscheinen bei Fronleichnamsprozessionen in der ehemaligen Stadtlivree, schwarz und gelb, und waren mit Hellebarden bewaffnet. II 270

## Die Spanische Garde

Spottname, der anno 1847 der Münchner Gendarmerie zuteil wurde, da sie bei den Unruhen vom 1. und 2. März zum Schutze der spanischen Tänzerin Lola Montez in Tätigkeit gesetzt war.
II 674

## Der Spitz

Das Spitzl. (München)
Weinbouteille, welche die Hälfte von einer Dreiquartbouteille hält. Vorspiel der Betrunkenheit. II 693

## Die Stange

Kaiserstangen, eiserne Stangen, 24 Fuß lang, einem Gebote Kaiser Ludwigs von 1315 zufolge angebracht an den Stadtmauern von München, zum Zeichen, daß man innerhalb dieser Entfernung nicht daran bauen dürfe. II 770

## Die heilige Stiege

Stiege, die auf einer Anhöhe zu einem Kruzifix führt, und von Frommen unter so vielen Gebetlein, als Stufen vorhanden, auf den Knien zurückgelegt wird. Ein ehmaliges, an die Residenz gebautes Nonnenkloster in München, das jetzt der neuen großen mittägigen Fronte derselben Platz gemacht hat, hieß »Auf der Stiegen«. II 744

## Sundersieche

Sondersieche. Mit einer ansteckenden oder unheilbaren Krankheit, namentlich der Lepra behaftet, und zu seinesgleichen in abgesonderte Häuser verwiesen.
Für die Münchner Sundersiechen gab es eine solche Anstalt auf dem »Gastag und ze Swäbingen« (Urkunde von 1425), welche jetzt unter dem Namen Leprosenhäuser bekannter sind. Noch zu Ende des 18. Jh. sah man in München an den Quatembern die Sundersiechen in schwarzen Mänteln und spitzen Hüten Almosen sammeln, indem sie mit einem hölzernen Kläpperchen klapperten und in singendem Ton ihren gewöhnlichen Spruch sagten: (Gebts, gebts! weilts lebts! Wennts nimma lebts, könnts nimma gebn, – gebts, gebts weilts lebts!«
In dem Büchlein über die Mirakel des Bogenberges von 1679 heißt es S. 33: »Die Sundersiechen haben in diesem Gottshaus ihre Zunft und Bruderschaft, in welcher alle, so in ganz Bayrn seind, einverleibet, dahero gewisse aus allen vier Rentämbtern in Octava Corporis Christi auf dem Bogenberg mit ihren Fahnen und Stangen bey der Procession erscheinen müssen«.
In Nürnberg nennt man Sondersieche die alten, gebrechlichen Leute, die in den vier Siechköbeln vor der Stadt aufgenommen sind, weil diese ursprünglich für Aussätzige gestiftet waren. II 308

## Das Theater

»Mei Herr, so siech i do amal 's Theater!« sagte eine Taglöhnersfrau, die am Morgen des 15. Januars 1823 an dem ausbrennenden großen Münchner Theater vorbei ging. I 1153
Schmeller, der sich selbst mit der Abfassung von Theaterstücken versucht hat (Rudolf von Habsburg vor Basel, Luitpold, die Ephesier), besuchte am 14. Januar 1823 das Münchner Hoftheater und war ein Zeuge des denkwürdigen Brandes, bei dessen Bekämpfung er so tapfer mitwirkte.

## Der Thurnerprinz

in den bayerischen Städtchen.
Der Principal oder Dirigent der Stadtmusikanten, welche gewöhnlich Thurner genannt werden, weil sie zu gewissen Zeiten und bei gewissen Feierlichkeiten sich vom Turme herab mit Blasen hören lassen. I 470

## Die Veste

Feste, das Schloß, die Burg. Schon anno 1400 kommt ein Gebäude in München, vermutlich der jetzige Alte Hof, unter dem Namen der alten Vest vor, zum Unterschied von der neuen Vest. Die ehemalige Residenz der Regenten war die Ludwigsburg (Alter Hof), zu dessen, dem heiligen Lorenz gewidmeten Kirche, Ludwig der Bayer 1324 den Chor erbauen ließ (anno 1816 abgetragen). Dem Herzog Albert IV. war die Burg zu klein, daher er im Jahre 1469 an Unsers Herren Tor (Schwabinger Tor) die neue Veste erbauen ließ, die größer, geräumiger und schöner war. Den Alten Hof benutzte er zur Unterbringung der Collegien und seiner Bibliothek. Max I. ließ indessen zur neuen Veste hin eine Residenz im Jahre 1606 nach Peter Candids Zeichnungen und Plänen stattlich bauen, die eine der herrlichsten Residenzen wäre, hätten nicht die Feuersbrünste in den Jahren 1679, 1729 und 1750 die neue Veste eingeäschert und selbst einen Teil der Residenz abgebrannt.
I 776

## Weilheim

Name eines netten Städtchens im Oberlande, dessen weiland Bewohnern der Volksscherz allerlei Abderitenstreiche aufbürdet. Auch das löbliche Isar-Athen muß sich mitunter den Titel »Groß-Weilheim« gefallen lassen. II 890

## Weinstadel

Ehemals Weinniederlage in München (auch in Nürnberg und Augsburg), wovon noch eine der Hauptstraßen Weinstraß heißt. Daselbst gab es auch eine eigene Weinländ zur Ausladung der auf Flößen kommenden (Tiroler) Weine, die jetzt freilich in künstlicher größerer Ferne liegen. II 927

## Windherr, Winthir

Alter Personenname. R.A.: »Wie der selig Winthir von Neuhausen«, d. h. mit einem Hemd oder Beinkleid, das noch nicht bis auf die Knie reicht; denn so ist dieser Fromme, der nach der Kirchentradition dieses zwischen München und Nymphenburg gelegenen Dorfes, in einer Zeit, da jene Stadt noch lange nicht existierte, vielleicht schon in der der angelsächsischen Missionäre, hier unter den Landleuten gelebt und gewirkt haben soll, an manchem Bauernhause und auf einem Altar der Kirche dargestellt. II 954

## Der Zankenkas

Käse, welcher bei einem sog. Taufmahl und zwar vorzugsweise, wenn der neue Gast ein Knabe ist, aufgetischt zu werden pflegt. II 1137

## Das Ziel

Festgesetzes Ende, Frist. »Das hat kein Ziel«. Darüber ist nichts Beschränkendes festgesetzt. Lichtmeß, Georgi, Jacobi, Michaeli sind die ganz-, halb- oder vierteljährlichen Ziel für den Aus- und Eintritt von Dienstboten.
Georgi und Michaeli in München die halbjährigen für Wohnungsmieten. »Unter dem Ziel ausstehn«, nicht an dem gesetzlichen Termin.
»Geht scho auf d' Zielzeit zua, und i hab an Zins no net beinanda«, seufzt wohl mancher Familienvater.
*Der Zielbolz,* die Zielbüchsen, Zielscheiben, Zielstatt. In München war die älteste Zielstatt vor dem Angertor im dermaligen Pechgarten. 1406 wurde die neue Zielstatt vor dem Neuhausertor im jetzigen Stachusgarten gebaut. Es kommen im 15. Jahrhundert auch eine Zielstatt bei der neuen Feste und eine an der Kreuzgasse vor.
»Einem zielen«, ihm eine Zeit, einen Ort bestimmen, ein Rendezvous geben. II 1113, 1114

# Redensarten

Der Abfaim

Die Unreinigkeit, die abgeschöpft wird, ein Auswurf, ein böser Mensch, ein abgefeimter Spitzbub. I 718

Die Abseiten

Abgelegener Ort. »Wart i dawisch di scho amal auf da A'seiten«!

*Mari Oanseitn* (in scherzhafter Anspielung auf Maria Einsiedeln), Person, welcher die eine Schulter höher steht. II 336

Die Affensalbe

»Einen mit Affensalbe (Affenschmalz) schmieren« – ihm mit falschem Lobe schmeicheln. I 41

Die Ahn

Großmutter. R.A. »Bei der Ahnl schlaffa«, im ungemachten Bett schlafen. »Die Ahnl mit der Laugen«, dunkle Regenwolke.

»Du machst an Ahnle«, ein saueres Gesicht. I 86

angel

hart, sparsam, genau, mhd. ange – eng.

»Geht angel ra, hat der Fuchs gsagt, hat alle Tag a Fliagn gfangt!« I 105

anöhrln

Mit einem Öhr, einem Henkel versehen. Silberne Knöpf anöhrln. R.A. »Geld anöhrln« ironisch: es ausgeben, vergeuden. I 132

aper

»Der Himmel wird aper«, unbedeckt von Wolken.

»Es wird aper«, auf dem Kopf einer Person, der die Haare ausfallen.

»I bin ganz aper«, ich hab kein Geld mehr.

»Jetzt san ma aper«, jetzt sind wir schön daran (verloren)!

»Schau schau liabe Bleamln, da find i enk ja,
so bald als nur apern tuat seids aa scho da.«
I 13

Der Apfel

R.A. »Apfel braten«, sich mit unbedeutenden Dingen beschäftigen. R.A. »Der kann mehr als Äpfel braten – er kann's essen auch«

»Äpfel essen mögen«, nicht impotent sein. I 119

Die Ari

Musikalische Stimmanlage. »Er hat kein Ari«, (Arie) hat keine Anlage zum Singen. I 121

ausecken

Alle Winkel und Ecken zu verwenden suchen, wie ein kluger Schneider auch das Geringste sorgfältig überdenken. »Graf Rumford wußte jedes Terrain, welches er vor sich hatte, bis auf den kleinsten Raum auszuekkeln und zu verwenden«. (Lebensbeschreibung im Bayerischen Nationalblatt 1818)

»Spekulieren, eckeln aus
tragt nur wenig Brot ins Haus.« I 33

Das Bändlein

Das Bantl Vögel besteht aus vier vom Jäger zusammengebundenen Stücken.

R.A. »S' Bandl bricht«, die Geduld geht aus.

»Is dir endlich s' Bandl brochen?« Starrkopf, hast du dich endlich eines Besseren besonnen?

»Es hat mi beim Hosenbandl«. Ich bin in großer Verlegenheit, dem augenscheinlichen Verderben nahe. I 247

Die Base

»Kniebasl«, Geliebte.

»Die Birkenbäsel», die Rute für Kinder. I 286

Batzen

Heutzutage ist der Batzen in Bayern keine Species, sondern nur mehr eine Rechnungsmünze von 4 Kreuzern. Batzen wird in mehreren Redensarten für Geld überhaupt genommen.

»Batzn und Maxn gnua ham«, Geld genug.

»Wenn d' Kuah an Batzn gilt,« niemals.

»Das Batzenhäuslein«, geringes Landwirtshaus.

batzig, weich und klebrig.
»Is der erst Schnee a Ladschi, so is der ganz Winter bazi«. I 313

Der Bausch
Die auswärts schwellende Fläche.
R.A. »In Bausch und Bogen«. Im Ganzen, mit allem, was etwa auf der einen Seite zu viel, auf der andern zu wenig ist. I 297

beigeschirrig
Wird von Pferden gesagt, die eingespannt gut nebeneinander gehen. Davon scheinen Aussprachformen zu sein: bagschierli, badschierli, Adjektiva, welche man lobend von Kindern gebraucht, die sich für ihr Alter besonders anstellig zeigen.
I 225

Beten
*abbeten*
Nach einem, hoffentlich veralteten Wahne konnte man einen Menschen durch gewisse, gegen ihn gerichtete und oft gesprochene Gebete in kurzer Zeit ums Leben bringen.
»Wohl gearbeitet ist doppelt bet't.«
»Heilig oder richtig wia bet't«, ausgemacht und richtig.
»Des is bet't und amen«, richtig, abgetan.
*Die Betschwester,* was anderwärts Seelnonne.
*Das Vorbetterl* am Rosenkranz besteht aus zwei größern und drei kleinern Kügelchen und dem Zeichen des Credo.
Rätsel: Was ist mitten im Glauben? Antwort: Das Bettaschnürl, weil nämlich die Paternosterschnur auch durch das Ringelchen geht, welches das zu betende Credo vorstellt.
»Ums Hälslein weiß tut sie mit Fleiß ein Beterlein anhenken«. Lied von 1637. I 301

Der Bettelbub
R.A. »Es ist grad, als wenn man einen Bettelbuben in die Höll wirft«, es reicht bei weitem nicht aus. I 302

Der Bettler
»Auf der Bettelumkehr«, am Bettelstab.
»Da is auf der Betteleinkehr«, dieses Hauswesen ist ganz herabgekommen. I 302

Das Bildlein
Im Scherz: Der Verweis. »Der hat a Bildl kriegt«. Ein schärferer Verweis heißt: »an ausgstochas Bild.« I 235

Die Blüh
»Aprilblüh, wenig Müh, Maiblüh, viel Müh«, d. h. wenn die Obstbäume schon im April blühen, so gerät das Obst seltner, als wenn sie erst im Mai blühen.
»In der Hollerblüh werd's Brot gern grau.«
»Die Himmelblüh«, der Regenbogen. I 321

Das Brett
*Leichenbrett:* »Auf dem Brett liegen«, eine Leiche sein.
»Brettlrutschen«, im Scherz: sterben (vom Leichenbrett ins Grab gelassen werden).
*Wagenbrettlein,* Brettchen hinten an der Kutsche, brettlhupfen, ein Bedienter sein.
Einen beim Brett bezahlen, mit gleicher Münze, d. h. sich rächen. Aff auf dem Brettlein, (Brettlaff), unwillige Benennung von Kindern die sich ungeschickt benehmen.
*Eßbretterl,* hölzerner Teller zum Essen.
*Tatzenbrettl,* Instrument, womit weiland die Schulmonarchen ihre Schüler zur Strafe auf die flache Hand oder gar auf die zusammengehaltenen Fingerspitzen zu schlagen pflegten.
*Die Bretten,* Querbalken über einer Stube oder einem Stockwerk, der über solchen Balken liegende obere Boden eines Hauses oder einer Scheune.
Der Brettensteiger, Schlafwandler. I 372

Die Britsche
Werkzeug zum Schlagen. Die Britsche des Hanswurstes. Die Mistbritschen, womit der Düngerhaufen glattgebritscht wird. R.A.: ›Gegen einen das alte Britsch-

lein brauchen‹, sein Argument gegen ihn selbst brauchen.
Die unter den großen Frachtwagen beweglich angebrachte hölzerne Kufe, worin der Fuhrmann sein Gepäck aufbewahrt. I 375

### Das Brot hüten
in einer Stadt als Aufseherin und Verkäuferin bei der allen Bäckern gemeinschaftlichen Brotbank sitzen; von Mädchen: beim Tanze sitzenbleiben, nicht aufgefordert werden. I 1191

### Der Buchschwamm
Ein Ungeheuer von unzähligen, aneinanderwachsenden Schwämmen, die sich auf den Wurzeln oder den Stämmen der Eichen erzeugen. Um Regensburg: der Eichhas, um Ansbach: Birnbitzel. I 197

### Der Butz
Verlarvte, vermummte Person, Unhold. »Wart, i laß glei an Butzl eina!« Drohung gegen Kinder.
Fasnachtbutz, der Butzmann, Butzibercht: Kobold, Knecht Rupprecht. R.A. »Er hat sein Butzn davon tragn«, hat sich dabei gut bedacht. I 316

### Dalken
Teigige, klebrige Materie. R.A. »Aus dera Pasteten wird a Dalkn«, daraus wird nichts, das gelingt nicht.
»Sie sand ein Herz und eine Dalkn«, d. h. die innigsten Freunde. I 505

### Datum
R.A.: »Sein Datum setzen auf etwas«, Absicht haben.
dato, jetzt, bis jetzt.
»Es ist bis dato no allerweil guat ganga«. I 551

### Der Daumen
R.A.: »Da geht ma der Dauma für«, oder »da kannst ma aufm Dauma reiten,« daraus wird nichts, ich will nicht (durch diese Redensart wird eigentlich nur der Gestus des Feigezeigens erklärt, den sie gewöhnlich begleitet.
»Den Daumen rühren können«, bei Kasse sein.
»Einen kranken Daumen haben«, kein Geld haben.
»Auf den Daumen kaufen«, auf Kredit kaufen.
»Einen mit einem festen Daumen bitten«, ihn mit Geld bestechen.
Die R.A. »halt'n Dauma fest, damit i a Glück hab«, scheint auf einen alten Aberglauben gegründet. I 507

### dengeln
»Dreinschaugn wia Dengelhammer«, starr, gedankenlos. I 517

### Die Docke
Ein Stück Holz, Klotz, Zapfen; auch Spielpuppe (die ursprünglich nur aus einem Stück Holz bestand; Anm. des Herausgeb.)
»Geputzt wie eine Docken«; »dockerlnett«.
I 488

### Der Doschen
Der Busch, alles was sich buschig ausbreitet.
»Doschat angekleidet sein«, d. h. mit vielen Kleidern die übereinander liegen. I 549

### drehen
Sich drahn (drehen), sich aus Furcht, Betroffenheit, Beschämung heimlich wegmachen. »Der hat sich aber draht, wia er des ghört hat«.
»adraht«, verschlagen, verschmitzt.
»adraht wia a Kuahstrick«. I 559

### ducken
R.A.: »Duck die, mei Seel, es kimmt a Platzregen«, Spruch vor einem tüchtigen Trunk. I 489

### Das Eis
»Einen aufeisen«, ihm aus einer Verlegenheit helfen, den Eingefrornen gleichsam wieder flott machen. I 162

### Das Eisen

R.A. »Einen schlagen wia kalts Eisen«, tüchtig schlagen.
»Einem auf die Eisen gehn«, ihn streng bewachen, kontrollieren. I 162

### fahren

»Heiraten mag i net, tuat ma net gfalln,
Will liaba hübsch ledi bleibm und fahr frisch gan Alm.«
R.A.: »Einem über die Hauben fahren«, ihm grob kommen.
Das Urfahr, der Platz, wo man über einen Fluß zu fahren pflegt; der Landeplatz zu jeder Seite des Wassers.
R.A.: »Mit einem nicht fahren können«, sich nicht vertragen. I 737

### Der Falke

R.A.: »Den Falken streichen«, sich einschmeicheln. I 715

### Felber

R.A. »Mit einem umgehn, wie die Bauern mit dem Felberbaum«. (Weide) »Die Felberbaum werden nur einmal im Jahr gestutzt, aber die armen Untertanen werden von mancher harten Herrschaft fast alle Tage gestutzt.« P. Abraham I 710

### fitscheln

Fitschelfatscheln, hin und herplaudern. Das Fitscherl, scherzhafte Benennung eines jungen lebhaften Mädchens. I 779

### Der Fliegenschütz

Ein Landkutscher, Mietkutscher.
R.A.: »Einen beim Flügel (Arm) nehmen und ihn aussi flügeln«, nicht eben säuberlich zur Tür hinaus führen. I 789

### Der Fotz

Das Maul bei Tieren und (auf dem Lande, nicht immer in verächtlichem Sinne) der Mund bei Menschen.
»Wia Voada«, sagt ein Sohn zum Vater, »due hast a Haar an deim Rüssel«. »Wart Schliffel«, fiel dieser zurechtweisend ein, »muaßt du deins Vaters Fotz an Rüassel hoaßen?«
Der Fotzbeißer, saures, herbes Getränk, fotzdideln, im Scherze, küssen. I 782

### Der Fotzenhut

Mann, (mit verächtlichem Nebenbegriff, als Schimpfnamen gebraucht).
»Was baust du denn, du Fotzenhut,
Wenn'd nit weißt, was es kosten tut.« I 782

### Die Fransen

Komplimente, Zeremonien, Ziereien. I 824

### Der Freithof, Kirchhof

In früherer Zeit war es üblich, auf dem Freithof Gerichtssitzungen zu halten.
R.A.: »Er liegt auf der Freithofmauer, fallt ehnder nei als naus,« d. h. er ist gefährlich krank.
»I werd net gsund, bis ma mir Freithofkout überlegt«, d. h. ich werde wohl an dieser Krankheit sterben.
»Freithofwässerlein«, jeder Branntewein oder Liqueur, weil solche Getränke ihre Liebhaber gerne auf den Gottesacker befördern. I 830

### Freithof-Blümelein

graue Haare. »Schau, schau, schliaffen d' Freithofbleameln aa scho füra bei dir!« I 327

### Fünf

Der Fünfer, das Zahlzeichen 5, war besonders unter den des schriftlichen Rechnens unkundigen Landleuten das römische V. Daher die Redensart »ein U (d. h. V) für ein X vormachen«, d. h. betrügen.
Der beliebte Spottausdruck »Bauernfünfer« dürfte vielleicht Bezug haben auf die ältern Schrannengerichte, bei welchen wenigstens »5 Biedermann« als geschworene Rechtssprecher saßen, die auf dem Lande aus Bauern genommen wurden.
»Das Bäckerbrot fünfen«, es als altbacken bezeichnen.

Das geschah vielleicht durch Einschneidung eines V. Heutzutage werden die verkäuflichen Brotlaibe und Wecken so oft leicht angeschnitten, als sie Tage alt sind, wonach sich der Preis richtet. I 726

## Fugger

»Es machen, wie Fugger's Hund.« Dieser war darauf abgerichtet, das für seines Herrn Küche bestimmte Fleisch Tag für Tag in einem Korbe von der Fleischbank nach Hause zu tragen. Weit entfernt, je selbst etwas von dem ihm Anvertrauten anzurühren, wußte er auch seine lüsternen Kameraden in gehöriger Entfernung zu halten. Eines Tages aber fielen sie mit großer Übermacht über ihn und seine Bürde her. Als er sah, daß alles Heulen und Beißen nichts mehr verschlug und seine Würste und Braten eine unrettbare Beute der hungrigen Gesellen waren, besann er sich nicht länger und – hielt eben auch mit. I 698

## gach

Jähe, eilig. Der gache Tod, das gache Glück: »Sie behaupten, vom gähen Glück oder Fato werde alles regiert« Selhamer.
»Lieber Bawr ich folg dir nach,
mit meiner Eggen ist mir gach« sagt auf der Bildnerei einer bayrischen Kanone von 1554, die dem pflügenden Bauern mit der Egge folgende Bäuerin. I 887

## Der Gammel

Der Mutwille, Spaß, die Ergötzung. I 910

## Gäspele

Die Windsbraut (am Lechrain). I 952

## geben

Redensart »Was gibst, was hast« z. B. laufen, davonrennen, d. h. ohne Aufenthalt, über Hals und Kopf. Ähnlich ist das spanische dale dale oder dale que dale.
eingeben
»Dem Advokaten ist eingebn drauf«, er ist geschickt. I 865

## Die Geige

»A lange Geign«, lange Person (schon 1618)
Von Weibspersonen: Zur Strafe in der Geige stehen. Vielleicht rührt es von der Sitte lustiger Burschen, sich für ein gutes Trinkgeld aus dem Tanzhause mit Musik nach Hause begleiten zu lassen, her, daß man Leuten, die etwas vornehmen, das weit über ihr Vermögen, Können oder Wissen geht, ironisch den Rat gibt, sich heimgeigen zu lassen. I 879

## Die Geiß

»Unser Herrgott hat der Goaß an Schwoaf net länger wachsen lassen, als was sie ihn braucht«, Lehre für den, welcher mit überspannten Plänen umgeht. I 946

## gering, ring

Leicht, beweglich, ahd. ringi.
»Und's Deandl is gring wia a Summafloigl«.
»a grings Roß«, ein leichtes, schmächtiges, ein schlechtes Pferd. II 121

## Geschirr

R.A. »Aus dem Geschirr schlagen«, aus der Art schlagen.
»Einem gut Geschirr machen«, ihn gut bewirten. II 457

## Gespinst

»Alte Weiber machen a grobe Gspunst«.
»Unser Lieben Frauen Gespunst«, die fliegenden Fäden des Altweibersommers. II 676

## gewandt

anstellig, schmuck, gewandt.
Zum Jonas, der in der Fronleichnamsprozession dem Walfisch in den Rachen zu werfen war, mußte man einen kecken gewandten Buben nehmen.
»gwandti vodradi«, adv., auf eine verdrehte, verkehrte Art. »D' Straß geht gwandti vodradi«. II 943

## Der Gift

Zorn, Groll.
»Aba an Gift han i scho glei kriagt, daß i gmoant han,

i muaß daspringa«. »Springgifti«, zum Zerspringen oder zum in die Höhe springen böse. Der »Giftmichel, Giftnickel, Giftschlegel«, Mensch, der gleich in Zorn gerät.
Halbscherzhaftes Scheltwort gegen junge Weibspersonen. »Des Gift« wie: Dieses Lumpen-Mädchen! R.A. »Einem 's Gift nehma«, ihm Meister werden. »Der hat's Goasgift!« er ist mutwillig. I 876

Der Glauben
R.A. »Der Glauben kommt einem in die Hände«, man wird handgreiflich überzeugt. I 1407

Der Goder
Die Gurgel und die fleischige Haut unterm Kinn.
»Einem s' Goderl kratzen«, ihm schmeicheln. »Willst was habm von der Mam, nimms beim Goderl und kratz!« »Wanns 'n anluagt fuchswild und a Gsicht auf eahm macht, nimmt er's aftn beim Goderl, bis'n wieder anlacht.« I 873

grausen
»Die Grausbirn steigen mir auf«, mir wird unheimlich, angst, gruselig.
»Der Grausknecht«, eine Mannsperson, von der sich ein Mädchen, das bei Nacht auswärts zu gehen hat, begleiten läßt.
»Es macht oft a schlechts Ding am Menschen an Graus,
der oa fürcht a Spinna, der anda a Maus.« I 1009

Der Greis
R.A.: »Mancher greiset, ehe dann er weiset». I 1010

grempeln
Handel treiben, trödeln. »Ehren grempeln«, mit geistlichen Ehren oder Würden Handel treiben, Simonie treiben. I 998

grüßen
R.A.: »Den Zaun wegen dem Garten grüßen«, jemandem aus geheimen Nebenabsichten schöntun, z. B. der Mutter, um Zutritt zur Tochter zu haben. I 1014

gumpig
Springlustig, mutwillig.
»Der gumperte Donnerstag«, Donnerstag vor Fastnacht in Schwaben. I 915

Die Gurgel
»Sei Gurgel ist weiter als ein Paulanerärmel.« I 936

Habergries
Habergrütze, Griesknödel. »Grobe Leut san wia Griesknödel, nur daß net rund san.« I 1012

Der Hachel
Mantel.
Der Hachelwachel, ein unachtsamer Mensch. I 1041

Der Hacken
R.A.: »Er lebt noch nach der alten Hacken«, d. h. nach der alten Sitte. »Zum Hacken einen Stiel finden«, in einer Verlegenheit ein Auskunftsmittel finden. I 1048

Der Hadern
Eigentl. Fetzen, abgerissenes Stück, wird im Bayerischen Wald das nach vorne mit Spitzen verzierte Kopftuch der Weibspersonen genannt.
Der Fotzhadern, (Schnupftuch), der Handhadern, (das Handtuch), der Pranghadern (Manschetten), der Rüsselhadern (die Serviette). Der Haderlatsch, untüchtiger Mensch
*Das Häderleingeld,*
Geld das die ländliche Hausmutter aus dem Hauswesen für sich allein zurücklegt und in Häderlein gewikkelt, heimlich aufbewahrt.
»So lang d' Muada no a Haderlgeld hint hat, derf der Bua als Soldat koa Nout leidn«. I 1050

Der Halbwintertag
Der 25. Januar. ›Pauli Bekehrung, halb hinum, halb herum‹. I 1088

### Der Halodri

Flattergeist, leichtfertiger, zerstreuter Mensch, der immer Ungehöriges treibt (allotria). I 1077

### Der Handschuh

R.A.: »Es liegt a Hendschuh henterm Ofen, er mecht verbrennen« (Allgäu), es ist jemand da, der das, was wir sagen, nicht hören darf. I 1124

### hängen

Sich an unsern Herrgott, an einen mächtigen Patron einhängen. I 1133

### hauen

»Nichts zu hauen und zu bauen haben«, keinen Grund und Boden besitzen. Das Haurastl, Mittags-

### heikel

Das Vieh hat es gut, »wanns wild ist derf's z'Haus bleiben, wanns schön ist gehts aus, z'Mittag da gehts wieder auf a Hausrastl z'Haus«. I 1023
schläfchen, wie sich's die Hauer (Winzer) gönnen. I 1023
Wählerisch, mit Sorgfalt, schwer zu behandeln.
»Etliche Eltern seind heiklicher mit ihren Kindern als die Venetianer mit ihrem Arsenal«. P. Abraham. I 1071

### heilig

R.A.: »Seinen Heiligen kriegen«, ausgescholten werden. I 1078

### Heimat

»Dahoam is dahoam, und wer bleibn ko, der bleib, d'Hoamat is, glaubt mas gwieß, der zwoat Muadaleib.« Stelzhamer.
R.A.: »Des is a Schmatz, der koa Hoamat hat«, ein zweckloses, unbegründetes Geschwätz. I 1108

### Der Herrgott

»Unserm Herrgott die Füaß abbeißen wollen«, sich über die Maßen fromm und andächtig gebärden. I 1153

### Das Herrngeld

nennt ein Dienstmädchen die aparten Zuschüsse, die sie, wenn sie dem Hausherrn gefällt, außer dem Lohn von diesem bezieht. I 1152

### Das Heu

»Der Teufel hat Heu herabgeworfen«, d. h. Gelegenheit zu etwas gegeben. »I mah s'Groamet net vorm Altheu«, sagte ein Vater zu einem Freier, der statt der angebotenen älteren Tochter die jüngere verlangte. I 1029

### Der Hirsch

Eine Person oder Sache »dem Hirschen auf die Hörner binden«, sie der gewissesten Gefahr des Verderbens aussetzen. I 1166

### Das Holz

Das Hölzlein werfen, das Gespräch auf einen Gegenstand lenken, der sonst wohl nicht aufs Tapet gekommen wäre.
»Ein Hölzlein im Maul haben«, undeutlich sprechen.
Die Holzsuppen, aus gekochten Pilzen.
Das Holzweiblein, Name eines gewissen Waldgespenstes. I 1103

### Der Hund

»Den Hund hüten oder feilhaben« (von Mädchen), auf dem Tanzplatz zugegen sein und nicht zum Tanz geführt werden.
»Den Hund heimführen,« vom Tanzplatz nach Hause gehen, ohne auch nur ein einziges Mal zum Tanz aufgefordert worden zu sein.
»Einer den Hund ablassen«, sie zum Tanz auffordern, mit ihr tanzen. I 1128
Den ersten Dezember 1634 wurde in Augsburg das Pfund Hundefleisch für 18 Kreuzer verkauft.
R.A.: »Hundshaar auflegen,« die Folgen einer Betrunkenheit durch eine neue vertreiben, wie man den Biß eines Hundes am schnellsten heilen zu können glaubt, wenn man von dessen Haaren darauf legt. I 1129

R.A.: »In dem Haus steckt noch ein alter Hund«, d. h. es ist noch Geld von den Voreltern vorhanden. Die Bedeutung eines verborgenen Geldvorrates hat Hund wohl auch in der bekannten Redensart: »Da liegt der Hund begraben«. I 1128

### Das Hupfjahr
Das Schaltjahr. I 1142

### Das Hutzelwasser
Brühe von gekochten Hutzeln, schlechter Kaffee oder Met. I 1196

### Jakobifedern
Im Scherz, Stroh, weil um Jakobi geschnitten wird. I 1199

### Die Kammerkachel
Nachttopf. I 1218

### Die Kappe
R.A.: »Kappentauschen«, im Tausch nichts besseres bekommen.
»Einander alte Kappen geben«, sich wechselseitige Vorwürfe machen.
»In der Nebelkappe herumgehen,« d. h. in Ungewißheit oder Verwirrung.
»Jedem Lappn gfallt die Kappn«.
»Gleiche Brüder (d. h. Klosterbrüder), gleiche Kappen.« I 1268–69

### kappeln
käppeln, einen derb ausschelten, auch beohrfeigen. I 1270

### Das Kartäunlein
Karteinl,
Schachtel oder Futteral von Pappendeckel. I 1297

### Die Kartause
R.A. »Einen bei der Kartausen nehma«, ihn fest anpacken, beim Kopf nehmen. I 1297

### Das Kasparschmalz
Leere, nichtige Worte, Flausen, Täuschung.
»Einem Kasparschmalz anstreichen«, ihm schmeicheln.
»Die Schmalzgruben«, das Land um Straubing ist die Schmalzgruben von Bayern.
Man sagt auch von einer wohlbebrüsteten Person sie »habe brav Schmalz.« II 551

### Katharina
»A Mari-Kathl«, dummes Gänschen.
»S' laffad Kathl«, Durchfall.
»Die Jungfer Kathl«, Menstruation. I 1309

### katholisch
In Altbayern beim gemeinen Mann, der auf gut römische Weise von den »Verirrten« gar keine Notiz nimmt, ist katholisch soviel als christlich, d. h. recht, richtig, geheuer. »Da gehts nicht katholisch zu«, da ist es nicht geheuer; ein schroffer Gegensatz zu der anderwärts vorkommenden unwilligen Ausrufs-Formel: »Das ist zum Katholischwerden!«
»Wart, i will di katholisch machen!«, so hörte Freund Cleasby bei Amberg einen Landmann seinem vor dem Pflug störrischen Ochsen drohen.
I 1309

### Die Katze
»Das gehört der Katz«, es verdient verworfen zu werden.
»Koan andern Vogel kenna als a Katz«, sehr unwissend sein.
»Raus mit der Katz aus'm Sack!« Her damit!
»Die Katz lauft mir den Buckel nauf!« mich schaudert.
»Der Katzbalg«, lärmender Zank.
»Die Ofenkatz«, der Gogelhopf. I 1314

### Kegel scheiben
R.A. »Wer Kegel scheiben will, muß aufsetzen auch«, wer mit anderen spaßen will, muß auch seinerseits Spaß verstehen.

»Du tatst nur Kegelscheibn mit mir«, behandelst mich wie eine Kugel. II 355

### Kirchweih

»A guata Kirta dauert bis an Irta, kann si schicka, bis an Migga (Mittwoch).« II 836

### Der Kopf

R.A. »Den Kopf aufsetzen,« auf seinem Entschluß halsstarrig beharren.
»Über Kopf austrinken«, sodaß sich dabei der Boden des Geschirres über den zurückgebeugten Kopf des Trinkers erhoben findet, also ganz und gar.
I 1273

### Die Kotscheiben

Hof um den Mond I 357

### Das Kraut

R.A. »Den Türken auf dem Kraut fressen«, den Bramarbas spielen.
»Besser a Laus am Kraut als gar koa Fleisch«, besser etwas als gar nichts.
»Aus'm besten Kraut redn«, alles Gute von ihm reden. I 1386

### Der Kren

»Grad recht sein zum Krenreiben«, von kleiner Statur sein. I 1371

### Das Lämmlein

Lampl. Im Scherz: Stück vom Hemd, das aus zerrissenem oder nicht gehörig zugemachtem Beinkleid niederhängt.
»Glampelt« ist der Himmel, wenn er sehr kleine, lokker aneinander hangende weißbegrenzte Wölkchen zeigt, welche für Vorboten eines anziehenden Windes gelten. I 1474

### Die Laugen

R.A. »Einem a Laugn angiaßn«, ihm Verdruß bereiten.
»Die Ahnl mit der Laugn«, dunkle, mit einem Regenschauer drohende Wolke.
»Die Urlaug«, Wasser, in welchem die gelaugte und geseifte Wäsche gewaschen worden, das also mit Lauge und Seife vermischt ist. I 1453

### leinen

R.A. »Halb leinen und halb schweinen«, halb herrisch und halb bäurisch, in Anwendung auf Personen, die sich aus einem Stande in den andern hinüberpfuschen, besonders auf Landleute, welche den Städter, gemeine Bürgersleute, welche Kleidung und Manier der Vornehmen nachäffen. I 1480

### Die Letz

Ergötzung durch Trinken, Essen, Tanzen, die man einem Scheidenden bereitet. »Einem a Letz geben«, »mit ihm die Letz trinken.«
»Zu Letz geben«, zur Ergötzlichkeit, als Trinkgeld geben. »Zu guter Letz«. »Einem eine Letz lassen«, einen Schabernack spielen.
I 1546

### licht

R.A. »An einfallende Liachten«, kluger Einfall eines sonst beschränkten Kopfes. I 1431

### Der Löffel

R.A.: »Hat scho wieder eins an Löffel weggworfen«, sagt der gemeine Münchner, wenn er die Sterbeglocke hört. I 1450

### Die Lunge

R.A. »Einem bis auf die Lungel hineinschauen«, ihn ganz durchschauen. I 1493

### Der Lupf

Augenblick der Erholung (Schwäbisch). I 1498

### Der Magen

»Mir liegt die Gschicht schon im Magn wiar a Fußschammerl«. I 1575

### Das Maul
Wie hd. mit dem Unterschied, daß es beim gemeinen Manne gewöhnlich auch die Stelle des edlern Mundes vertritt. Verächtliche oder scherzhafte Synonyma sind: Fressen, Gefrieß, Fotz, Fotzen, Goschen, Trienschen, Triel, Schnutter, Beffel, Waffel, Fruetschen, Flenschen, Rüssel etc.
»Es geht mir im Maul herum«, es liegt mir auf der Zunge.
»Das Maul beren gegen einen« oder »über etwas«, sich unzufrieden oder unwillig darüber auslassen. »Das Maul brauchen«, viel und heftig sprechen. »Das Maul anhenken«, »Das Maul herrecken«, nicht schweigen, wie man sollte, sondern entgegenreden, widerbellen. »Das Maul ausleeren mit einem«, mit ihm reden, »über einen«, alles Böse, das man von ihm weiß, sagen.
»mauldienen«, einem sagen, was dieser gerne hört.
»A groß Hauswesen reißt a groß Maul auf.«
I 1585–1586

### Die Maultrommel
Die meisten Bauernburschen spielen mit zweien. Silberne zu führen war einst verboten; die Bauernmädchen wurden dadurch gar zu närrisch. I 1586
»Zingldamor« Maultrommel. II 1135

### Die Maus
»Mach uns keine Mäus nicht für, wir haben gar wenig Katzen,« sagt man zu einem Erzähler, dessen Behauptungen man bezweifeln zu müssen glaubt.
»Mach nicht viel Mäus!« keine Umständlichkeiten.
»Jetzt is ausgmaust«, nun ist nichts mehr übrig.
»D' Katz hat links gmaust«, die Sache hat fehlgeschlagen.
»Einen mausen«, ihn kurz und mit Anmaßung abfertigen.
»Des is ma na grad gmaust«, damit werde ich leicht fertig, das acht ich nicht viel. I 1665

### menten
Mentieren, sakramenten, sakramentieren, schelten, lärmen, heftig schreien.
»Der Hans hat am Sepperl a Hirnbatzl gebn
und da Sepperl mentiert ja als kostets sei Lebn.«
I 1631

### merken
R.A. »Das geht um wie's Schafmerken«, von Geschäften, die leicht und kurz nacheinander abgetan werden. I 1651

### Das Messer
R.A. »Das längere Messer tragen«, das Regiment führen. I 1670

### mocken
Nur leise, verstohlene Bewegungen machen oder Laute von sich geben aus Furcht, Trägheit, Hinterlist, besonders aber aus Ärger oder Verdrießlichkeit.
»Mocken und bocken bringt oam koa Glück,
kummt aa a Brocken, i denk halt: schlick!« I 1566

### Die Nadel
R.A. »Etwas auf der Nadel haben bei einem«, einen Verweis, eine Strafe, eine Wiedervergeltung im Bösen von ihm zu erwarten haben. I 1726

### Der Narr
»Narr in seinem Sack sein«, sich zu seinem Vorteil als Narr gebrauchen lassen.
»Narr umasunst sein«, für irgend eine Mühe keine Bezahlung erhalten. »Aller Narren Kirchtag«, der Fastnachtdienstag. I 1753

### Die Nase
Vorspringender Fels. R.A. »A Nasn fanga«, eine lange Nase bekommen.
»unter die Nasen reiben«, einem etwas mehr derb als fein zu verstehen geben.
»Es fehlt eahm zwe Zwerchfinger ober der Nasn«.
»Der Nasenstich«, ein Kuß I 1758

### neun
»Neungescheit«, wie man auch sagt »siebengescheit«,

überaus klug (ironisch), vielleicht in Bezug auf die ehmals gewöhnlich in der Zahl 9 oder 7 gewählten sachverständigen Schiedsrichter bei verschiednen Gelegenheiten, so z. B. die Neuner beim Scheibenschießen. I 1748

### nimmer

R.A. »Auf St. Nimmerl's Tag«, ein Ausdruck, den man gebraucht, wenn man den Tag nicht bestimmen kann oder will, an welchem etwas geschehen soll, auch wenn man andeuten will, es werde gar nie geschehen. I I 1744

### Die Not

Der Notnigel, Mensch, der beständig mit der Not zu kämpfen hat. R.A. »Etwas auf den Notknopf ankommen lassen«, es auf das Äußerste kommen lassen, auf die Letzt versparen.
*Das Nothemd* ist ein Zauberhemd, um sich damit fest zu machen (unverletzbar). I 1771

### nöten

Nett'n (nötigen), zwingen, erzwingen.
Spr. W. »s' Liabn und s' Bettn laßt si net nettn«.
»A gnetta Oad is Gott load.«
»Der Teufel nett d' Goaß zum Bockn, wenns net will«. I 1774

### Nuß

»Nicht lang in der Nuß liegen«, sich bald besinnen, eine Sache flugs angreifen.
»Der Nußreiter«, schlechter Reiter. Man ruft so einem spottend zu: nuß, nuß, nuß! I 1764

### obrist

»Der obriste Tag«,
Hl. Dreikönigtag. I 17

### Das Öl

In der Gegend von Wunsiedel nennt man ein ausgehauenes Stück Holz ein Öl, wovon vielleicht der Name Ölgötz.
»Das heilig Vater Öl«, scherzhaft lobender Ausdruck für das gute Paulaner, oder Heiligvater-Bier. (München) I 61

### Der Pack

Packlleut, Leute ohne Heimat, welche das Ihrige auf dem Rücken mit sich herumtragen, Bettelleute.
»Mit einem abpacken«, den Umgang mit ihm aufgeben. I 380

### Pap, pap

Naturausdruck der Kinder fast aller Sprachen für die Bewegung der Lippen und des Mundes, folglich für das Essen und den Mund.
»Der Papp, die Pappn, das Papperl«.
»Ein Kind verpappeln, es durch überzärtliche Pflege zu Grunde richten.
»a Ding verpappeln«, es aus lauter Sorgfalt verlegen und nicht wiederfinden.
»a Pappn machen«, ein verdrießliches Gesicht machen.
»Jetzt geh und laß di pappn!« zu einem, der etwas seine Kräfte Übersteigendes beginnt, oder etwas Unstatthaftes auf die Bahn bringt.
I 398

### Papierln

Zum Besten haben. »Jetzt gengan's, Sie Gschmacherl, mechtn S' mi net papierln?« I 399

### Pasteteln machen

Mit schöner Manier etwas zu seinem Vorteil einleiten. I 412

### Der Pemsel

Pinsel, im Scherz: Haarzopf. Grober, einfältiger Mensch.
Pemseln, viel trinken. I 393

### Die Platte

R.A. »Am Pfarrer die Platten scheren«, ihn am Zehent verkürzen. I 462

Der Plaus
Der Applaus, wird gewöhnlich ironisch genommen, also verspottendes Loben, Lachen, Klatschen, Zischen. »Einem an Plaus machen«. I 461

Der Pofel
Engl. bawble, Tand, Kinderspielzeug. Lästige Menge von Dingen: »a ganza Pofl Essen«. Bei Kaufleuten: alte, ungangbare Ware, Ausschuß. I 384

Der Pöpel
Vermummte, dicht eingehüllte Person. (Franken)
»Wer im Winter nicht sein will ein Pöpel, der kann im Sommer sein ein Kröpel«.
Popanz, der die Kinder schreckt. I 400

Die Preß
»In der Preß sein«, in großem Gedränge, in Verlegenheit, Angst, in der Klemme sein. I 471

Der Pummer
In Aschaffenburg ist der Pummer ein kleiner Hund mit langem Haar und spitzem Kopf. »Den hat der Bummerl bissen«, er hat das Podagra. »Pummerisch saufen«, sehr stark trinken. I 391

pumpet
Untersetzt vom Körperbau. »Schön rumpet, schön pumpet wia'r a Haselnußkern.« I 392

Der Racker
Rack, Krähe. Als Schimpfwort verwendet mit dem Beiwort schwarz. Als Benennung einer sich aus Habsucht abquälenden Person. Ausgemergeltes oder sonst unnützes Stück Vieh, Pferd, Hund, äußerst verächtlich: Mensch.
»Muaß ma si schindn und rackan, daß ma sei bisl Lebn furtbringt.« II 41

Das Rad
»Das Rädlein laufen lassen«, der Sache ihren Lauf lassen, es gehen lassen, wie es geht. »Der sauft und spielt drauf los und laßt halt s' Radl laufen«.
»'s Radl is eahm laffad wordn«, er ist närrisch geworden. II 50

Das Rädlein
Kreis, Ring, in welchem man zusammensteht – daher Rädleinführer oder Rädelsführer. II 50

Der Rank
Die Wendung, Krümmung, z. B. des Weges.
R.A. Einem den Rank (hd. Rang) ablaufen II 122

rank
Schmal, dünn schlank. »Bald lafts wia a Bandl, auf an schön grasgrün Gwandl
so rank durchs schöne, grüne Österreicher Landl«. (Die Donau) II 122

Der Rausch
Wasserfall, die Betrunkenheit – vom Jesuwiterräuschl bis zum Kapazinarausch.
»Am Rauschiga soll a Fuada Heu ausweicha«, II 155

reden
»Ma muaß d' Leut redn lassn, d' Gäns könnens net.«
»Einen hart reden«, ihm redend ironische Seitenhiebe beibringen. II 54
*Das Redfenster,* Redstube in Nonnenklöstern. II 55
*Das Redhaus.* »Ein gutes Redhaus haben«, wohl beredt sein.
»Ein altes Redhaus«, ein alter Schwätzer. I 1178

Der Regen
R.A. »Sie bauen auf den Wind und zimmern auf den Regenbogen«. II 70
R.A. »Es regnet ihm ein«, es fehlt ihm im Dachstuhl. II 71

reißen
areißen, fürreißen: abzeichnen.
Wenn der Schneider, die geometrische Kreide in der

Hand, erwägt, wie er aus einem Stück Tuches, das Rock und Hosen geben soll, allenfalls noch einen Brustfleck herausreiße, möchte man ihm dieses Wort in der obengenannten Bedeutung zutrauen. Allein auch gar manche andre Leute, die keine Kreide führen, sinnen oft nach, wie sie es anstellen wollen, daß sie dieses und jenes noch herausreißen (erübrigen, retten). II 145

### Remassori

Remassuri, Ausgelassenheit der Kinder und des Gesindes in Abwesenheit der Eltern. (Wien). II 93

### Der Rettich

»Der Sprachmasta, der Rettich«. (Sprachmeister)
R.A. »Sein Radi kriagn«, einen Verweis bekommen, ausgescholten werden. II 170

### Der Ring

Sunnenring, auch Himmelring, Regenbogen.
Kleiner Ring, der an der Sonne die Stunden zeigt, tragbare Sonnenuhr. II 120

### Rom

Kindern sagt man von manchem Dinge, dessen Abwesenheit man ihnen nicht näher erklären mag, es sei nach Rom gereist, besonders Personen, die in die Wochen gekommen, von den Glocken, die an ein paar Tagen der Karwoche nicht geläutet werden, im Scherz auch von einem geistlichen Herrn, in dem Fall eines nächtlichen Besuches bei der weibl. Dienerschaft, den man ihm etwa zutraut. II 97

### Sakrament

Sehr gangbarer Ausruf des Unwillens, Zorns, auch wohl der Verwunderung. Überall wird bei dem Heiligsten des Kultus beteuert, geschworen, gedroht. (Vergl. ital. Corpo di Christo, span. cuerpo de Dios). Übrigens wird in der Praxis auf diese eigentliche Bedeutung so gut als nicht mehr gedacht, und es gibt neben dem Kreuz-, Himmel- auch ein Höll-, ein Tausend-, ein Zenten-, ein Jesuwiten-Sakrament. Um dem Wort um so sicherer alle sündliche Beziehung auf das Heilige zu benehmen, wird weislich das -ment weggelassen und bloß das im Deutschen sinnlose Sackra, Sackradi, Sackramech, Sackrawalt gebraucht.
»Da wirft ma halt (sollt a net sei)
im Zorn gar oft an Sackra drei
und's Ment wischt aa mit nei.« (Bauern Reu und Leid)
»Du sackerischs Deanal bist sackerisch schö,
kannst sackerisch tanzn, kannst sackerisch geh!«
»A bißl sickrisch, a bißl sackrisch, a bißl houchgsegng muaß ma toa,
Boarisch Tala muaß ma eahna sehgn lassn, aba gebn muaß ma eahna koa.« II 221

### sauer

R.A. »Es geht einem sauer über süß«, es stoßen ihm die Speisen aus dem Magen auf.
Von jemand, der finster, sauer darein sieht, sagt man wohl scherzend: »Der kunnt d'Milch sauer macha.« II 320

### Der Schabernack

Ein schadenfroher, neckischer Streich, vom arabischen Chawernack. Noomann, König von Hira, Erbauer des berühmten Palastes von Chawernack ließ den Baumeister desselben, Senamar, von den Zinnen herabstürzen, ein schnöder Undank, der sprichwörtlich geworden und ins Deutsche als das Wort Schabernack übergegangen. II 353

### Die Schartecken

Buch, Schrift, verächtlich (vom ital. scartabello, verworfene Blätter, Wisch). II 471

### Die Scheibe

R.A. »Die ganze Scheibn verfehln«, sich irren.
R.A. »Eine Scheibe einsetzen bei einem«, ihm einen Gefallen tun. (wohl von dem Gebrauch, dem Nachbarn oder Verwandten, der ein neues Haus baut, eine Fensterscheibe zum Besten zu geben). II 356

### scheiben
Die Spielkugel fortrollen.
R.A. »Es hat der letzt no net gschiebn«, das Spiel ist noch nicht aus, es kann noch Gutes oder Schlimmes erfolgen. II 354

### scheißen
ahd. seizan.
R.A. »Jetzt steht scheißen im Kalender«, nun steht es schlimm. »Jetzt habn ma ausgschissen«, nun ist's vorbei, ich will nicht weiter davon hören. II 474

### Die Schere
»Schneider leih mir dei Schar«, Kinderspiel.
»Einem d' Schar aufheben«, einem Schneider und jedem anderen Handwerker die Ausübung des Gewerbes untersagen.
»Die Putzschar«, Lichtputzschere, Schimpfname für eine Weibsperson. II 446

### Der Scherz
Das Anscherzl, ital. scarso. Stück Brot, das vom Laib zuerst abgeschnitten wird und das zuletzt übrig bleibt.
»S erst Scherzl von am Loab, wo man net 's Kreuz drüber macht, kimmt oam net z' Nutzen.« – »Sich a Scherzl Brot verdienen«, einem auf die Ferse treten.
*Der Scherzelgeiger,*
der um schlechten Lohn oder Almosen aufspielt.
»Wie molest ist es einem Spielmann zuzulosen, der kein Saiten zu der anderen stimmt. Ein solches Scharizen tut einem nicht nur in den Ohren, sondern auch im Herzen wehe, einem solchen Scherzelgeiger zeiget man bald den Weg.« (Alte Predigt). II 472

### Die Schindel
R.A. »Es sind Schindeln auf dem Dach.«
Es sind Leute zugegen, die das, was geredet wird, nicht hören oder doch nicht verstehen sollen. »Wenn der Prediger von der Unzucht reden will, muß ers verblümeln, wegen der Schindeln, die auf dem Dache sind.«
Der Schindelbaum ist ein großer, geschleißiger Waldbaum. Wenn eine reiche Person stirbt, heißt es: »Is am Pfarrer und am Totengraber wieder a Schindelbaam gfalln.« II 430

### Der Schlag-Fittich, Schlafittich
Langer Schoß oder Zipfel von Kleidern.
»Einem beim Schlafittich kriegen,« ihn am Flügel erwischen. II 518

### Schlegel
Schlegel zum Einrammen der Pfähle, der an einem Flaschenzug bewegt wird. Schlegelreime, Schlegelsingen, wodurch den Arbeitern das Tempo zum Aufziehen angegeben wird.
Die Schlegelwalz oder Schlegelwälzi, der Grat einer Waldhöhe, von welchem aus ein Schlägel links oder rechts niederrollt als Waldgrenze. II 519

### schlottern
zittern, klappern, schlodern. »Alles ist schlimpschlampschlodi, doch ist es nach der Modi«. II 506

### Das Schmer
R.A.: »Der Katz das Schmer abkaufen«, das, was man aus der ersten Hand wohlfeil haben könnte, von einem Dritten, dem man großen Gewinn läßt, kaufen. II 554

### Der Schmetterling
heißt in der Wetterau nur Müller (romanisch la billa), von dem häufigsten, dem Kohlweißling, hergenommen und den bestäubten Flügeln, und die Kinder singen ihr Schmetterlingslied, dasselbe, das sie auch singen, wenn der Müllerwagen durchs Ort fährt, um den Mahlkunden Mehl zu bringen, oder die Frucht zum Mahlen abzuholen, nämlich:
Müller, Müller, Mahler
gib mir'n Sack voll Taler,
gib mir'n Taler in die Hand,
fahr ich mit nach Engelland.
Millamala, ein Kinderwort für Schmetterling. I 1588

## schnackeln

Dieses Schnackeln mit Zunge und Fingern vertritt bei unsern ländlichen Tänzern freilich sehr unvollkommen die Stelle der Castagnettas, bei deren Führung z. B. der spanische Tänzer besonders im unnachahmlichen Volero mit den Händen und Armen nicht weniger zierlich als mit den Füßen tanzt.
»Einem abschnackeln«, ihm keine Spottrede schuldig bleiben.
»Sich verschnackeln«, sich im Reden verschnappen, übereilen, sagen, was man verschweigen sollte.
»Verschnackeln« für Kleinigkeiten ausgeben, unnütz durchbringen.
»Tuast dei Geld alls verschnackeln!« II 566

## Die Schnalle

Türklinke. Der Schnallendrücker, scherzhaft: Handwerksbursche, der nach dem Zehrpfennig umhergeht; das letzte Magistratsglied, das zunächst an der Tür sitzt und den Pochenden Bescheid gibt.
»Einem eine Schnalle anbinden«, schlau belügen. II 574

## schnalzen

Knallen. »Am alten Fuhrmo duad no's Schnalzen wohl.«
Wer sich die Geschlechtsgenüsse vor Alter versagt sieht, spricht doch noch gerne davon.
»Einem in die Augen schnalzen«, ihn durch List oder Betrug abtreiben.
»Einen anschnalzen«, grob anfahren.
»Den Schnalzer überhören«, mit 40 Jahren noch nicht gescheit werden. II 574

## Die Schneckentänze

Possen, Schwänke. »Schneckenschlagen,« müßiggehen. II 567

## Der Schragen

»Er liegt auf den Schrägen«, d. h. auf dem Totenbrett.
»Er steht auf den Schrägen«, ein Deliquent, der auf der Schandbühne steht. »Schrägenstehen mit Schlägen« (Westenrieder, München). II 600

## schrauben

»Hat sich des Nachts von der Seite seines Eheweibs weggeschrauft« P. Abraham.
»Da mag ein anderer der Katz die Schellen anhängen, i schrauf mi ab«, Weisheitsspruch modernen Bürgersinns. II 598

## Der Schuh

R.A. »Es fehlt um an ganzen Bauernschuah«, es ist weit gefehlt.
R.A. »In d' Schuah kemma«, heißt bei oberbayrischen Landmädchen die Menstrua bekommen, in welchem Zustand sie sich hüten, barfuß zu gehen, wie sie es sonst zu tun pflegen.
R.A. »I hör di scho geh, hast Filzschuah an«. Ich merke, wo du hinauswillst, wenn du auch noch so leise auftrittst.
R.A. »Der gehad Schuaster«, rastlos, unstät.
Bei älteren Weibspersonen »macht der Schuster 's Ladl zua«. I 391

## schürfen

Ritzen. R.A. Umgehen mit einem, »wia mit am gschürftn Oar«, d. h. zärtlich, sorgsam. II 464

## Die Schüssel

R.A. »Auf d' Schüssel schlagen«, freigebig bewirten.
»Einen auf der Schüssel haben«, ihn verköstigen.
»Etwas auf der Schüssel haben«, etwas vorgeworfen bekommen.
»Geh, geh, hat oans s'Schüsserl brocha und s'andere s'Haferl« II 481

## Der Schuß

R.A. »Einem in den Schuß reden«, sein Vorhaben vereiteln.

»Einen Schuß haben«, albern, verrückt sich benehmen.
»Der Schuß oder Schußbartel», lebhafter, übereilt handelnder Mensch. II 480

schwanzen

Schwanzieren, – schwenzen – schwenken. Müßig oder stutzerhaft einhergehen, stolzieren.
»Tanzen und schwanzen, schöne Gsangl singa,
koan Gatern net auftoa, frisch überispringa«.
»Am Feiertag da wolln's nix was tanzen,
auf d' Nacht grad an Hoagast umaschwanzn«. Spottlied auf die Mägde. II 640

Der Schwärzer

Schmuggler. Ob der sonderbare Ausdruck aus der Gaunersprache, wo die Schwärz für Nacht gebraucht wird, oder von den angeschwärzten und unkenntlich gemachten Gesichtern, von denen dieses meist nächtliche Geschäft getrieben wird, entlehnt sein mag? II 649

Der Schweif

R.A.: »Mei Herz zittert wia a Lamplschweaffl«. »s Geld hat an haln (glatten) Schwoaf«. II 626

Die Seel

R.A. »Koa Hund und koa Seel«, kein lebendes Wesen, gar niemand.
»Dem nackelt d'Seel scho, hängt d' Seel scho raus«, er ist dem Tode nahe.
»Der hat d'Seel nach der Zwerch drin«, er hat ein zähes Leben.
Eine noch nicht durchgebackene Mehlspeise hat »eine Seel.«
In der Küche ist »Seel« ein Eisen oder Hölzchen, das ein Loch hat, den Bratspieß aufzunehmen und in ein Stück Geflügel gesteckt wird. II 256

selbzogen

Ein »Selbzogener« ist ein Eingeborener im Gegensatz zum »Reinghockten«, daselbst niedergelassenen Fremden. II 266

serben

innerlich abnehmen, entkräftet werden, dahinwelken, mhd. serwen
R.A. »Aufs Serben kümmt's Sterben.« II 324

Die Sorge

R.A. »Der steckt in Sorgen wie der Hund in Flöhen« (ist über die Maßen bekümmert, ängstlich).
R.A. »Laß den Hund sorgen, der braucht vier Schuh« (Trost im Sinn von Math. VI,25,26). II 326

Der Span

»Spanbrenner«, Knauser, Knicker, der statt Öls oder Talks Späne brennt.
»Spanhachsen«, dünne Beine
»Spän haben«, Vermögen besitzen, reich sein. II 668

sparen

»Wir werden müssen Sparmundus halten und Hunger leiden.« II 680

sper

Spör, trocken, hart, ärmlich.
»A spers Jahr«, ein Jahr, das wegen Trockenheit unfruchtbar ist.
»Einen sper reden«, anzüglich, stichelnd mit ihm reden.
»Ohne Liab is's Lebn zaunsper,
mit da Liab buadamarb.« II 683

spicken

Mit Speck bestecken; fig.: einen Beamten bestechen, gelinderer Ausdruck für lügen, aufschneiden.
»Glaub, Treu, Lieb und Redlichkeit
gilt sauber nix bei dieser Zeit,
der nicht kann lügen, spicken und lavieren,
mag wohl die ganze Welt quittieren.« Selhammer
»Du spickst auf an andern, liabes Deandl, gesteh's ein.«
»Ins Buch spicken«, wenn man im Auswendighersagen steckenbleibt, einem Mitschüler seinen Aufsatz abspicken, ihm denselben heimlich absehen. II 657, 658

## spielen
»S Glück is wie's Wasser oft, es spielt si nur,
dort reißt's was weg und dorten tragt's zua.«
II 662

## Das Stadeltor
Scheunentor, das groß genug sein muß, um einen geladenen Wagen mit Garben oder Heu aufzunehmen und daher zu allerlei Hyperbeln dient. »Ein Maul, ein Gewissen wie ein Stadeltor.«
»Einem mit dem Holzschlegel deuten und mit dem Stadeltor winken«, einem etwas recht begreiflich machen.
»Eine Person oder Sache anschaun, wie die Kuh ein neues Stadeltor«, in dummer Verwunderung. II 733

## Die Stange
R.A.: »Mit keiner langen Stangen anrühren«, eine Person oder Sache, mit ihr nicht in die mindeste Berührung kommen.
»Einem die Stange halten«, ihn protegieren, seine Partei nehmen.
»Der Stängleinreiter,« auch: der verlorene Mann, der einem stromaufwärtsfahrenden Schiffszug mit der Sondierstange vorreitet, Knecht des Fuhrmanns. II 770

## stauben
Wenn das Nibelungenlied von seinen Helden so gerne sagt, daß sie ritten, spielten, fochten, daß es stob, so läßt der Bayer nicht bloß rennen, tanzen, sondern auch essen, trinken, beten, lügen, »daß 's stabt«. II 719

## Der Stegreif
Aus dem Stegreif, ohne abzusteigen, ex tempore.
»Sich nähren von dem Stegreif«, d. h. mit Reiterei. II 741

## Der Stumpen
Stumpen, kurzer dicker Mensch.
R.A. »Einen an den Stumpen führen«, ihn hinterlistig in Gefahr bringen. II 759

## Die Suppe
Suppenschnitzleinfreundschaft (Schwab.), weitläufige Verwandtschaft.
Die Suppen, fig. schlimme Lage, Verlegenheit. »Jatzt bin i recht in da Suppen«.
R.A. Einem die Suppen versalzen, ihm Schlimmes bereiten, da wo er's eben nicht besorgt.
»Der hat's bei mir verschütt«, er hat meine Gunst verscherzt.
»I bin aa net auf der Wassersuppen daherg'schwommen«, ich bin nicht gar zu sehr zu verachten.
»Brennsuppen-Lenz«, Mensch, der schlecht, aber viel ißt.
»Suppen-Lalli«, verächtlicher, kraftloser Mensch. II 319

## Der Teufel
R.A. »Den Teufel auf freiem Feld fangen«, entschlossen, beherzt sein. – »Einem den Teufel im Gläslein zeigen«, ihm die Hölle recht heiß machen. –
»Den Teufel bei seiner Großmutter oder bei der Hex verklagen.« –
»Teufel tauschen«, beim Tausche nichts besseres bekommen. –
»Des ist dem Teufel sein Ofenstange«, schlecht, nichtswürdig. I 589

## Trübsal blasen
In Angst und Kummer sein und dabei stille sitzen.
»I wissat uns zwoa Amtln
oans dir und oans für mi
du miassatst fleißig Grilln fanga
und Trüabsal blasat i.« I 642

## verblümeln
Etwas besser erscheinen machen, als es ist.
I 327

## verlumpen
R.A.: »Alls verlumpen vor seim End, macht a richtigs Testament.« I 1474

## Das Wachs

»In ein Wächslein drucken« etwas, es sich wohl vormerken, besonders um sich deshalb gelegentlich zu rächen.

R.A.: »Das ist kein Wachs«, keine Kleinigkeit. (Vielleicht vom Wachs zu Kerzen, das durch geringere Zunftstrafen auferlegt zu werden pflegte.)

Auch zum Besten der Pfarrkirche pflegen Brautleute, die mit ihrem Gefolge, oft aus Ostentation, den Pfarrer, der sie einsegnen soll, über die hiezu allgemein festgesetzte Stunde (10.00 morgens) auf sich warten lassen, um ein halb, ein bis zwei Pfunde Wachs, oder den Betrag dafür, gestraft zu werden. Die Wachsstrafe von Fornikanten und Ehebrechern der Pfarrkirche in Geld zu erlegen, galt vielleicht als Surrogat des frühern Leuchtens mit brennenden Wachskerzen vor der Kirchentür.

Der Wachslauberbaum, Stechpalme. II 837

## währen

dauern.

»Ein Zaun währt drei Jahr, ein Hund überwährt drei Zäun, ein Pferd drei Hund, ein Mensch drei Pferd. Das ist das Langwähren der Menschen.«

»Vier Ding töten den Menschen vor Zeit: Ein bös Weib, ein langwieriges Hausgesind, unmäßig Essen und Trinken und ungesunde Luft.« II 974

## wälschen

In italienischer, französischer oder sonst fremder Sprache oder aber auch in der eigenen ganz unverständlich reden, kauderwelschen. II 905

## waschen

R.A. »Waschn und bacha haben«, von Arbeit gedrängt, gedrückt sein.

»Es geht in oan Aufwaschen hi«, kann mit abgetan werden.

»Daherwascheln,« schleppend oder in weiten Kleidern dahergehen.

Im Oberland ziehen die Mädchen und Weiber zu verschiednen Arbeiten Mannshosen an, weil ihnen der Kittel zu »waschat« ist.

Der »Wascher, Wäschel«, Mensch, der plump, schleppend einhergeht, zu weites, plumpes Kleidungsstück.

»Bua, den hab i gwaschen«, bläuen, schlagen, prügeln.

»Die Wasch, Mariwasch«, plauderhafte Person.

»Das Gwasch, der Wischwasch, Wischiwaschi«, Geklatsch, Geschwätz.

»D'Ahnl richt a Wäsch an«, es steht ein starker Regen bevor.

»Einem a Wäsch zurichten, in a Wäsch kema«, Verweis, Verlegenheit, Unannehmlichkeit, Unfall.

»Nachdem die Magdalena erkennt hat, was sie ihr durch dieses freie, frische, freche Leben für ein Wösch in jener Welt zurichte, hat sie die Füße Jesu mit ihren Tränen gewaschen. So lang die Welt steht, hat nie ein Weib solch saubere Wösch zugericht.« P. Abraham

»Der Baderwaschl« Badknecht, scherzhaft Bader.

»Der Kuchelwaschel«, der das Küchengeschirr wäscht.

Auch der Strohrigel oder die Bürste zum Aufwaschen des Bodens heißt Waschl. »A Waschl« ist auch, wer sich gerne die Gurgel wäscht. II 1039

## Das Wasser

R.A. »Wir tragen wohl Wasser an einer Stangen«, wir sind eines Gelichters.

»Der reicht eahm s'kalt Wasser net«, ist ihm lange nicht gleich.

»Wasserburger Dosen« von Neher († 1804) zu Perlach bei München aus Papiermaché verfertigt und sehr gerühmt. II 1019

## waten

»Bis an den Hals einiwatn«, das Äußerste wagen. II 1045

## Der Weg

»Den Weg unter die Füße nehmen«, eilen.

»Einem in den Weg kommen«, ihm begegnen.

»Einem im Weg umgehen«, ihm hinderlich sein.

»Die Wegscheid«, Scheideweg. II 874

## Die Wegsteuer

Wegzehrung. R.A.: »Die Wegsteuer nicht haben«, ein sieches, kränkliches Aussehen haben. II 777

## weich

Gliedweich, geschmeidig, gelenkig.
»A frischa Bua bin i a gliederwoacha,
geh her wennst a Schneid hast du Hosensoacha!«
II 833

## weisen

Die Mutter weist (führt) das Kind am Weisband (Gängelband).
Der Reiter weist sein Roß.
»Oan um an Gänsdreck weisen«, betrügen.
»Mit einander weisen«, Arm in Arm gehen.
Bei Prozessionen werden Heiligenbilder, die von den einen getragen werden, von den andern noch außerdem an rechts und links angebrachten Bändern geweist. Dieses Geschäft heißt »bandlweisen«.
»Das hat seinen gweisten Weg«, hat keine Schwierigkeit, nimmt seinen herkömmlichen Gang. II 1025

## Die Welt

»Eine alte Welt sein«, eine alte, abgekommene Mode. II 910

## wert

R.A.: »Er ist unwert wie der Stockfisch am Ostertag«. II 991

## Der Wickel

Perücke, Perückenträger. »Einen beim Wickel nehmen«, ihn am Haar fassen. II 847

## Die Wiege

R.A.: »Aus der Wiege werfen«, aus der Fassung bringen, ärgern. II 879

## Wien

R.A.: »Es ist zu bis Wien«, d. h. es sind Hindernisse da, es ist nichts weiter zu machen (vermutlich von den zugefrorenen Flüssen entlehnt). II 931

## wischen

»Einem die Augen auswischen«, ihn im Verkehr hintergehen, betrügen. R.A. »Bettelmanns Hoffart is'n Teufel sein Arschwisch«.
»Kandelwisch«, Kannenkraut (equisetum). II 1041

## Der Zaun

»Mir is alles oa Zaun«. Mir ist alles gleich.
»De hat Zaun«, Vermögen.
»Er geht sein Zaun nach«, er verfolgt seinen eigenen Weg.
»Einen durch einen Zaun nicht ansehen«, ihn gering schätzen.
»Zäunen«, einen Zaun machen. II 1129

## Der Zinken

Fettauge auf der Fleischsuppe, der Fünfer auf dem Würfel. zinkfeierlen (schwäb.) müßig gehen, sich mit unnützen Dingen beschäftigen. II 1137

## zwei

»Alle zwee«, von männlichen Personen
»de zwua«, beide weibliche Personen
»alle zwoa«, Personen verschiedenen Geschlechts. II 1167

# Schmellers
# Leben und Werk

*Griesbach, meiner Eltern und Voreltern Heimat. I 1012*

Mit diesem knappen Satz umreißt Schmeller im Bayerischen Wörterbuch seine Herkunft. Seine Vorfahren waren Bauern aus der nördlichen Oberpfalz, kleine Leute aus ärmlichen Verhältnissen, verschlossen und unbeholfen, aber arbeitsam und zufrieden wie Schmellers Vater, Joseph Johann (1753–1831), der sich nach seiner Heirat in Tirschenreuth das Bürgerrecht erworben hatte. Hier kam am 6. August 1785 als viertes Kind der Sohn Johannes Andreas zur Welt. Mühselig genug mußte der Vater für seine rasch anwachsende Familie den Lebensunterhalt mit »Straßeneinschäufeln« und »Kürbenzäunen« verdienen, ein Begriff, der auch im Wörterbuch nicht fehlt.

*Der Kürbenzäuner, der aus Holz und Wurzelschienen Kürben flicht oder zäunt. (Unter allen Gewerben ist dieses unscheinbare dem Verfasser des Bayerischen Wörterbuches das ehrwürdigste, denn es ist das eines bald achtzigjährigen Ehrenmannes, dem er sein Dasein und seine erste Erziehung verdankt). I 1287*

Allerlei Widerstände, »Kabalen« bewogen den wendigen Mann »ins Bayern« auszuwandern. In Rimberg bei Pfaffenhofen a.d. Ilm fand die Familie ihre neue Heimat, in der Andreas eine unbekümmerte, »träumerische« Kindheit verbrachte. Von früh an mußte er zwischen den Feinheiten zweier Dialekte unterscheiden – zwischen dem oberpfälzischen seines Vaterhauses und dem altbayerischen der Holledau. Hier wurde auch der Grund gelegt zu der profunden Kenntnis des bäuerlichen Lebens, seiner Vielfalt in Arbeit und Brauchtum, die im Wörterbuch immer wieder aufscheint, wie etwa

*Bockschinden*

*Zu Rimberg, besonders von Weibsleuten, die auf dem Feld beschäftigt sind: müßig zusammenstehen oder sitzen, um eins zu plaudern. I 204*

Der Vater, der gerne las, unterrichtete ihn im Schreiben und Lesen. Als Neunjähriger mußte er in seinem Dorfe Schule halten, was ihm freilich nur den Neid und die Feindseligkeit seiner Altersgenossen einbrachte. Aber im nächsten Winter 1795/96 wanderte der Kleine die eineinhalb Stunden in die Pörnbacher Schule, und bald gelang es »durch die schöne Freundlichkeit eines Bauers« in der Scheyrer Klosterschule Aufnahme zu finden.

In dem Artikel über Scheyern schwingt noch die ehrfürchtige Ergriffenheit des Bauernbübleins beim Betreten der romanischen Ottokapelle nach. Gleichzeitig offenbart sich die Einstellung des älteren Schmeller gegen die Wiedererstarkung des kirchlichen Lebens unter Ludwig I., das er mit Unbehagen verfolgte.

*Scheyern*

*Am Kreuzgang des Klosters, dessen Bauart sonst auf neuere Zeit weiset, besteht noch eine Kapelle in weit älterm Stil, die sogenannte Otto Kapelle unter deren Estrich die Gebeine von mehrern des so groß und berühmt gewordenen Geschlechtes der Wittelsbacher ruhen sollen. Unter Abt Stephan (1623) soll nach der Gruft gegraben worden, aber nur ein Behältnis mit Gebeinen gefunden worden sein, die nachher in der Fürstenkapelle begraben worden seien. Neben der Fürstenkapelle die alte Burgkapelle, in welcher der Ungarn-König Stephan mit Kaiser Heinrichs II. Schwester Gisela getraut worden sei.*

*Ich erinnere mich aus den Tagen, wo es mir von Martin, dem letzten der Äbte, hier mein mensa und amo zu lernen vergönnt war, oft mit heiligem Schauer die Stufen zur Otto-Kapelle hinangestiegen zu sein, zu diesem altertümlichen Gewölbe, dessen Erhaltung ohne Zweifel allen bisherigen Privatbesitzern der ehmaligen Klostergebäude im Interesse kommender Generationen zur Pflicht gemacht worden ist. Je mehr die Nation erstarkt sein wird in echter, alle Verhältnisse durchdringender Freiheit und Bildung, desto ungeheuchelter wird sie teilnehmen an allem, was das Geschlecht betrifft, an dessen Hand sie aus der Unmündigkeit finsterer Jahrhunderte wird großgezogen worden sein. Und dieses Scheyern mit seinen weitläufigen Räumen schiene darum wohl vor andern geeignet, wieder ein öffentliches, jetzigen Bedürfnissen der Gesellschaft entsprechendes, zugleich erin-*

*nerndes und nützendes Denkmal zu werden.*
*Der Turm der Kirche ist bis auf die Glockenräume abgebrochen, um (auf König Ludwigs Kosten: 54 000 fl) höher und in anderm (gotischen ?) Stil gebaut zu werden. Den 16. Juni 1838 weckten mich 2 oder 3 Benediktiner da, wo ich auch anno 1796 oft geschlafen, mit ihrer Matutin. Soll das jetzigen Bedürfnissen entsprechen? II 455–56*
Aber kaum hatte sich der kleine Zögling in der fremden Umgebung eingewöhnt, als im August 1796 das französische Heer unter General Moreau heranrückte und er Scheyern wieder verlassen mußte. Ein kurzer Eintrag im Wörterbuch spricht von den darauffolgenden Monaten, wo er im Elternhaus weilte.
*gripsen, frz. gripper. Ich erinnere mich, dieses Wörtchen in meinem Dörfchen Rimberg bei der unerfreulichen Anwesenheit der Franzosen im Herbst 1796 zuerst gehört zu haben. I 1006*
Nach vielen Bettelgängen gelang es dem Vater, ihn im Winter 1796/97 in Ingolstadt unterzubringen.
*Jebem ti maika! Jebem ti duschi! habe ich in den Jahren 1797–99 zu Ingolstadt oft gehört von der österreichischen, aus Slawoniern bestehenden Garnison. I 1199*
Er hatte gerade die ersten drei Lateinklassen hinter sich, als das dortige Gymnasium aufgehoben wurde und der hochbegabte Knabe wieder in das »Chaos zurücksank«. Die Rohrbacher Gutsherrin brachte ihn schließlich an das Wilhelmsgymnasium in München. Freilich war er bettelarm und lebte nur von »Wohltaten und Instruktionen«. Sieben Jahre besuchte er Gymnasium und Lyzeum, nie die Hochschule, nie wurde er in die wissenschaftliche Arbeitsweise eingeführt. Der vergötterte »Leitstern« seiner Jugend war Cajetan Weiler (1762–1826), das Haupt der Münchner Aufklärung, der seine Schüler für die Ideen Pestalozzis, für Moral und Vernunft begeisterte. Schmeller hat an seinen Grundsätzen, »durch welche er die ganze gewöhnliche Religion über den Haufen warf«, sein Leben lang festgehalten, im Wörterbuch kommen sie manchmal zum Ausdruck.
*Die Figur, das Standbild, besonders eines Heiligen; ein solches Bild, auch eine Gruppe von solchen Bildern, die bei Prozessionen herumgetragen wird; Nische von Mauerwerk auf dem Felde oder an Wegen, in welcher Heiligenbilder aufgestellt sind.*
*Es gab eine Zeit, wo man das Land aufzuklären glaubte, wenn man alle Kapellen, Figuren, Martersäulen und Kreuze niederreißen ließ. Man sieht jetzt ein, daß man beim Dache angefangen habe, das Gebäude der Aufklärung zu gründen. Der Hang zum Bilderdienst, denn darauf läuft es, was auch die Theorie sagen mag, in der Praxis meistens hinaus, ist so alt als das Menschengeschlecht, und eine so schöne Schwachheit, daß mit ihrer Heilung mehr verloren als gewonnen wird. Nicht ausgetilgt, sondern geleitet sollte dieser Hand werden von oben herab, Aufsicht sollte gehalten werden auf alle Bildschnitzer und Bildmaler und Mesner auch des platten Landes, daß nicht geschmacklose, ja wohl gar abscheuliche Fratzengesichter und unförmliche Kleiderpuppen die andächtige Phantasie des gemeinen Mannes für alles Schöne und Edlere verderben. Freilich will man bemerkt haben, daß der große Haufe vor Gestalten, welche menschlich aussehen, weniger Andacht und Inbrunst fühle, als vor ganz unförmlichen Umrissen und Klötzen. I 697*
Am Ende des Schuljahres 1803 beschließt er die Ideen Rousseaus und Pestalozzis in die Tat umzusetzen. Er kehrt nach Rimberg zurück, beschäftigt sich »mit den mannigfachen Arbeiten des Landlebens« und verfaßt »Ein ABC Büchlein in die Hände Lehrender«, das er mit »Habemut« unterzeichnet. Eine Erinnerung daran ist im Wörterbuch zu finden:
*Das Namenbüchlein*
*Das Buchstabierbüchlein, die Fibel, nach dem ABC mit Übungswörtern von A–Z ausstaffiert, wo früher, wie ich mich noch gar wohl der schönen Zeiten erinnere, unterm X die Namen Xod, xund, xungen (Gesott, gesund, gesungen) figurierten. Es ist übrigens ein zweckmäßiges Namenbüchlein keine so leichte Aufgabe. Könnte und sollte man mit Bauernkinderchen nicht etwa geradezu von der ihnen allein natürlichen, d. h. dialektischen Sprache und der Bezeichnung ihrer*

*Laute ausgehen und die kleinen Lehrlinge statt durch einen Sprung, dessen Ausgleichung ihnen selbst überlassen bleibt, durch klar vermittelnde Unterscheidung dessen, was denn doch in der Tat verschieden genug ist, zur guten hochdeutschen Aussprache und ihrer Bezeichnung führen? I 1740*

Pestalozzi ist sein nächstes Ziel, in seiner Schule will er Erzieher werden. Mit geborgter Barschaft tritt er den Fußmarsch in die Schweiz an, aber Pestalozzi weist ihn ab. In seiner verzweifelten Lage läßt er sich 1804 bei einem Schweizer Regiment anwerben, das in spanischen Diensten steht. In Tarragona hat er genügend Gelegenheit mit der spanischen Sprache auch das Volksleben kennen zu lernen. Vielerlei Erinnerungen daran stehen im Wörterbuch:

*Die Fätschen*

*Im Gebirg ist die Fadschn oder Bauchfadschn ein Gürtel, den die Mannsleute um den Bauch tragen und der auch Bauchgurt genannt wird. Er besteht aus einem breiten Streifen Leder, welcher gewöhnlich bunt ausgenäht, mit Nägelchen zierlich beschlagen und ein wesentlicher Teil des bäuerlichen Staates ist. Auf ähnliche Art hat auch der Bauer in den spanischen Provinzen Valencia und Catalonien seine bunte Faxa, die er sich vielfach um den Leib wickelt. I 779*

*Mette*

*Selbst der Umstand, daß unter König Max die Christmette von der Mitternacht auf die fünfte Morgenstunde verlegt wurde, konnte die althergebrachte Nachtfeier nicht abbringen, die aber bei uns viel religiöser geblieben ist, als in einigen Südländern, z. B. in Spanien, wo die Noche buena in mancher Rücksicht sogar die Fasnacht übertrifft. I 1690*

*Die Taferne*

*Die berüchtigten spanischen Wirtshäuser sind noch jetzt fast lauter bloß gepachtete Tafernen. Entschuldigung genug für sie. Die bayrischen sind zum Glück schon meistens erbrechtliches Nutzeigentum. Doch gibt es, und selbst in der Nähe der Hauptstadt, noch bloß freistiftische, ja bloß gepachtete, in welchen man sich die spanischen ziemlich wohl vergegenwärtigen kann. I 587*

Aus der »tiranischen Exaktität« des Regimentsdrills erlöste ihn sein Vorgesetzter Franz Voitel, der eine Schule für Soldatenkinder einrichtete und Schmeller als Lehrer heranzog (1806). Aber 1808 verbot ein königl. Dekret »die Anstalten mit Pestalozzis Methode«, die Lehrer mußten Madrid verlassen, und Schmeller suchte wiederum Pestalozzi auf. Nun folgten fünf Jahre, die er als Lehrer in der Schweiz an verschiedenen Schulen zubrachte, selbst immer weiter studierend. In Basel lernte er russisch und arabisch, arbeitete an der Universitätsbibliothek und bekam Einsicht in ältere deutsche Texte. 1812 trat ihm sein zukünftiges Arbeitsfeld deutlich vor Augen: »Mir ward menschlicher Besitztümer keines, nicht Ahnen, nicht Gold, nicht Äcker – nur die Sprache. Die Worte sind mein Grund und Boden, der mir Brot, vielleicht gar Ehre ertragen soll. Nur für des Vaterlandes Worte kann ich wirken.«

Der Freiheitskampf gegen Napoleon ruft Schmeller nach Bayern zurück. Kronprinz Ludwig, sein späterer Gönner und »großsinnige Veranlasser« des Bayerischen Wörterbuches, empfängt ihn liebenswürdig, und anfangs Februar 1814 verfügt sich der neuernannte Oberlieutenant bei dem freiwilligen Jäger Bataillon des Illerkreises nach Kempten. Seine Schwestern Kordel und Johanna opfern ihren Jahreslohn, um dem Bruder die Anschaffung der teuren Ausrüstung zu ermöglichen. Im April 1815 zog das Jägerbataillon nach Frankreich, und Schmeller lernte das schöne Land »und seine Bewohnerinnen« kennen, war begeistert von Paris und machte sich Notizen über das Leben der Bauern und ihrer Dialektformen. Aus diesen Jahren stammte die Bekanntschaft mit I. S. Gruner, dem »zu früh und unglücklich abgeschiedenen Freund und Waffengefährten«, den er in einem Artikel über den Alben erwähnt. Dieser Hauptmann Gruner hat dem Neuling in Kempten Anleitung zum wissenschaftlichen Arbeiten gegeben, »eine sehr zweckmäßige Manier, Sammlungen von Bemerkungen und Auszügen zu machen – auf einzelnen in Futteräle nach Klassen zu sammelnden Blättchen, die man dann zum Komponieren mit Auswahl bequem zusammenstellen kann.« Auch der vertrauteste Freund Schmellers, Reichsfreiherr Karl von Mettingh, Kammerherr und Forstmeister zu Starnberg, ist ihm in der Kemptener Garnison und beim Feldzug von 1815 zugewachsen, im Wörterbuch ist sein Name manchmal zu finden.

Der politische Umschwung nach dem Sturz Napoleons war auch der Wendepunkt in Schmellers Leben. Hatte er bisher mühselig gegen Schwierigkeiten kämpfend, sich nur eben über Wasser gehalten, freilich unaufhörlich mit dem Studium von Sprachen und Quellenwerken beschäftigt, so tritt jetzt die große Aufgabe seines Lebens an ihn heran. Durch zufällige Begegnung wird er mit dem Bibliothekar Scherer bekannt, der ihn auffordert »ein bairisches Idiotikon vorzunehmen« (3. 2. 1816) und diesen Plan der Akademie der Wissenschaften vorträgt. Und das Erstaunliche geschieht: Obwohl der junge Offizier keinerlei Universitätsausbildung besitzt und keine Zeugnisse über seine wissenschaftliche Eignung vorlegen kann, wird ihm der Auftrag erteilt »in Verbindung mit mehrern Akademikern ein Wörterbuch der baierischen Mundart« auszuarbeiten.

Der Plan dazu war nicht neu. Geistliche und Beamte hatten schon Material dafür gesammelt – ihre Namen hat Schmeller im Vorwort zum Wörterbuch genannt – aber es fehlte der führende Kopf, der den riesigen Stoff systematisierte. Jakob Grimm, der Gleichaltrige, hat Schmellers Wirken mit den schönen Worten umschrieben: »Ihm stand ein Genius zur Seite, der ihm zuraunte und eingab, was er unternehmen sollte und was er ausgeführt hat.« Schmeller selbst empfindet bei seiner Arbeit reine Freude: »Ich fühle mich glücklich. Besteht doch mein höchster Genuß des Daseins im Lernen und Finden ...«

Zwei Jahre später liegt der »Versuch der grammatischen Darstellung der bayerischen und oberpfälzischen Mundart als Beitrag zur vergleichenden deutschen Sprachkunde« vor und erscheint 1821 unter dem Titel »Die Mundarten Bayerns, grammatisch dargestellt« im Druck. Damit hat er ein Jahr vor Jacob Grimm die erste Lautlehre einer germanischen Sprache geschaffen, als erster ein phonetisches Alphabet erdacht. An Stelle der hochdeutschen Schreibweise gebraucht er eine etymologische Lautschreibung, und seine Quellen reichen ins Althochdeutsche zurück.

Diese Idee führt er auch im Bayerischen Wörterbuch weiter, wo er den lebendigen Wortschatz bis zu den ältesten Wurzeln althochdeutscher Sprache zurückverfolgt. Die »erste und vorzüglichste« Quelle aber war »die mündliche Rede des Volkes«, der er selbst bei vielen Wanderungen nachspürte. Viele Abschnitte im Wörterbuch atmen die Unmittelbarkeit des eigenen Erlebnisses (Vergl. Sonnwend), keines aber ist so packend dargestellt, wie die Schilderung des Staubbaches am Sonntagshorn.

*Der Staub, Staubbach*

*Gebirgsbach, der sich im Fall von großer Höhe momentan als Staub darstellt. Zu so einem Staub gelangt man z. B. auf dem Gebirgsteig, der von Traunstein und Ruhpolding durch das Miesenbachtal nach der salzburgischen Gegend von Unken führt. Der auf der Höhe des Sonntagshorns entspringende Bach (Staubbach) stürzt sich in 9 Absätzen über 800 Fuß hoch von der westlichen Wand des Sonntagshornzugs in den Fischbach nieder, der, ein wildes Triftwasser, von den Unkener Heubergen nach mehrern Fällen in tiefere, ausgewühlte Wasserschalen durch allerlei Felsentore und Eisbrücken in der Tiefe zwischen dem Sonntags- und dem Thumbachhornzug dahintost. In einer Höhe von 400 Schuh über dem Fischbach zieht der Miesenbacher Felsensteig fort, und gerade unter dem Sturz des Staubbaches führt eine hölzerne Treppe von einer am Staubbach vorspringenden Felsenschicht auf die andere, so daß der Wanderer in schwindelnder Höhe zwischen der abgebrochenen Felsenwand und dem tosenden Wasser des Falles durchgehen muß. Die größte unter den 9–10 Partien des Falles von dem Steig abwärts kann 100 Schuh Höhe betragen. Herrliches Perlenspiel in der Mittagssonne, einzelne wolkichte Draperien, die in stets wechselnder Gestalt unaufhörlich niederschweben zwischen umkränzenden Lärchenwipfeln; am grünen Moos des braunen Gesteins spielender Schatten der*

*geisterischen Wassergebilde. II 718*
Als Offizier eröffnete sich ihm noch eine weitere Möglichkeit: Er ließ durch die Akademie die K. Commandantschaft der Haupt- und Residenzstadt München dahin ersuchen, »einzelne Individuen« »aus den sechs älteren Kreisen des Königreichs« »in dienstfreien Stunden und gegen eine angemessene Erkenntlichkeit in seine Wohnung kommen zu lassen. Wenn er selbst auch seine Arbeit manchmal als Wortklauberei, Sprachbrockensammlung, Skaplier-Flecklein, Bauern ABC und Knechtsarbeit abtut, so schreibt er doch nach dem Empfang der letzten Korrekturbogen am 10. Juni 1837: »So ist denn doch etwas getan, das ich nicht wieder tun könnte, nicht wieder tun möchte. Nicht ganz umsonst hab ich gelebt ... Und es ist doch auch nennenswert, aus fast nichts oder wenigstens dem schlechtesten Stoffe etwas gemacht, und die Sprache des bayrischen Bauers in die Stube hochgelehrter Leute an der Nord- und Ostsee, ja in die eleganten Cabinette hoher Herren gebracht zu haben. Konnte der unter den Ärmsten seines Landes Geborne nichts anders tun für seine erbelosen Genossen, so hat er doch das Einzige, was sie nebst der Luft vom Mutterlande besitzen, ihre Sprache, zu einigen Ehren gebracht.«
Wie sehr er sich im Wachen und Träumen mit den Problemen der Sprache beschäftigt hat, mag ein Eintrag im Wörterbuch beweisen: Bei der schwierigen Ableitung des Wortes »sennen« schreibt er:
*Im Traum vom 10. auf 11. März 1838: von saminon samnon, seminon-semnida, semnet, sennet, senta, sente; Herde also der ursprüngliche Begriff. II 288*
Und wie es so zu gehen pflegt, auch die Familie beschäftigte sich mit den Forschungen des Vaters.
*Das Gehilb, feiner Dunst, Gewölk. »Wenn d' Sunn so ghuibat abigeht«, gesagt meinen Leutchen Franz und Emma Anfangs Juli 1847 bei Miesbach. I 1089*
Die Tochter Emma und der Stiefsohn Franz Auer, Ministerialrat im bayerischen Ministerium des K. Hauses und des Äußern, der schon zwei Jahre später (18. 1. 1849) starb, haben diesen Ausdruck wohl auf einer Wanderung gehört und dem Vater mitgeteilt, der sie nach seiner Gewohnheit mit Datum notierte und damit ins Wörterbuch einen sehr persönlichen Ton brachte.
Auch das Schicksal seiner eigenen Familie berührte er mit einigen Sätzen.Unter dem Stichwort Antlaß, gedachte er des Todes seiner Mutter:
*Am Antlaßpfinztag 1826 meine liebe Mutter begraben. I 1508*
Nach dem Tode des Vater 1831 hatte der ältere Sohn Joseph das elterliche Anwesen übernommen.
*Die Besitznahme.*
*Die Erbfolge nach dem Rechte der Jüngstgeburt gilt fast überall in Bayern. Nach altbayerischem Gewohnheitsrecht gehört die Heimat dem jüngern Sohn und wenn hindernder Umstände halber der Nestscheißer nicht Gutsübernehmer sein kann und ein älteres Geschwister ihn verdrängt – ihm einigsessen ist – so gebührt ihm von Rechts wegen für den Einsitz eine Entschädigung. Weil mein Vater zu früh gestorben ist, so hat mein älterer Bruder übernehmen müssen und der jüngste hat für den Einsitz um den vierten Teil des Erbteils mehr bekommen. II 348*
Ende 1846 stirbt der ältere Bruder Joseph, im Wörterbuch erwähnt Schmeller die Totenämter, die für ihn gehalten wurden:
*Rimberg und Rohr in Altbayern bei Pfaffenhofen, 2. und 3. Januar 1847 Siebent und Dreißigst für meinen, den 27. verschiedenen 65jährigen Bruder Joseph. I 1298*
Die immer wiederkehrenden Choleraepidemien hatten 1836 auch seine Familie bedroht.
*Ruhr, diarrhea, ist die leider jetzt (1836, Sept. Okt. Nov) so oft zu vernehmende Brechruhr, ein neues Wort, um als Euphemismus minder zu schrecken als das furchtbare Cholera? (Addition vom 29. Dez. 1836. Der asiatisch-russische Gast ist mir vom 6. Dez. an in Frau und Tochter auf die furchtbarste Weise nahe getreten, hat es aber bei dem Schrecken bewenden lassen.) II 136*
Und einige Tage später:
*Die Cholera, alter Name einer Krankheit – wohl eine andere als die, welche wir eben, sagt man, losgeworden*

*(21. Jan. 1837). I 1237*
Langsam erfuhr Schmeller nun auch die ihm gebührende Anerkennung. 1823 wurde er zum Mitglied der Akademie der Wissenschaften gewählt, 1826 mit der Abhaltung von Vorlesungen an der Universität betraut, die von Landshut nach München verlegt worden war, 1827 zum Ehrendoktor. 1828 zum außerordentlichen Professor und 1846 zum Ordinarius auf dem neu errichteten Lehrstuhl für altdeutsche Sprache und Literatur ernannt. Sein unermüdlicher Fleiß, seine glänzende Sprachbegabung – er beherrschte neben den germanischen auch die romanischen und slawischen Sprachen – und seine Tätigkeit als Kustos der Münchner Staatsbibliothek, der er seit 1829 angehörte, waren die Voraussetzungen dafür, aber auch das Verständnis, das Ludwig I. den außerordentlichen Leistungen des stillen, rastlos tätigen Mannes entgegenbrachte, der sich nie in den Vordergrund drängte.

Mit der Säkularisation war eine Fülle von wertvollen Handschriften in die Staatsbibliothek gekommen. Schmeller übernahm es, die rund 20 000 lateinischen Codices nach ihrer Herkunft zu ordnen und die einstigen Handschriftenbibliotheken der aufgehobenen Klöster – 140 an der Zahl – so weit als möglich zu rekonstruieren. Aber nicht nur das. Er holte »aus jedem Codex ... alles einigermaßen Beachtenswerte« und trug es »in ein eigens nach Namen und Sachen geschiedenes alphabetisches Repertorium ein. Bei solchem Verfahren bleibt alles, auch das kleinste Gefundene, ein für allemal gefunden«. Auf etwa 100 000 Quartblättern hat er den Inhalt des gesamten Bestandes an abendländischen Handschriften der Bibliothek verzettelt, ein reicher Gewinn für das Bayerische Wörterbuch, der besonders im 3. und 4. Teil sichtbar wird. »Die berufsmäßige Beschäftigung mit den Handschriften der Münchner Bibliothek, welcher seit 7 Jahren des Verfassers meiste Zeit gewidmet ist, veranlaßte ganz natürlich eine noch vielseitigere Rücksichtnahme auf die alte Sprache.«

Schmeller war bei der Grundsteinlegung der neuen Bibliothek am 8. Juli 1832, dem Geburtstag der Königin Therese, zugegen und gedachte im Wörterbuch des Umzuges in das neue Haus, der am 25. Juli 1843 beendet war.

*Hanteln, unter mehreren von Hand zu Hand reichen, wie beim Umzug in die neue Bibliothek, Mai 1843 unsere Arbeiter die Bücher in die oberen Galerien. I 1126*

Eng verbunden mit seiner Tätigkeit als Bibliothekar war die Herausgabe von mittelalterlichen Sprachdenkmälern (Wessobrunner Gebet, Muspilli, Heliand, Tatian, Ruodlieb, Carmina burana), die Glossenverzeichnisse und die Auszüge aus den Handschriften.

Als Schmeller vom Schäfflertanz des Jahres 1844 berichtet (II 376), fügt er schwermütig hinzu:
*Ob ich ihn noch einmal sehe?*

Noch ist dem Tätigen eine Frist gegeben, aber ein anderes Geschick erwartet ihn, das seine letzten Jahre überschattete. Am 28. Sept. 1847 stürzte er am Jaufen und brach den linken Schenkelhalsknochen. Monatelang ans Bett gefesselt, litt er schwer darunter, seine Arbeiten nicht weiterführen zu können. Immer wieder tritt uns aus dem Wörterbuch seine körperliche und seelische Qual entgegen:

*Der Jaufen*
*Zwischen dem Etsch- und dem Eisacktal, mir seit dem 28. Sept. 1847 unvergeßlich. I 1203*

*Sterzl*
*Wallfahrer auf zwei Krücken, nach dem die Sterzinger (er ist auch ihr Wappen) ihre Stadt benannt glauben. – Leider haben sie auch mich 1847 zu so einem Sterzl werden lassen. II 786*

*Das Männlein*
*»Er geht davon, wie' s Sprichwort sagt, wia s Manndl geht von Sterz« (betrübt). Etwa gar das Männlein im Wappen von Sterzing – an der Krücke – gemeint? Dafür kann leider seit September 1847 der Schreiber dieses gelten. I 1601*

*Hufehalz, hüftenlahm. Was das Wort sagen will, weiß ich nun leider an mir selber. 1848, Mai I 1064*

*Gerecht, gerade. »Bist grecht und gschlechd«, hast deine geraden Glieder. – Ach, ich bins nicht mehr! 1848 II 31*

Fünf Jahre lang wurde er von diesem Leiden geplagt,

das wohl auch seine Widerstandskraft schwächte, denn schon nach fünftägigem Krankenlager raffte ihn am 22. Juli 1852 die Cholera dahin. In der Ruhmeshalle hinter der Bavaria hat Schmeller den ihm gebührenden Platz gefunden.

In dem weitverzweigten Arbeitsgebiet Schmellers, das von der Grammatik der Mundarten und den Berichten über die Sprache der Sette und Tredici Communi bei Trient, über die Herausgabe der althochdeutschen Handschriften zu seiner außerordentlichen bibliothekarischen Tätigkeit reicht, bildet das Bayerische Wörterbuch (1827–1837) den Mittelpunkt. Es führt die lebendige Sprache zurück auf älteste Wortformen, vergleicht mit fremden Sprachen, belegt das Vorkommen einzelner Ausdrücke mit Zitaten aus allen Jahrhunderten, belebt die wissenschaftliche Darstellungsweise durch Redensarten und Sprichwörter. Aber mehr noch: Wie in einem Sammelbecken vereint sich hier alles, was im bäuerlichen Leben bedeutungsvoll ist, vom Brauchtum bis zur bäuerlichen Sachkunde.

»Das lebendige Wort aus dem Munde des Bauern, des Bürgers, Gesellen, Dienstboten und die schriftliche Überlieferung von bald anderthalb Jahrtausenden sind die Zeugen, die er ihre Aussagen machen heißt. Vieles von dem damals an Sitte und Brauch noch Lebendigen is ist heute verklungen, verschwunden. Schmellers Verdienst, es gesammelt und festgehalten zu haben, bleibt bestehen, solange ein Altbayer oder Schwabe, ein Pfälzer, ein Franke seine heimische Sprache in Ehren halten wird, solange sie nicht selber ferne, ferne Sage wird. Hiermit ist sein stärkster Wunsch in Erfüllung gegangen: er, der Quellenfinder ist selbst Quelle geworden.« (Paul Ruf in der Einleitung zu Schmellers Tagebüchern).

# Literatur

## zu Schmeller

*Schmeller, Johann Andreas:* Bayrisches Wörterbuch, Neudruck der 2. bei R. Oldenburg 1872–1877 in 2 Bänden erschienenen Auflage von Karl Fromann mit Vorwort von O. Basler, Aalen 1961 – *Schmeller, Johann Andreas:* Tagebücher, 1801–1852, herausgegeben von Paul Ruf, Band 1., 2., München 1954–1956 in »Schriftenreihe zur bayerischen Landesgeschichte« – *Brunner, Richard J.:* Johann Andreas Schmeller, Sprachwissenschaftler und Philologe, Innsbruck 1971 – *Ruf, Paul:* Schmellers Persönlichkeit, in »Schriftenreihe zur bayerischen Landesgeschichte«, München 1954 – *Schreiegg, Anton:* Johann Andreas Schmeller, Leben und Werk, in »Nordgau-Schriftenreihe«, Heft 2, Amberg–Regensburg 1963.

## Literatur zum Bayrischen Wörterbuch

*Abraham a Santa Clara:* Gack, Gack, Gach aGa – Einer Wunder seltzamen Hennen in dem Herzogthumb Bayrn, München 1685 – *Abraham a Santa Clara:* Judas der Erz-Schelm, Ausgabe von 1688–1695, Salzburg, 4 Bände – *Aventin, Johannes:* Bayerische Chronik, Nürnberg 1522. Sein Werk ist in der sechsbändigen Akademieausgabe (1881 ff) zugänglich – *von Bucher, Anton:* Sämtliche Werke, gesammelt und herausgegeben von J. v. Keßing, 6 Bände, München 1819–1822 – *Burgholzer, Josef:* Stadtgeschichte von München, 2 Bände, München 1796 – *Hazzi, Josef:* Statistische Aufschlüsse über das Herzogtum Baiern, Nürnberg 1801–1806 – *Hübner, Lorenz:* Beschreibung der hochfürstlich-erzbischöflichen Haupt- und Residenzstadt Salzburg und ihrer Gegenden verbunden mit ihrer ältesten Geschichte, Salzburg 1792–1793, 2 Bände – *Hundt, Wiguleus:* Bayrisches Stammenbuch, 1. und 2. Teil, Ingolstadt 1598 – *Kaltenbrunner, Karl Adam:* Oberösterreichische Lieder, Linz 1815 – *von Kürsinger, Ignaz:* Ober-Pinzgau, oder Der Bezirk Mittersill. Eine geschichtlich, topographisch, statistisch, naturhistorische Skizze, Salzburg 1841 – *Lindermayr, P. Maurus:* Dichtungen in ob der ennsischen Volksmundart. Von Verehrern seiner Muse gesammelt, Linz 1822 – *von Lori, Johann Georg:* Chronologischer Auszug aus der Geschichte von Baiern, München 1782 – *von Lori, Johann Georg:* Sammlung des Baierischen Bergrechts, München 1764 – *von Lori, Johann Georg:* Geschichte des Lechrains, s.l. et a., nach 1765 – *von Lori, Johann Georg:* Lied eines Straubinger Bauern, s.l. et a. – *von Lori, Johann Georg:* Sammlung der baierischen Kreisrechte, s.l. et a. – *von Lori, Johann Georg:* Sammlung des baierischen Münzrechts, s.l. et a. – *Meichelbeck, Carolus:* Chronicon Benedicoburanum, Monachii 1752 – *Meichelbeck, Carolus:* Historia Frisingensis, Aug. Vindel. 1724–1729 – *Rank, Josef:* Aus dem Böhmerwalde, Leipzig 1843. Ranks volkskundliches Werk ist zugänglich in »Beiträge zur deutschböhmischen Volkskunde«, Band 13: Aus dem Böhmerwalde und volkskundliche Beiträge aus Ranks übrigen Werken, herausgegeben von Karl Wagner, Prag 1917 – *Schosser, Anton:* Nachgelassene Gedichte in der Volksmundart des Traunkreises, herausgegeben von Alexander Julius Schindler, Steyr 1850 – *Schosser, Anton:* Naturbilder aus dem Leben der Gebirgsbewohner in den Grenzalpen zwischen Steyermark und dem Traunkreise, nach den dort üblichen Arien in Liedern und Declamatorien dargestellt, Linz 1849 – *Seidl, Johann Gabriel:* J. H. Seidl's niederösterreichische Gedichte, Gesamtausgabe. Flinserln, Gedichte in niederösterreichischer Mundart, Wien 1844 – *Selhamer, Christoph:* Tuba rustica, neue Gei-Predigten auf alle Sonn- und Fessttäg des Jahres, Augsburg 1701 – *Selhamer, Christoph:* Tuba tragica, Nürnberg 1696 – *Selhamer, Christoph:* Tuba anagrammatica, Augsburg 1703 – *Selhamer, Christoph:* Tuba analogica, Conciones in Dominicas (et Festa) tot. anni, Salzburg 1678–1683 – *Stelzhamer, Franz:* Lieder in ob der Enns'schen Volksmundart, Wien 1837 – *Sturm, Marcell:* Lieder in Baierischer, Oberpfälzischer Mundart, herausgegeben von Giehrl, mit Melodien, München 1819 – *Wagner, Sylvester:* Salzburgá Bauern Gsángá, Wien 1847 – *von Westenrieder, Lorenz:* Sämtliche Werke. Erste vollständige Originalausgabe, herausgegeben von E. Grosset, 12 Bände, Kempten 1831–1832.

Ein vollständiges Quellenverzeichnis der von Schmeller benutzten Literatur ist bei der Bayerischen Akademie der Wissenschaften, Kommission für Mundartforschung – Bayerisches Wörterbuch –, in Vorbereitung. Wer, angeregt durch dieses Buch, Einzelheiten weiter nachgehen will, sei auf das Institut für Volkskunde, D 8000 München 22, Ludwigstraße 23, verwiesen, dessen Sachkarteien die moderne wissenschaftliche Literatur erschließen.

# Stichwörter

C



D

O



P

## Stichwörter



*Besonderen Dank schulde ich meiner Tochter Angelika, die mir die mühseligen Schreibarbeiten zum großen Teil abgenommen hat. Irmgard Gierl*


Druck: Buchdruckerei Georg Wagner, Nördlingen
Bindung: Verlagsbuchbinderei Hans Klotz, Augsburg
Schutzumschlag: Ulrich Eichberger, München
ISBN 3-475-52083-4